教育部人文社会科学研究"趋势变动框架下GSADF泡沫检验理论扩展及应用（19YJC910009）"项目资助

U0515328

上确界

ADF类型泡沫检验的理论扩展及应用

—— 资产价格泡沫的计量识别与风险探讨

于寄语 ◎ 著

中国财经出版传媒集团

经济科学出版社
Economic Science Press

图书在版编目（CIP）数据

上确界 ADF 类型泡沫检验的理论扩展及应用：资产价格泡沫的计量识别与风险探讨/于寄语著 . -- 北京：经济科学出版社，2022.7
ISBN 978 - 7 - 5218 - 3856 - 5

Ⅰ. ①上…　Ⅱ. ①于…　Ⅲ. ①资本市场 - 经济波动 - 研究　Ⅳ. ①F830. 9

中国版本图书馆 CIP 数据核字（2022）第 124038 号

责任编辑：孙丽丽　撇晓宇
责任校对：齐　杰
责任印制：范　艳

上确界 ADF 类型泡沫检验的理论扩展及应用
——资产价格泡沫的计量识别与风险探讨
于寄语　著

经济科学出版社出版、发行　新华书店经销
社址：北京市海淀区阜成路甲 28 号　邮编：100142
编辑部电话：010 - 88191348　发行部电话：010 - 88191522
网址：www. esp. com. cn
电子邮箱：esp@ esp. com. cn
天猫网店：经济科学出版社旗舰店
网址：http：//jjkxcbs. tmall. com
北京季蜂印刷有限公司印装
710×1000　16 开　14.25 印张　200000 字
2022 年 10 月第 1 版　2022 年 10 月第 1 次印刷
ISBN 978 - 7 - 5218 - 3856 - 5　定价：62. 00 元
（图书出现印装问题，本社负责调换。电话：010 - 88191510）
（版权所有　侵权必究　打击盗版　举报热线：010 - 88191661
QQ：2242791300　营销中心电话：010 - 88191537
电子邮箱：dbts@ esp. com. cn）

前　言

　　作为金融风险的重要诱因，资产泡沫的检验识别一直是计量经济理论研究的重要关注领域。伴随着相应统计检验技术的发展，从递归检验视角出发，近年来关于资产市场的泡沫检验问题已形成新的理论体系。其中，最具代表性的方法来自计量经济学家菲利普斯等（Phillips et al.，2015）提出的一系列 Sup – ADF 类型泡沫检验，这一类计量检验方法的最大特点在于充分利用了考察序列在各子样本区间的信息，从而可以对泡沫区段进行有效识别和动态探讨。不过，相应检验所隐含的理论假定在于数据结构不存在水平及时间趋势的结构变化，这一设定与现实资产序列的走势特征不尽匹配。此外，资产序列的泡沫现象通常表现为急剧上升，以及随后相伴的断崖式下跌过程，这与资产序列在部分时间趋势结构变动情形下的数据特征具有很大相似性。由此带来的问题是，Sup – ADF 类型检验很有可能对泡沫表现和时间趋势结构变动表现产生混淆，进而带来泡沫检验结论和政策启示的较大偏误。

　　以我国股市为例，其走势在近年来出现过几次陡峭性的增加、下滑，该特征背后可能是股市的投机性泡沫累积所致，亦有可能是某一区段上序列的趋势结构变动特征所致。考虑到上述两种数据情形在生成机制、经济解读以及政策启示上的巨大差异，涉及资产泡沫的计量检验的结论务必要谨慎。当在资产泡沫分析框架中引入趋势变动场景时，现有 Sup – ADF 类型检验的理论功效和有限样本性质表现如何？有哪些具体的缺陷和不足？怎样扩展、完善时间趋势变动特征框架下相应的泡沫检验理论，并有效应用于现实场景？相关问题的解决对现有资产泡沫建模和泡沫检验文献的丰富和完善具有重要意义。同时，伴随着疫情时代全球央行"大水漫灌"式的极度宽松货币化政策，全球资产价格在近期水涨船高并持续处于高位，相应背景下关于资产市场泡沫风险的讨论不断被政府管理层和决策者所关注。其中，如何有效明确市场局部路径下的真实泡沫成分及其程度？如何对其风险特征进行细化描述和解读，以维护我国资本市场和金融系统的稳健和安全运行？上述问题构成了监管层和政策制定者在金融风险防范和监控工作中的重要议题。结合本书关于 Sup – ADF 类型泡沫检验的理论扩展研究工作，可以更为有效地对相关问题进行实证分析和应用探讨。由上述研究目标出发，本书的研究内容和研究脉络主要如下：

（1）对已有的泡沫检验模型和方法进行梳理，由此引出近期广泛应用的 Sup – ADF 类型检验。从泡沫路径设定、统计检验思路、有限样本及渐近样本性质等角度对 Sup – ADF 类型的理论基础进行阐述，以明确该类型泡沫检验的模型设定基础、建模逻辑及在应用中的优势。

（2）将 Sup – ADF 类型检验扩展到资产价格走势具有趋势变动的路径设定之下，对待考察资产序列进行不同趋势变化类型的设定，考察后者情境下相应泡沫检验的有限样本表现；并以泡沫区段识别中应用最为广泛的 BSADF 检验为例，探讨此时检验量的分布特征表现和不足，由此深化对 Sup – ADF 泡沫检验方法的统计性质研究。

（3）在可能存在时间趋势变化的场景下对现有 Sup – ADF 类型泡沫检验进行修订和完善。本书研究发现，已有 Sup – ADF 类型检验流程容易将强时间趋势变动成分和爆炸性泡沫成分进行混淆，由此带来检验结论误判。通过构建区分上述两者边界特征的设定检验，本书对原始 Sup – ADF 泡沫检验流程进行了补充性修订和完善，相应理论工作有效完善了泡沫风险的建模流程和识别理论。

（4）结合修订的 Sup – ADF 类型泡沫检验，对我国的股票市场和房地产市场进行了应用研究，细化识别相应市场的真实泡沫区段和时间趋势变动区段，由此有效明确相应市场的局部泡沫表现和风险特征。同时，结合泡沫背后驱动因素的探讨洞察相应的市场或者非市场因素冲击，为量化和明确我国资本市场的风险点，推动市场风险防范和监管提供数量依据。此外，伴随数字经济的到来，加密数字货币发展如火如荼，相应数字货币市场的价格波动和泡沫风险也不断引起大家的关注，本书结合 Sup – ADF 检验及相应建模设计对比特币市场的泡沫风险问题进行了探讨，相应研究为完善当前数字货币市场的监管，防范虚拟货币市场向传统金融市场的风险传染提供了实证启示。

本书的研究扩展了现有资产泡沫计量检验的理论框架，相应实证内容进一步丰富了我国资本市场风险量化探讨的相关工作，对于监管层更好地审视、洞察我国资本市场的风险表现以及现实风险防范和监管体系的完善具有重要启示意义。本书同时为计量经济和应用经济专业读者了解泡沫计量检验的研究脉络和发展方向提供了一个框架性指导。为便于相关读者结合本书检验方法对现实资产泡沫的建模和检验问题进行探讨，本书相应检验设计和应用建模的主要程序代码在附录中予以展示。

最后，本书的顺利出版得到了教育部人文社会科学研究项目（19YJC910009）的资助，得到了本人所在金融学院领导和同事的大力支持，部分章节的撰写得到了湖南大学明雷副教授和吴一凡博士的竭诚帮助，在这里表示特别感谢。由于笔者水平有限，时间仓促之下难免有疏漏之处，还请读者批评指正。

于寄语

2022 年 6 月 3 日

目　　录

第1章 绪 论

资产泡沫是引发金融市场风险暴露的重要诱因。从世界经济和金融发展史来看，无论是发生于18世纪荷兰的郁金香泡沫，还是2008年次贷危机前的美国房产泡沫，都是后续市场金融危机的直接导火索。鉴于资产泡沫之于金融系统稳健运行的重要性，对于其的数量识别和检验问题成为计量金融学者持续关注的热点议题。回顾相应的学术研究脉络，从早期基于协整检验设计的泡沫识别方法，到结合非线性机制模型进行市场泡沫检测的分析思路，再到近期以识别局部爆炸走势为基础的时间序列分析技术，关于资产泡沫计量模型的构建和检验方法经历了不断发展和更新，相应的泡沫建模和风险分析理论也在不断改进和完善。

近年来，上确界滚动检验思路下的资产泡沫识别方法在理论与应用研究中不断流行开来，作为这一检验思路的代表性方法，上确界 ADF 类型泡沫检验（后记为 Sup – ADF 类型检验）广泛应用于相关文献研究中。由 Sup – ADF 类型检验出发，本书关注该类型泡沫检验的模型设定和现实建模要点，结合相应检验理论的修订和拓展，进一步补充、完善现有泡沫检验框架，提升现实泡沫检验的功效，并完善资产泡沫风险的建模流程。同时，在检验理论扩展的基础上，本书对现实资产市场的泡沫风险问题进行了计量设计和应用探讨，细致、科学地评测相应市场的风险特征和表现，为资产市场的风险监管和金融稳定提供实证依据和数量支持。

1.1　研究背景和意义

近年来，在中央政府强化"维护宏观经济稳定和金融安全"政策目标的大背景下，关于资产市场的风险监控和防范议题得到了政界和学界的广泛关注。从 2016 年底中央经济工作会议到近期各项政策报告，决策层均不断强调在经济发展中去杠杆，抑泡沫，有效防范和化解金融风险，提高和改进资本市场的监管能力。就现实资产市场的运行而言，贯彻和落实上述目标的关键在于：有效分析、度量资产市场走势中的泡沫存在情况的风险表现，洞察和探讨其背后的市场或非市场因素。本书即是在这一目标驱动下关于 Sup – ADF 泡沫检测理论的拓展性研究工作，相应研究旨在扩展和完善 Sup – ADF 类型泡沫检验的分析框架和建模理论，提升其在现实资产泡沫分析中的应用效力，为有效透视资产市场的泡沫风险状况、引导资本市场的风险监管和政策改革提供科学技术支撑和数量依据。

Sup – ADF 类型检验（Phillips et al.，2011，2013，2015）是近年来较为流行的泡沫检验方法，其在 Phillips 提出的理论路径设定下具有较高的检验功效，在资产泡沫分析的文献研究中得到了广泛应用。不过，该方法主要建立在弱截距项单位根过程的原始路径设定之上，对于现实资产序列可能存在的时间趋势及时间趋势变动特征考虑不充分。后者情境下，Sup – ADF 类型检验的功效必然会受到削弱，从而有待进一步的理论修订和完善，以提升相应泡沫检验的完备性。

事实上，由于时间价值增值因素和宏观货币量的持续增长，确定性时间趋势成分是资产价格序列中的重要组成部分（Craven and Islam，2015）。特别是对于我国各类金融资产市场，一方面，由于财富投资渠道仍存在很大空间，宏观经济的发展和居民财富投资的需求对资产市场的正向时间趋势冲击较为明显；另一方面，随着现实经济市场的制度变革、完善以及相关外在因素冲击，资产价格走势又往往在时间轴上表现出时间性的趋势结构变动特征。例如，在 1998 年的住房商品货币化改革后，我国房产市场的发展规模和市场增速提升明显；2011 年后，国际黄金价格走势受市场内外部因素影响，开启了持续多年的下滑通道。这类时间趋势性的结构变动在现实资产市场中时常可以观测到，其可能源于宏观经济、政策环境的影响，可能源于自身市场的周期性特征，也有可能源于相应资产的投资属性和市场热度变化。在有限样本下，这类时间性趋势结构变动和资产泡沫的动态演进表现出相似特征。特别是"先增后降"式的时间趋势变动在变动点附近区域和资产泡沫"急剧上升后的断崖式下跌"表现具有很大相似性，两者较容易产生混淆。以我国股市走势为例，其在近些年的路径走势出现过多次陡峭性的上升、下滑，该特征背后可能是由于局部区段上的投机性泡沫累积所致，也有可能是市场基础调整带来的中长期时间趋势变动所致。

现实解读来看，上述时间性趋势结构变动和局部性泡沫表现对应了明显不同的经济学含义。前者反映了外界冲击或者自身改革带来的市场长期稳定趋势的变动，后者则意味着市场非理性投机热度的加剧。为了更好地刻画现实情形，提升 Sup – ADF 类型泡沫检验的应用功效，同时避免时间趋势变动的可能情境下相应检验的识别偏误和政策启示偏误，有必要将时间趋势及时间趋势变动情形引入现实泡沫检验的分析框架，并由此对 Sup – ADF 类型检验方法进行进一步的理论探讨和检验流程修订、扩展，为资产市场的泡沫风险建模和实证分析提供更为科学的数量支撑。

本书的学术价值和应用意义主要在于以下几个方面：

（1）对已有资产泡沫的计量检验方法进行系统性回顾和梳理，对经典泡沫计量检验的建模逻辑和理论发展进行阐述和解析，为对该方面议题感兴趣的相应工作者提供框架指导。

（2）将 Sup – ADF 泡沫检验引入可能含有时间趋势变动路径的研究框架，细化探讨后者情境下相应检验的渐近性质及有限样本表现，明确了以 SADF、BSADF 检验为代表的上确界泡沫检验理论在现实研究中的注意要点和待完善之处。

（3）以结构退势 *t* 检验和傅里叶结构变动拟合为支撑，对 Sup – ADF 类型泡沫检验流程进行理论修订和拓展，相应工作进一步扩展和完善了泡沫检验的分析框架和建模流程，有效提升了现实资产泡沫检验的应用功效。

（4）基于泡沫计量检验的理论扩展工作，对我国资产市场的泡沫风险问题进行实证建模和数量探讨，有效识别爆炸性趋势驱动的"真实泡沫区段"和由时间趋势变动带来的"虚假泡沫区段"，为相应资产市场的风险预警和监管提供依据和政策启示。

（5）就本书对 Sup – ADF 泡沫检验的修订和扩展研究工作，附录提供了相应的程序代码，便于相关研究工作者在理论和应用问题研究中进行参照和借鉴。

1.2　相关文献回顾

资产价格暴涨暴跌风险背后往往对应的是市场泡沫的产生和塌陷。作为学者以及政府的关注热点，过度膨胀的资产泡沫不仅降低了金融市场的资源配置效率，随后泡沫的破灭更易对市场秩序造成极大破坏，对社会经济产生严重的不利影响（江涛，2010）。回顾文献，有较多的学者对于资产泡沫的识别方法及在现实市场的应用进行了关注。我们从资产泡沫的表现及其检验方法、上确界 ADF 类型泡沫检验的理论探讨及应用、我国资产市场的泡沫风险识别和防范几个角度进行文献追踪和梳理。

1.2.1　资产泡沫表现及其检验方法

尽管文献研究中关于泡沫的定义至今未达成统一，但从市场表现来看，资产泡沫的一个最主要的特征体现为：资产价格走势对市场基本价值出现持续性的过度偏离。由此出发，已有泡沫检验文献的研究中多采取斯蒂格利茨（Stiglitz，1990）关于泡沫的定义：如果一种资产在今天的价格高，只是因为投资者相信它在下一期的价格会上涨，而与当前经济基本面没有关系，那么泡沫就存在了。这意味着资产价格泡沫的发生反映了市场预期的热化，同时，泡沫发生、持续的过程对应了资产价格对其基本价值均衡路径的过度偏离。

在此基础上，部分文献从资产价格内在价值①的直接估测入手，结合实际值和基本价值的偏差对资产市场泡沫进行度量和考察。以股市为例，股利折现模型意味着股票价格是未来预期股利的现值，早期多数经济学家以此为依托对股市泡沫问题进行探讨（Campbell and Shiller，1987；Campbell et al.，1997；Cochrane，2001）。吴世农等（2002）则结合资本资产定价模型（CAPM）和市盈率定价方法计算股票的内在价值，以此为基础，通过股票实际价格和内在理论价格的差异测算个股泡沫。葛新权（2005）构建了股市综合指数超额收益率同宏观经济变量的数量经济模型，通过后者测度与经济发展相适应的股市的综合超额收益率，由此计算综合指数的理论拟合值并比较其与实际指数的差距，对整个股市的泡沫程度进行测算。

此外，基于账面价值和剩余收益的 F－O 模型认为，企业价值是当前资产价值和以后各期剩余收益的贴现之和。结合 F－O 模型，刘煜松（2005）测算了中国股市的内在投资价值，并在此基础上对中国股市泡沫的绝对规模和相对规模进行探讨。借鉴刘煜松的思路，王雯和张亦春（2009）结合我国 A 股市场上市公司 2003~2007 年的会计报表数据和股票价格数据，利用修正的 F－O 模型对中国股市内在投资价值和泡沫进行测算和探讨。

房产是另一类关注度较高的投资类资产。在房产市场的泡沫问题研究中，同样有较多学者结合房价的基本价值和实际价格表现差异进行泡沫测算和相关问题研究。野口悠纪雄（1987）通过未来收益贴现对房价的内在价值进行测度，由此对房地产市场泡沫成分进行度量；刘治松（2003）指出，空置量、空置率、房价收入比、房价增长率与 GDP 增长率这类典型化统计指标均可以作为房产市场基本面价值的度量指标，由此进行房产市场泡沫程度的度量。吕江林（2010）以房价收入比及该指标下居民的承受上限为基

---

① 一部分文献采用"基本面价值"这一表述，同内在价值表示的是一个意思。

础，计算房价对其的偏离值，对我国房市泡沫水平进行测算和探讨；张攀红（2016）基于房价收入比、房地产价格增长率/实际 GDP 增长率、房地产开发投资额/城镇固定资产投资额等 7 个相对指标界定其内在价值，由此进行泡沫探讨。类似地，孙波和罗志坤（2017）运用房地产投资总额/固定资产投资额、房地产投资增长率/GDP 增长率、商品房施工面积/竣工面积、房价收入比等多个相关指标的综合信息提取，结合层次分析法和变异系数法对全国十大典型城市的房价泡沫值进行测算。研究至今，房价收入比、租售比等指标也成为国际上公认的衡量房产基本价值和实际价值差距的惯用指标。

此外，还有学者结合数理模型的推导，以相应数理模型的均衡解作为房产的内在理论价值，由此结合市场价对理论价的偏离程度进行房价泡沫测度。较具有代表性的文献来自袁志刚和樊潇彦（2003），两位作者基于行为人预期、信贷及政府政策信息构造了一个局部均衡模型，通过求解房产的内在价值对房价泡沫的产生及破灭条件进行探讨。姜春海利用该模型实证研究了 1986~2008 年我国房地产的内在价值和整体泡沫度进行了探讨。在类似思路下，许春青和田益祥（2014）对我国各地区的房产市场的泡沫状况进行了实证考察。在泡沫水平度量的基础上，部分文献通过机制转换模型设定，对资产泡沫风险在不同状态间（如泡沫潜伏期、泡沫膨胀期、泡沫坍陷期）的转换和演变进行刻画（Driffill and Sola，1998；陈国进和颜诚，2013），由此进行泡沫特征的捕捉和探讨。

上述资产泡沫的测度和探讨文献主要建立在资产价格基本价值的识别基础之上，不过现实研究中，由于资产的内在价值很大一部分来源于投资预期，到底哪些指标可以对资产价格的基本价值进行充分反映？不同指标在进行信息提取时候的权重如何进行科学界定？理论化的静态模型得到的均衡值是否能有效反映当前的基本价值？这些问题都有待进一步的探讨和完善，此外，前述基于基本价值衡量的泡沫测度方法缺乏在时间轴上对泡沫演变程度及运行机制的动态探讨。

基于股市走势信息的时序建模构成了股市泡沫风险识别的另外一条研究

脉络。该部分文献无需具体测度股市的基本面价值，而是结合股市序列对其基本路径的过度偏离特征考察进行泡沫检测和动态考察，可以看成是一种直接性时序检验方法，本书即是在这一框架下进行的关于我国股市泡沫风险及其特征的研究。早期，该部分文献主要集中于多时间序列建模，考虑到资产价格在泡沫阶段的快速偏离态势，汉密尔顿和怀特曼（Hamilton and Whiteman，1985）最早建议结合右侧单位根检验考察股票价格的爆炸性特征，由此进行股市泡沫的识别；随后，不少学者对这一框架下的泡沫检验、分析问题进行了关注（Flood and Hodrick，1986；Diba and Grossman，1988b）。此外，有很多学者结合股价序列和股利序列的统计检验构建，如方差界检验（Shiller，1981；LeRoy and Porter，1981）、两步法（West，1987）以及单位根—协整检验方法（Diba and Grossman，1988）进行股市泡沫的识别和检验探讨。

上述方法在一段时间内具有广泛的应用性。不过，随着埃文斯（Evans S.，1991）基于现实价格泡沫反复膨胀、收缩的特征构建出一类随机膨胀、收缩的理性泡沫模型，前述方法受到了很大冲击。主要表现在早期线性框架建模设定下的泡沫检验不能对这类周期性泡沫进行有效识别，并且在很多情况下表现出很弱的检验功效。随后，相应学者开始逐步关注对市场泡沫的非线性特征进行建模考察。博尔和西克洛斯（Bohl and Siklos，2004）结合惯性门限自回归（Momentum Threshold Autoregressive，MTAR）技术，考察对数化红利—股价序列的短期调整相对于长期均衡路径的非对称性特征，由此对股市泡沫进行检测和分析；崔畅和刘金全（2006）同样基于 MTAR 模型捕捉股票价格偏离内在基本价值的非对称调整特征，对我国股市路径中的局部泡沫进行识别；结合 TAR 模型的直接检验方法，孟庆斌（2008）通过考察无风险利率调整后的股价收益率序列的非线性特征，对股市泡沫进行检测和分析。不过，由于非线性特征的识别和泡沫检验并不具有完全等价性，相应思路在股市泡沫分析中未得到广泛应用。

为了对具有周期性破裂特征的泡沫模型进行检验、识别，已有文献还提出了其余不同的方法。斯卡恰维拉尼（Scacciavillani，1994）提出了基于分数差的检验方法，霍尔等（Hall et al.，1999）提出了一种 Markov – Switching ADF 检验，泰勒和皮尔（Taylor and Peel，1998）提出了一种基于协整回归残差—增广最小二乘方法的 DF 类型检验。阿尔 – 阿纳斯瓦和威尔弗林（Al – Anaswah and Wilfling，2011）使用带有 Markov – Switching 的状态空间模型来检测股价数据中的投机泡沫，并在现实股市泡沫的应用研究中发现了显著的 Markov – Switching 结构。施（Shi，2013）对霍尔等（1999）提出的 Markov – Switch ADF 方法的应用实施提供了进一步的经验指导。

还有一些文献利用贝叶斯方法来进行资产泡沫检验研究，具体可参见李和薛（Li and Xue，2009）、查克（Check，2014）的研究论述。贝叶斯方法可以通过使用良好的先验信息或对模型进行更灵活的扩展来进行资产泡沫检测。富洛普和余（Fulop and Yu，2014）提出了一种新的机制转换模型，将资产价格走势分为正常机制和泡沫机制两部分，在对相应模型进行数量估测的思路上，他们使用了连续的贝叶斯模拟方法实时检测泡沫的产生和结果。此外，施和宋（Shi and Song，2015）提出了一种新的无限隐性的 Markov 模型，将泡沫行为的检测、信息采集和存储集成在一个连贯的贝叶斯框架中。对于泡沫检测中相应假设检验问题的具体探讨，可参见李和余（Li and Yu，2012）、李等（Li et al.，2014，2015）的研究。

1.2.2　Sup – ADF 类型泡沫检验方法及其应用

伴随着 2008 年国际金融危机的爆发和持续，很多学者重新对基于爆炸性单位根进行泡沫检验的分析框架进行了关注。为了有效解决前述周期性泡沫的检测问题，菲利普斯等（Philips et al.，2011）提出上确界 ADF（Sup – ADF，SADF）检验，该检验方法在理论及应用上均具有明显优势，基于时序分析的直接泡沫检验方法也由此迎来了新的突破。

不同于早期的多时间序列分析，Sup – ADF 类型泡沫检验采用的是基于滚动检验的单时间序列分析方法。其对应的理论逻辑和建模基础为：股市泡沫对应于股价走势对市场基本面路径的快速偏离和持续扩大，这一泡沫演变特征可以由局部爆炸过程 $y_t = \rho y_{t-1} + u_t$，$\rho > 1$ 很好地进行刻画。通过采用不断地滚动信息提取和上确界量构建，无论是传统的线性泡沫模型还是具有周期性特征的非线性泡沫模型，相应的泡沫特征均可以得到充分识别。与 BSADF 泡沫检验相似的检验方法还有 Chow 类型 DF 检验（2012）、修正的 Busetti - Taylor 检验（2012）、上确界 KSS 检验（邓伟和唐齐鸣，2013）等，这些方法都是受前者思路启发，结合不同设定检验量构造的采用上确界滚动策略的泡沫检验方法。

在 SADF 检验的基础上，菲利普斯、吴和余（Phillips，Wu and Yu，2011，以下简称 PWY）以及菲利普斯、施和余（Phillips，Shi and Yu，2015，以下简称为 PSY）进一步提出了倒向上确界 ADF（BSADF）和广义上确界 ADF（GSADF）检验。本质上来说，这两类检验都可以归为 Sup - ADF 类型检验，只是后两者在滚动检验的策略中较最早的 SADF 检验有一定差异。BSADF 检验相较于 SADF 检验的主要区别在于其的滚动回归策略由后向前进行，这一设定使得其在多泡沫情形下也能准确估测出各泡沫区段的起始和结束时点。GSADF 检验则可以看成是扩展版本的 SADF 或者 BSADF 检验，由于更加充分地利用到了样本内各个可能泡沫区间的信息，其对多泡沫问题具有更强的检验势。古铁雷斯（Gutierrez，2011）提出了一种自助性方法帮助对 SADF 检验的有限样本临界值及概率分布特征进行考察。在此基础上，古铁雷斯（2011）结合 SADF 检验为纳斯达克指数和 Case - Schiller 房价指数的泡沫特征表现提供了数量证据。

简志宏和向修海（2012）通过蒙特卡洛模拟实验，指出当两个泡沫间隔很短或第一个泡沫较第二个泡沫的持续时间较长时，BSADF 检验方法的准确度有待提升，随后，作者建议通过自助抽样对泡沫区段进行替换对 BSADF 检验策略进行修正，并由此检测出我国股市在 2006 年 12 月 ~2017 年 12 月以及 2009 年 5 月 ~2009 年 7 月的两个典型泡沫区段。

借鉴 BSADF 检验的思路，邓伟和唐齐鸣（2013）在指数平滑转移模型的框架下对卡佩塔尼斯等（Kapetanis et al.，2003）提出的非线性单位根检验量进行上确界策略的重新构建，得到了进行泡沫检验的 Sup - KSS 检验方法，相较于 Sup - ADF 类型检验，这一方法对于扰动项的异方差有一定的改进。此外，Chow 类型 DF 检验（2012）、修正的 Busetti – Taylor 检验（2012）均是在 SADF 类型检验思想上演绎出来的通过滚动识别爆炸特征进行泡沫检测的计量方法。此外，奈特等（Knight et al.，2014）提出了一个泡沫设定模型，该模型允许资产价格至少在一种机制下出现爆炸性行为特征，但价格序列仍存在稳态性的分布特征。

伴随着对 Sup – ADF 类型泡沫检验的理论探讨，其在现实资产泡沫问题的应用研究中不断流行开来。江等（Jiang et al.，2015）运用 GSADF 方法对新加坡的房地产市场进行检测，并基于 BSADF 估计策略估测出新加坡房市泡沫区间主要存在于 2006 年第 4 季度 ~ 2008 年第 1 季度。胡和奥克斯利（Hu and Oxley，2017）基于 GSADF 检验对部分国家外汇序列走势的泡沫表现进行计量识别和探讨，发现 1994 ~ 1995 年墨西哥金融危机时美元对比索的汇率走势具有明显的泡沫特征。卡斯比等（Caspi et al.，2018）运用 GSADF 检验方法对国际油价序列的局部爆炸性态势进行捕捉和探讨，并估测出了 1876 ~ 2014 年间发生的多个周期性油价泡沫。

近年来，国内学者也不断将 Sup – ADF 类型泡沫检验应用到国内资产市场的泡沫问题研究中。王燕青等（2015）结合 SADF 检验方法对 2013 年 11 月 ~ 2015 年 3 期间鸡蛋期货的日结算价格序列进行了泡沫检验，并分析了泡沫产生的原因及相关投机因素的影响。郭文伟（2016）结合 BSADF 检验对不同类型的商品房（包括住宅、办公楼、商铺）在 2001 ~ 2015 年间的泡沫特征进行研究，指出我国不同商品房市场的泡沫程度分化明显，住宅价格泡沫比办公楼和商铺的价格泡沫更为严重。

张文龙和郑睿（2016）基于 GSADF 泡沫检验方法对我国煤炭价格走势进行了实证检验，检测发现我国煤炭价格在 2005 年 9 月 ~ 2006 年 3 月以及 2008 年初至 2008 年底经历了两次较显著的泡沫时期。刘洋（2016）结合 GSADF 检验，对我国黄金现货的价格泡沫进行了识别和探讨，发现我国黄金现货价格分别在 2006 年 1 ~ 2 月、2006 年 3 ~ 6 月以及 2013 年 4 ~ 7 月期间存在明显泡沫，并以此为基础考察了黄金走势中泡沫产生的原因和市场影响。郭文伟和王礼昱（2017）利用 BSADF 检验方法对中国整体股市和楼市在 2001～2015 年间的周期性泡沫进行进一步的动态挖掘,指出我国股市和楼市在研究时段内均出现多次周期性泡沫。其中股市的最严重泡沫时段发生在 2006 年 11 月～2007 年 12 月期间,而楼市则是在 2005 年 10 月～2006 年 2 月之间。

1.2.3 我国资产市场的泡沫风险识别和防范

伴随着我国经济发展逐步进入新常态,国内经济持续处于增速换挡期、结构调整阵痛期和前期政策消化期。"三期叠加"背景下我国微观企业和家庭的资产负债状况面临较大压力,这对金融系统的风险防范带来了诸多挑战。较多学者对诸如债务杠杆高企、房产市场泡沫化、股市债市风险特征的探讨这类现实议题结合资产泡沫的数量建模和实证进行了有益探讨。近期较为典型的文献梳理如下。

贾生华和李航(2013)构建了房地产价格决定方程,结合卡尔曼滤波法对北京市商品房市场的价格泡沫程度进行分析,指出从 2006 年开始,北京地区的房地产价格已逐渐脱离经济基本面,房地产泡沫的不断持续、膨胀,对经济社会的稳定和平稳健康发展产生了较为负面的影响。冯和吴(Feng and Wu,2015)结合均衡资产定价方法对中国住房市场的价格进行评估。他们的理论依据否定了国家整体层面上房价泡沫的存在,但不排除在特定的地方市场出现房价泡沫的可能性。

孟庆斌和荣晨(2017)结合马氏域变模型,对我国房地产价格泡沫进行了检验和度量,研究发现,2000 年以来我国房地产市场呈现出周期性泡沫的特点并检测出四个突出的泡沫区间,随后对各个时段并对房价泡沫产生的背景及原因进行了解释和探讨,并对当前房地产价格泡沫的治理和调控提出相应的政策建议。

郭文伟和王礼昱(2017)结合泡沫计量模型和回归分析探讨了 2001～2015 年间中国股市和楼市的周期性泡沫表现,并细化考察了相应泡沫对居民消费需求的影响和差异。研究指出,楼市泡沫对消费需求端存在显著的抑制效应,而股市泡沫则存在一定的促进效应;整体看来,前者的抑制效应明显强于后者的促进作用，楼市泡沫的有效缓解对于增强我国内部消费力具有重要作用。

郭文伟（2017）还同时对中国股市和债市泡沫的时频联动性进行了考察，指出样本研究期内，沪深两市中最为严重的股市和债市泡沫分别集中在 2007 年和 2008 年，股市泡沫与债市泡沫间在短期和长期均存在相互促进关系，且两者在长期上的正向联动性最为显著。相应研究结论为理清债市泡沫与股市泡沫的传递特征，防范资产泡沫的跨市场传染风险提供了数量依据。王少平和赵钊（2019）使用 BSADF 和 GSADF 泡沫检验模型，对近年我国沪深 300 指数及其 10 个一级行业指数进行了泡沫检验。针对我国 2015 年发生的股市波动，采用时序检验和反事实仿真方法，明确了相应泡沫区间的起止时间及微观市场结构，并结合整体市场泡沫与行业板块泡沫的引导关系，理清了股市泡沫的演变机制，提出化解资产市场突出风险点的实时监管建议。

马永健（2020）结合面板单位根检验和 GSADF 泡沫模型对中国宏观经济及各部门杠杆率的收敛特征和泡沫表现进行了数量探讨和国际比较，指出我国实体经济、非金融企业及私人非金融部门的杠杆率具有长期收敛性，并已在当前走出泡沫区间。但居民和政府部门的杠杆率仍处于泡沫区间，且在不断发散。政策监管部门需要结合《巴塞尔协议Ⅲ》的相关指标要求，动态测度宏观杠杆率表现，维护我国各部门债务杠杆稳定和金融安全。

除了上述典型性泡沫风险问题，还有较多学者对现货商品市场以及黄金、期货市场的局部泡沫表现和风险防范问题进行了量化探讨。廖璨（2014）对我国艺术品市场的泡沫问题进行了检验和实证探讨，并分析了艺术品泡沫的形成机理及深层次原因，为艺术品市场运行状况的评价和健康发展提供科学参考和经验借鉴。董美玲（2014）运用持续游程检验和 VaR – GARCH 模型，对我国黄金市场价格泡沫进行了数量检验，并对黄金市场价格风险和流动性风险进行相关性研究和应用探讨，相应研究为黄金投资的价格特征分析和风险管理提供了实证启示。

王燕青等（2015）运用 SADF 泡沫检验方法对 2013 年 11 月 8 日 ~ 2015

年 3 月 31 日的鸡蛋期货日结算价格序列进行泡沫检验。研究发现，样本期内鸡蛋期货价格确实存在持续期较长的价格泡沫，作者同时就投机因素对价格波动的影响进行了探讨，丰富了相应期货市场的风险管理研究。马晓刚和李欣（2021）采用递归单位根检验方法对我国猪肉价格的波动情况进行检验和探讨，有效识别出猪肉价格在 2003～2004 年、2007～2008 年以及 2011年内三个时段内存在的价格泡沫，为猪肉价格的监管干预时机和干预力度提供了实证研究范本和数量依据。

上述应用文献研究结合泡沫检验模型，聚焦于相应资本市场的风险特征和相关问题探讨，对于明确我国金融系统的风险表现、维护经济金融安全和高质量发展提供了重要指导意义。

1.2.4　文献评述

关于资产序列的泡沫特征识别和计量探讨是金融计量研究领域的重要议题，为现实资产市场的风险分析提供了底层数量技术支撑。现有文献对相应理论及应用问题给予了持续关注，不断丰富了泡沫检验和计量建模的研究工作。但在具体理论探讨和应用设计上仍存在进一步待完善的地方，主要表现在：

（1）现有泡沫计量检验的分析框架有待进一步扩展。如本书在前节所提，以 Sup – ADF 检验为代表的流行性泡沫检验框架下并未有效考虑现有资产价格路径走势中可能存在的确定性时间趋势及趋势变动情境，削弱了相应泡沫检验理论在该类场景下的适用性。从而，需要结合泡沫检验框架的扩展和方法创新进一步深化对资产价格走势和泡沫路径的认知，由此完善泡沫建模理论。

（2）Sup – ADF 类型检验量的功效和检验流程设计有待进一步深入探讨和完善。相应泡沫检验由于忽略掉了时间趋势结构变化因素，在理论上直接带来了局部爆炸性泡沫特征与前者的未加识别性，进而可能对资产价格的泡沫现象造成虚判。如前所述，真实资产泡沫的存在意味着市场投机的加剧，并会在泡沫破灭后给市场带来较大损失，加大市场崩溃的可能性。而确定性趋势的结构变化则通常意味着市场基础的调整，随之带来的资产价格的上升或下降反映了市场的长期走势变动，而非短期的投机性波动，两者的混淆对于市场走势和风险特征产生了巨大误导。关于 SADF 检验方法论的修订和扩展性探讨对于有效甄别泡沫风险，明确市场真实路径特征具有重要意义，需要给予有效关注。

（3）由于不同类型、不同地区资产市场发展阶段及属性特征的差异化，资产价格的路径分析和泡沫问题研究并不能照本宣科、全然依照既有理论模型进行套用。已有的应用文献关于资产市场的泡沫建模中，对现实序列路径特征的刻画和捕捉大多不够充分。"是否可以照搬已有的固定化的理论模型和分析流程进行泡沫检验和建模？如何进行更有效的实证设计分析？"这类问题在泡沫建模分析前需要给予有效考量，以避免建模不当带来的泡沫风险识别偏误，从而更好地为现实资产市场的风险监管和数量评估提供科学依据和支撑。

1.3　全书框架及安排

在已有学者和文献研究基础上，本书主要内容包括如下几个方面：第一，进一步梳理泡沫识别的各种方法，明确相应泡沫的理论基础和不同检验方法的优缺点，为相关应用研究者提供实证指导和便利性。第二，从 Sup - ADF 类型检验入手，对相应泡沫检验量和检验流程进行理论修订和扩展。特别地，对其在时间趋势变动路径下的检验功效和表现特征进行模拟和深入探讨，由此对已有泡沫检验理论进行拓展和完善。第三，应用本书拓展的 Sup - ADF 类型泡沫检验流程，对我国资本市场的风险表现进行识别，从而为有效监管市场风险，维护市场的安全稳定提供技术支撑和数量依据。基于本书的理论和应用研究工作，附录附上了相应的程序代码，以便于相关工作者基于本书研究方法进行进一步的理论探讨和应用研究。

全书的整体框架如图 1 - 1 所示。后续章节的具体安排为：第 2 章对文献研究中的主要资产泡沫检验方法进行系统性回归和梳理，帮助读者了解相应泡沫计量检验的研究思路和底层逻辑。第 3 章对 Sup – ADF 类型泡沫检验的模型设定和分析流程进行细化阐述，并对其统计性质表现和临界值进行说明和仿真模拟。第 4 章主要在时间趋势结构变动框架下探讨 Sup – ADF 类型泡沫检验的缺陷和不足。从结构退势 t 检验和傅里叶级数式拟合两个思路出发，我们提出了进一步的泡沫检验改进策略和方法，由此完善现有资产泡沫的计量检验和建模理论。第 5 章 ~ 第 7 章结合本书提出的扩展的泡沫检验流程，对现实资产市场上的局部泡沫风险和监管问题进行探讨，主要包括股票市场、房地产市场以及比特币市场泡沫风险的相关问题研究，体现了本书理论研究的应用性和实用性，同时通过对现实资产市场泡沫生成路径的刻画和描述，为资本市场的路径特征和风险识别提供数量依据和实证支撑。第 8 章为结语。

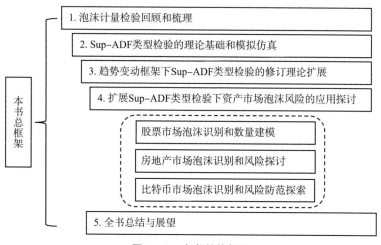

图 1 – 1　本书整体框架

第 2 章 资产泡沫计量
检验方法梳理

人类经济社会发展至今已出现多次资产泡沫事件。回顾历史，有记载的第一次资产泡沫事件可以追溯到 1637 年荷兰的郁金香狂热（Tulip mania）事件，当时郁金香市场的投机炒作盛行，导致其价格暴涨，在数月的时间里飙升了千倍。随后，历史上出现的较突出的泡沫事件还包括 1720～1721 年的英国南海公司泡沫、1840 年英国市场的铁路债券投机狂热、20 世纪 90 年代日本的楼市泡沫、1995～2001 年欧美股市的互联网股票泡沫，以及 2001～2007 年美国的房地产市场泡沫。这些资产泡沫的发生和延续无一例外加大了后续市场的风险暴露，并会在泡沫膨胀到一定程度后快速迎来崩塌，随之而来的资产价格的断崖式下跌不仅带来了投资者的巨大损失，更会引发相应资产市场风险向经济金融系统的快速扩散。从而，有效评估、检测资产市场泡沫的表现对于维护金融系统的稳定和健康发展具有重要意义。文献中已有较多资产泡沫的识别和检验方法，本章对其中的经典泡沫计量检验方法进行了回顾和梳理。

2.1 资产泡沫表现及其定义

对资产泡沫识别方法进行回顾之前，有必要对泡沫的具体表现和理论定义进行说明。基于前述历史上已发生的资产泡沫事件，我们可以总结出其在发生过程中的几个重要表现，包括：（1）资产价格迅速攀升。泡沫发生情境下，资产价格与基本价值在短时间内快速脱离，持续偏离其长期市场路径。（2）市场存在过度的投机性行为①。泡沫期间伴随有大量资金的从众式参与，这些资金盲目跟风，进入某些市场情绪和热度持续升温的投资标的。（3）资产市场的估值过度虚高。资产泡沫发生期间，相应市场的估值水平远远高于其历史中位数。例如，在 2000 年的美股互联网泡沫和 2007 年的美国房产泡沫期间，当时股票的市盈率以及房价对房租的比值均处于历史高位。

可以看到，资产泡沫的发生对应于一段动态快速上涨的市场过程，其背后机制源于短时间内资产价格对其基本价值路径的大幅度快速偏离。由此，斯蒂格利茨（Stiglitz，1990）对资产泡沫给出了如下定义：如果一种资产在今天的价格高，只是因为投资者相信它在下一期的价格会上涨，而与当前经济基本面没有任何关系，那么泡沫就存在了。经济学家艾伦·布林德在其解释全球金融危机的著作《当音乐停止之后》中对泡沫的定义类似，其指出，当一项资产的价格长期高于其基本价值，这一高出基本价值的部分便对应于泡沫。

关于资产序列基本价值的确定有很多方法。简单来看，考虑资产价格在 t 期时刻 p_t 的取值大小主要取决于未来红利 d 的折现，那么当前价格中超过这一部分的价格就可以看成是泡沫成分。如下：

$$p_t = \sum_{k=1}^{\infty} \frac{d}{R^k} + Other_t \tag{2.1}$$

式（2.1）价格成分中的后半部分如果不断加大和强化，便对应于泡沫的持续生成和热化。此时，随着泡沫的膨胀，资产价格走势对其基本面价值 $\sum_{k=1}^{\infty} d/R^k$ 的偏离不断放大。这一表现可能源于市场乐观情绪、预期的强化和盲目蔓延，也可能源于个体投资者的过度投机性行为，相应场景的持续会带来市场泡沫的不断延续和膨胀。

通常来说，泡沫的过度膨胀会不断加大现实市场的风险暴露，资产价格

---

① 投资行为与投机行为的一个重要区别在于，前者重视投入本金的安全性和稳定性回报，后者则主要关注投资收益，忽略本金安全。

的虚高为泡沫的塌陷和未来市场的急剧下挫埋下了隐患。但是不是在泡沫出现之后，就资产序列走势会在短时间内迎来价格塌陷呢？答案是否定的，某一资产泡沫的连续存在时间有时可能很长，有时也可能很短。理论上来看，泡沫在未来某一不确定性时刻塌陷前会持续多久取决于很多因素，但核心因素在于市场对于未来上涨通道的一致性预期是否具有持续性，影响这一预期的因素又有很多，主要包括：（1）投资者资金的不断涌入和加码是推动市场价格上涨和热度的基础，市场微观参与者对于资金的持续涌入是否达成一致认可。（2）市场都对于政府的救助和刺激是否抱有一致性预期，即使资产价格在短期远远高于资产基本面价值，投资者也意识到了泡沫的存在，他们如果认为政府不会轻易通过外部力量捅破这一泡沫，反而会尽量小心维持这一泡沫的存在。（3）流动性强弱。宏观货币流动性反映了资金面向资产市场注水的能力，宽裕的流动性有利于维持资产市场热度，为资产价格的上涨提供了外部利好支撑，即便存在泡沫，也不会轻易萎缩。此外，资产市场中相关信贷政策的执行，如郁金香狂热中的期权、南海公司的低比例首付与分期、日本房地产泡沫期间的银行积极信贷支持对相应泡沫的延续都起到了助推作用。

不管泡沫是否很快破灭，泡沫形成后过度热化的资产市场都孕育了大量的风险。对于已发生的市场泡沫，对其进行实时的检测和防范具有重要意义，以避免未来市场断崖式的下挫带来的金融风险传递，这一问题上升到金融计量理论层面，即为及时、有效地进行泡沫识别和计量检验。

在相关文献研究中，资产价格的泡沫又被分成理性泡沫和非理性泡沫两类。其中第一类理性泡沫的研究主要是在建立在市场有效基础之上，强调即便在市场投资者的理性预期条件之下，金融资产的实际价格中也包含持续向上的泡沫成分。另外一类非理性泡沫主要是从行为金融角度对市场泡沫发生进行探讨，相应框架下的文献研究多通过引入对微观个体非理性行为的探讨，如以反馈效应、噪声理论、羊群效应等交易行为理论为基础对泡沫的形成机理进行解释和探究。

相对于理性泡沫，非理性泡沫涉及的投资者结构比较复杂，相应泡沫检验的形式设定和量化探讨具有一定的难度。另外，虽然理性泡沫建立的有效市场假说和现实市场存在一定差距，但理性泡沫是从总体理性角度来进行的设定，并非强调所有投资者能做到理性（毕竟即使发生泡沫，泡沫破灭前还是有少部分人及时离场而获利颇丰），该框架下的泡沫设定检验在刻画现实资产市场的泡沫表现和走势特征时具有其合理性。更为重要的是，理性泡沫模型框架下，相应的泡沫设定具有统一性和便捷性，可以更好地结合计量设计进行市场泡沫的检验和探讨，后续的泡沫检验方法主要基于理性泡沫的设定进行展开。

2.2　内在价值测算下的泡沫识别方法

部分文献也将基本面价值称为内在价值，结合资产序列的内在价值和实际价值进行测算和差值比较是较直观，也是较经典的资产泡沫识别思路。这一思路的应用逻辑在于：通过相关数理模型或者反映资产序列基本面表现的统计指标对资产价格的内在价值或者内在价值的合理区间进行测算，随后，通过其和实际值的差距大小进行资产泡沫问题的探讨。

2.2.1　基于数理模型进行内在价值测算和泡沫度量

数理模型进行资产价格内在价值测算的思路在股市泡沫问题探讨中最为常见，较为经典的模型架构来自股利贴现模型和 F－O 模型。

（1）股利贴现模型。

股利贴现模型认为，股票的理论价值 $\tilde{p}_t$ 可以看成下期预期股价和股利对当前时刻的贴现，或者是预期到的未来所有股利折现值之和，其具体公式如下。

$$\tilde{p}_t = \frac{E(d_{t+1}) + E_t(p_{t+1})}{1 + r_f} \approx \frac{E(d_{t+1}) + \tilde{p}_{t+1}}{1 + r_f} = \frac{\sum_{j>1} E(d_{t+j})}{(1 + r_f)^j} \qquad (2.2)$$

对于股票的市场价格 p_t 而言，其高于其理论价值 $\tilde{p}_t$ 那一部分即为泡沫成分。从而通过实际价格减去 $\tilde{p}_t$ 便可以测算股价在 t 时刻的泡沫程度。类似于股利贴现模型（DDM），现金流折现模型通过未来资产回报收益进行贴现测算资产价格的内在价值 V_t［见式（2.3）］。其中，CF_{t+i} 为未来 $t+i$ 期可得的现金流，r_t 为 t 期市场对应的贴现率，对应于投资者的必要收益率，由无风险利率和风险溢价共同决定。通过式（2.3）可以估算资产的内在价值，由此通过实际价值和内在价值的偏离进行泡沫测算。

$$V_t = \sum_{i=1}^{\infty} \frac{CF_{t+i}}{(1 + r_t)} \tag{2.3}$$

但是，上述两个模型存在的问题在于，未来多期的股利值并不能予以有效预测确定；同样，现金流折现模型也面临 CF_{t+i} 与 r_t 预测困难的问题，如处于初创期和成熟期的企业现金流具有较大区别，并且随着市场环境和企业自身并购重组等经济活动的大幅变化，现金流和市场利率表现面临较大波动，这使得 CF_{t+i} 与 r_t 的准确预测，特别是长期预测难以实现，进而对泡沫成分的有效测算产生影响。

（2）F - O 模型。

F - O 模型是对股市泡沫进行度量的另一种经典方法（王雯和张亦春，2009），其思路源于剩余收益模型。后者认为剩余利润是公司发展的重要动力，将收益扣除股东成本后才能真正有效地体现出公司的内在价值，其既可以用来衡量个股的价值分析，也可以应用于对整个股票市场的价值分析。

剩余收益（Rg_t）可以表示为：$Rg_t = X_t - r_{f,t}BV_{t-1}$，这里的 X_t 表示第 t 期收益，$r_{f,t}$ 为第 t 期的市场无风险收益率，BV_{t-1} 为 $t-1$ 期的账面价值。将剩余收益应用于股市泡沫的度量，便有了 F - O 模型。其假设公司定期发放股利，并肯定了传统的股利贴现模型在现实应用中具有合理性，在此基础上，有以下等式成立：

$$V_t = \frac{E_t(d_{t+j})}{\sum_j (1 + r_f)^j} \tag{2.4}$$

在理论上，账面价值、剩余收益、股利之间存在如下的净剩余关系式：

$BV_t = BV_{t-1} + Rg_t - D_t$，即新一期的账面价值对应于前期账面价值和剩余价值加和之后再扣除掉红利部分，以确保内在价值和利润分配无关。在剩余收益的建模分析中引入了动态线性信息框架［式（2.5）~式（2.6）］，其中，Rg_t 依旧是剩余收益，λ 表示剩余收益外其他相关信息的汇总，$\varepsilon_{j,t}$ 为随机扰动项，并满足 $E(\varepsilon_{j,t}) = 0$。

$$Rg_{t+1} = \omega Rg_t + \lambda_t + \varepsilon_{1,t+1}, \ \omega \geqslant 0 \tag{2.5}$$

$$\lambda_{t+1} = r\lambda_t + \varepsilon_{2,t+1}, \ r < 1 \tag{2.6}$$

式（2.5）的存在使得股票内在价值估算时尽可能包含了一切与价值相关的信息，以提升内在价值测算的精确度。此外，进一步假定：

$$\lim_{i \to \infty} E_t\left(\frac{BV_{t+i}}{(1+r_f)^i}\right) = 0 \tag{2.7}$$

基于上述公式条件可以推得，t 期的股票理论价格 V_t 来自当期账面价值和未来剩余价值的贴现和，即 $V_t = BV_t + \sum_{j \geqslant 1} E(Rg_{t+j})/(1+r_f)^j$。整理后，可以得到：

$$V_t = BV_t + \sum_{j \geqslant 1} (ROE_{t+j} + rf_t - 1)BV_{t+j-1}/(1+r_f)^j \tag{2.8}$$

式（2.8）为最终公司股票内在价值 V_t 的测算式，式（2.8）右侧中的 BV_t 代表账面价值，$ROE_t = X_t/BV_{t-1}$ 为第 t 期的净资产收益率。相较于贴现模型，F–O 模型对于股票价值的考量更为周全，可以更为广泛地应用到泡沫度量中。通过实际股价和此处计算的内在价值进行比较，可以进行泡沫的度量分析和考察研究。

2.2.2　基于统计指标进行内在价值测算和泡沫度量

基于不同维度统计指标进行泡沫测度的关键在于选择有效反映资产价格基本价值信息的统计性指标，由此进行泡沫程度的研判。以股市泡沫测度为例，其核心在于选取适宜的统计性指标对股票的基本面表现和内在价值进行探讨。具体而言，常见的统计指数类测度方法包括：

（1）基于市盈率进行泡沫测度。

市盈率（以下简记为"B"）是常见的股票市场投资决策的量化指标，指的是上市公司股票价格（P）和每股税后利润（E）的比率。这一指标既可以用于个股的投资决策分析，也可以用于整个股票市场的投资决策性分析。理论上来说，市盈率越低意味着其股价越被低估，越具有投资价值；市盈率越高则意味着其股价表现越高，其中的泡沫成分越大，当然不同行业或者板块的股价的市盈率有其内在属性，有的本身就一直处于相对高位，有的一直处于相对低位。需要结合具体行业属性考虑其实际市盈率和理论上的市盈率合理范围进行对比探讨，确定泡沫水平和表现。不过，对于整体市场来看，不同行业的这一差距可以被抹平。

对于整体市场而言，其市盈率可以通过如下两种方式进行考察。分别是：①基于个股市盈率进行总股本的加权平均计算市场的市盈率；②结合市场总市值除以总收益来计算市场的市盈率。实践分析中，通常考虑发达国家股票市场的历史平均市盈率作为市场无泡沫情境下的参考表现，一般为 20 倍左右。可以结合市场整体市盈率和 20 倍市盈率进行比较，由此作为市场泡沫程度的一项参考指标。此外，股利分配比例（红利与每股净利润的比例）、股净率（每股股价与每股净资产的比率）也可以作为泡沫度量的指标进行类似分析。

（2）基于托宾 Q 值进行泡沫测算。

托宾 Q 值由经济学家托宾于 1969 年提出，该值也被称为托宾 Q 系数或托宾 Q 比率。它反映了企业股票市值（A）对股票所代表的资产重置成本（C）的比率，即：$Q = A/C$。托宾 Q 值一方面反映了企业对资产的利用效率以及对市场的冲击表现，另一方面可以在一定程度上反映企业股价是否存在高估。如果相对于历史或理论上的合理 Q 值，某一公司的当前实际 Q 值远高于前者，此时可以认为企业的股价存在一定的泡沫倾向。从而，可以构造如下基于 Q 值的泡沫度量指标（记为 V）：

$$V = \frac{Q_t}{Q_T} \tag{2.9}$$

其中，Q_t 为 t 时刻的企业对应的托宾 Q 比率值，Q_T 为成熟市场上类似行业或者企业历史平均的托宾 Q 比值，以反映理论上的合理 Q 值。对式（2.9）进行测算，可以估测出企业个股或者宏观行业市场的泡沫风险倾向。

（3）房价泡沫的多指标测算体系。

房产市场作为另一类被广泛研究的资产市场，在文献研究中也已有较多的统计性指标对其泡沫进行测算。在实证研究中，相应指标在理论上会存在一定的合理区间，反映其内在或者基本价值表现。在其基础上，对比相应统计指标的实际值对其理论上合理区间的差异便可以进行房价泡沫水平的度量和考察。借鉴孙焱林、张攀红和王中林（2015）的评述和实证研究，从代表性和可操作性入手，现实应用中通常考虑的房产泡沫测度指标有：房地产开发投资／固定资产投资、房价收入比、房价增长率／实际 GDP 增长率、空置率、房地产贷款增长率／金融机构贷款增长率这五个指标进行房地产泡沫的度量，关于相应指标的合理区间和泡沫倾向区间说明在表 2 - 1 予以展示。

表 2 - 1　　　　　　房市泡沫测算的代表性统计指标

统计指标	无泡沫区间	轻微泡沫区间	严重泡沫区间	极度泡沫区间
房地产开发投资额/固定资产投资额	<30%	30%～37%	37%～42%	>42%
房价收入比	<8	8～9.50	9.50～11	>11
房价增长率/实际 GDP 增长率	<1.30	1.30～1.80	1.80～2.30	>2.30
空置率	5%～14%	<5%	14%～20%	>20%
房产贷款增长率/金融机构贷款增长率	<3	3～5	5～7	>7

结合表 2 - 1 列出的 5 个指标进行实际值与不同区间值的比较，可以确定现实房市出现泡沫的时间段和泡沫成分大小。当各个指标间的度量结果存在一定差异时，优先考虑具有相同结论的大部分指标下的分析结果进行泡沫判别。

为了便于结果的可视性，我们还可以将前述指标进行综合信息提取，统一到一个最终指标，由此对房市的泡沫状况进行考察和分析。具体，可以考虑进行如下的综合指数构建达到信息提取的目的。

$$综合指数 = \sum_i \frac{指标_i \ 实际值}{指标_i \ 标准值} \cdot 指标_i \ 权重 \tag{2.10}$$

式（2.10）中的标准值可以考虑相应指标的历史平均值，或者前述所提的理论上合理区间下的平均值。公式中的具体权重值可以结合不同指标的重要性进行赋权，也可以通过熵值法之类的客观标准进行考察。最终的综合指数大于 1，即认为房产市场中存在较为明显的泡沫成分，取值越大，泡沫程度越严重；而综合指数结果小于 1，则认为不存在市场泡沫。

前述方法均结合统计指数构建的思路进行资产泡沫的测度和考察，从操作上来看具有便捷性和简洁性。但其缺陷也较为明显，主要表现在：首先现实市场中影响资产价格走势的因素非常很多，很难有效选取充分反映资产基本价值的现实指标，而多指标下如何进行权重的确定，如何进行指标合理范围的界定？并没有一个很严谨的金融理论基础。其次，不同的研究者在进行统计指数构建和相应参数设置时可能会带有一定的主观或者经验法则，客观性和科学性不足，这也是一个问题。最后，资产价格的实际走势受预期影响很大，这个时候基于多指标进行基本面价值的测算，在计算过程中是否能有效反映这一方面的信息也是值得商榷的问题。

2.3 经典线性时序检验方法

上述统计指标测度下的方法可以看成是关于资产泡沫的纯粹度量方式，即先估测基本面价值，由此结合实际值测算泡沫水平。和前述思路不同，泡沫的计量检验强调的是通过时序检验刻画资产泡沫的动态路径特征，由此设定检验量进行泡沫的检验识别，本书则是建立在这一框架之下。由早期的线性时序检验方法开始，本章后续对该框架下的研究方法进行回顾。

2.3.1　方差界检验

方差界检验由希勒（Shiller，1981）以及勒罗伊和波特（LeRoy and Porter，1981）提出，是较早用于泡沫检验的计量方法。不过，这一方法的最初提出并不是为泡沫检验设计的。三位学者在进行股利折现模型的理论分析时指出，股票的事后波动率会大于事前波动率，这一结论被称为方差界条件。布兰查德和沃特森（Blanchard and Watson，1982）以及蒂罗尔（Tirole，1985）认为，如果现实股票市场中出现了违反方差界条件的情况，其很可能是由于股票中价格中存在泡沫所致，此后，方差界条件被作为泡沫检验方法在一段时间内得到了应用。

本书关于方差界条件的具体推导思路将在后文进行简要阐述。根据无套利定价理论，股票的基本面价值 $\tilde{P}_t$ 等于其未来的期望股利的贴现和，即：

$$\tilde{P}_t = \sum_{i=1}^{\infty} \frac{E_t D_{t+i}}{(1+r_f)^i} \tag{2.11}$$

其中，D_{t+i} 为股票在未来第 $t+i$ 期的红利回报。r_f 为市场无风险利率，这里假定其为固定值。在不存在泡沫的假设下，股票的市场价格 P_t 在理论上等于上述基本面价值 $\tilde{P}_t$。即股票的可观测市场价 P_t（称为事前价格）等于式（2.11）所示的未来各期股利期望值的贴现和。

另外，我们考虑股票的事后价格 P_t^*，它对应于未来实际发生股利 D_{t+i} 的折现和，即：

$$P_t^* = \sum_{i=1}^{\infty} \frac{D_{t+i}}{(1+r_f)^i} \tag{2.12}$$

在理性预期条件下，上述期望股利 $E_t D_{t+i}$ 和实际股利 D_{t+i} 的差值 ε_{t+i} 是一个零均值的随机变量，不妨记为 $\varepsilon_t \sim iid(0, \sigma^2)$，并认为 ε_t 与 $E_t D_{t+i}$ 不具有相关性。综合前述两式，容易得到式（2.13）：

$$P_t^* = \tilde{P}_t + \sum_{i=1}^{\infty} \frac{\varepsilon_{t+i}}{(1+r_f)^i} \tag{2.13}$$

进而，可以推得：

$$Var(P_t^*) = Var(\tilde{P}_t) + \phi Var(\varepsilon_t), \ \phi = \left[1/(1+r_f)\right]^2/\left[1-1/(1+r_f)^2\right]$$

$$(2.14)$$

从式（2.14）可以看到，事后股价的方差波动表现明显大于事前表现。这一直观、简洁的结论在应用中可以很好地揭示相应股价的走势表现特征。

在应用文献研究中，希勒（1981）通过相应实证设计估计待考察股价序列的 P_t^* 值，并结合 P_t^* 与确定性趋势的离差估计事后股价的方差，基于美国 1871 年以来标准普尔指数的时间序列研究发现，式（2.14）中的方差界条件不满足，事前股价的方差反而比事后股价的方差大 4 倍左右。希勒分析认为，这一现实结论主要源于标准普尔指数走势中存在泡沫，这使得可观测的价格与事前价格有较大差异。布兰查德和沃特森（1982）以及蒂罗尔（1985）同样认为导致方差界条件被违反的原因很可能是股价中存在泡沫，并被当作价格泡沫检验方法进行了使用。

不过，随着相应理论和应用研究中的持续和发展，后续学者不断指出这一检验方法存在的缺陷和问题，主要表现在：

第一，理论研究中，股价的基本路径走势通常被认为是具有单位根特性的非平稳过程，不存在无条件方差。因此，方差界检验从比较无条件方差的角度进行研究出发点本身存在逻辑上的不足。同时，马什和默顿（Marsh and Merton，1983）给出了一个股利和股价都是非平稳过程的例子，其在不存在泡沫的情况并不满足方差界条件。第二，如前文所言，方差界条件的出发点并非为了检验股价泡沫。曼丘等（Mankiw et al.，1985）进行数理推导时发现，即便在理性泡沫的理论框架设定下，前述方差界条件仍可能在股价序列走势中成立。此外，克莱邓（Kleidon，1986）还指出了一个技术处理上的问题：方差界条件中的方差是指固定时点的横截面方差，而希勒（1981）在实际应用分析中计算的是时间序列方差，这种不一致必定会对方差界条件的应用效力造成影响。

2.3.2 韦斯特两步检验法

前述方差界检验在本质上是通过比较股价的事后方差和实际方差探讨泡

沫的存在性，相应检验设定中没有标准意义上的原假设和备择假设，同时也并未进行统计检验中的显著性分析。相对而言，韦斯特（West，1987）所提出的两步法是应用到股市泡沫识别中的第一种真正意义上的计量检验方法。这一检验的基本思想是通过两种方式估计股价与股利间的关联系数。理论上来看，在不存在泡沫的原始假设设定下，两种方式估计出的关联系数不存在统计意义上的显著性差异。若两种系数在统计检验中具有显著差异，则表明股价走势中存在泡沫成分。

韦斯特（West）两步检验法（以下简称 West 两步法）的步骤可以简略概括如下：

第一步，结合理论上的市场无套利条件，估算股票的基本面价格与股利的关系。无套利条件下，当前股价 P_t 对应的是未来期价格和期望红利的折现值，即有：

$$P_t = \frac{E_t[P_{t+1} + D_{t+1}]}{1 + r_f} = \frac{1}{1 + r_f}(P_{t+1} + D_{t+1}) + u_t \qquad (2.15)$$

其中，r_f 为市场无风险收益率。基于式（2.15），并结合已知的股价和股利 D_t 数据，可以得到市场无风险收益率的估计值 $\hat{r}_f$。

为了进一步得出股票基本面价格和股利之间的关联系数，我们需要对股利的数据生成过程进行理论设定。对此，韦斯特（1987）假设股利是外生的，并采用平稳的一阶自回归模型 $D_t = \phi D_{t-1} + u_t^d$ 对其进行刻画，ϕ 对应的是股利序列的自回归系数。结合这一自回归该模型进行 OLS 估计可以得到 ϕ 的估计值。

另外注意到，如前文所述，股票的基本面价值在理论上对应于 $P_t^f = \sum_{i=1}^{\infty} E_t D_{t+i}/(1 + r_f)^i$。这意味着，股票的基本面价值和股利之间具有线性关联，并可以表示为：

$$P_t^f = \sum \frac{E_t D_{t+i}}{(1 + r)^i} = \bar{\beta} D_t \qquad (2.16)$$

在此基础上，基本面价值与股利的关联系数可最终写成如下形式：

$$\bar{\beta} = \frac{\phi}{1 + r - \phi} \qquad (2.17)$$

第二步，考虑在不存在泡沫的假设下直接利用股价对股利进行回归，并得出两者之间的回归系数。由于股票价格可以分解为基本面价值 P_t^f 和泡沫 B_t 两部分，在无风险收益率给定的条件下，基本面价值的大小可以看成仅取决于未来股利。从而，股价、股利和泡沫三者的关系可以表示为：$P_t = \beta D_t + B_t$。在不存在泡沫的情况下，可通过股价对股利回归得出股价与股利两者之间的系数估计值 $\hat{\beta}$，如下：

$$P_t = \hat{\beta} D_t + \varepsilon_t \qquad (2.18)$$

值得注意的是，前述第一步中的估计值 $\bar{\beta}$ 是在无套利条件下得到的，它是基于基本面价值与股利线性系数的真实估计而来。第二步式（2.18）下估计到的 $\hat{\beta}$ 是在不存在泡沫的假设下得到的。这意味着，$\hat{\beta}$ 在不存在泡沫情况下可以看成是 $\bar{\beta}$ 的无偏估计，即在无泡沫情境下时两种途径得出的系数理论上应该不存在显著差异。反之，若两者在统计意义上具有显著性差异，则认为股价序列中存在泡沫。从而，可以结合假设检验 $H_0: \bar{\beta} = \hat{\beta}$ 进行股价泡沫的识别与检验。

与方差界检验相比，West 两步法是一种真正意义上的泡沫计量检验方法。其通过两种不同路径估计股价和股利的回归系数，随后结合相应系数的显著性差异对泡沫的存在性进行检验判定。这一方法在较多文献研究中得到了采用（West，1987；韩德宗，2005）。然而，West 两步法中在实际应用中仍存在一些不足，主要体现在：第一，West 两步法假设股利序列服从平稳的 AR（1）过程，以此估计得出了股价与股利的回归系数 $\bar{\beta}$。但由于股利的真实生成过程未知，其对应的真实生成机制与前述模型设定具有较大偏误时，必然会对 $\bar{\beta}$ 的估计产生较大影响，从而在现实分析中会影响最终的泡沫检验效果。第二，两步法模型中的一个暗含假设为：无风险收益率 $\hat{r}_f$ 为常数。当放松此限制，允许时变的无风险收益率存在时，韦斯特发现相应检验量并不能有效拒绝现实标普指数序列不存在泡沫的假设。此外，关于 $\bar{\beta} = \hat{\beta}$ 的不同检验方法也会带来最终泡沫检验结果的不一致性（邓伟，2013）。

2.3.3　协整检验法

协整检验法最早由迪巴和格罗斯曼（Diba and Grossman，1988a）提出，并不断被应用于现实资产市场的泡沫问题研究中。以股票市场为例，两位学者假定股票基本价值和其红利的平稳度保持一致。同时假定在理性泡沫条件下，股市泡沫 B_t 服从如下的随机差分过程，即具有爆炸性膨胀的特征[①]。

$$B_{t+1} = (1+\rho)B_t + z_t, \ \rho > 0 \qquad (2.19)$$

考虑实际股价由基本价值和泡沫两部分构成，即

$$P_t = P_t^f + B_t, \ P_t^f = \frac{\sum_{i=1}^{t} E(d_{t+i} + o_t)}{(1+r_f)^t} \qquad (2.20)$$

其中，o_t 是 t 时刻影响资产价格的其他未观测到的因素，如市场预期、宏观冲击等因素。在理论中，一般可以假定这一因素的平稳度要高于红利 d_t，这意味着 P_t^f 的平稳度主要取决于 d_t。在此基础上，可以发现：在市场不存在泡沫的情况下，实际股票价格（等于基本面价值 P_t^f）的平稳度和红利保持一致；进而，实际股价（等于 P_t^f）进行差分后的平稳度和红利差分后也保持一致。即红利走势平稳，P_t^f 走势也平稳；红利为经 n 次差分才能转化为平稳化过程，P_t^f 也需要经过 n 次差分转化为平稳过程，并且两者在时间轴上保持协整关系。

而在市场存在泡沫的情况下，由于泡沫成分的爆炸性特征，无论怎样进行差分化处理都不会使其平稳化。迪巴和格罗斯曼指出，此时实际股票价格走势和其基本面价格 P_t^f 不具有协整关联，进而，实际股价和红利 d_t 也不存在协整关系。因此，检验泡沫存在与否可以通过验证资产价格与红利之间是否具有协整关系（即两者是否为同阶过程）进行考察分析。在该思路下，迪巴和格罗斯曼（1988a）关于资产泡沫的判别依据为：（1）接受资产价格与红利的协整关系，意味着泡沫不存在，接受市场无泡沫的结论。（2）不接受资

[①]　关于泡沫的爆炸性走势特征的理论证明见后续第 3 章第 1 节。

产价格与红利的协整关系，意味着泡沫有可能存在。可以看到，协整关系的成立可以作为市场不存在泡沫的检验依据。但不接受协整并不必然对应于泡沫的发生，迪巴和格罗斯曼（1988a）指出这主要由于现实中有可能存在 o_t 的非平稳度高于红利 d_t 的情况，此时需要结合其他方法进行进一步考察。

尽管迪巴和格罗斯曼（1988a）的方法具有便捷性，但其在"不接受协整"下的判断具有模糊性。此外，后面学者在更为现实的周期性泡沫设定场景中对迪巴和格罗斯曼方法在"接受协整"下的判断也提出了质疑。埃文斯（1991）指出现实泡沫具有反复膨胀收缩的特点，并由此提出了经典的周期性泡沫模型，如式（2.2）所示。

$$B_{t+1} = (1+\rho) B_t v_{t+1} + z_t, \ B_t \leq \alpha$$

$$B_{t+1} = \left[\delta + \left(\frac{1+r}{\pi} \right) \theta_{t+1} \left(B_t - \delta/(1+r) \right) \right] v_{t+1} + z_t, \ B_t > \alpha \quad (2.21)$$

$$E(v_{t+1}) = 1, \ \theta_{t+1} = 1, \ 0$$

$$p(\theta_{t+1} = 1) = \pi$$

式（2.21）设定表明，资产价格的泡沫成分 B_t 在膨胀到一定程度后会面临很大的塌陷压力，而在泡沫成分萎缩后，又会逐步呈现快速性的膨胀特征，这一设定可以很好地刻画现实资产泡沫反复生成、塌陷的周期性特点。对于式（2.21）下的周期性泡沫设定，埃文斯通过仿真实验分析指出，迪巴和格罗斯曼的协整检验方法此时很容易产生接受协整假设的检验结论，但很显然，无泡沫的检验结论是错误的。这一研究工作在一段时间内对基于单位根和协整分析方法进行泡沫检验的思路造成了冲击。

2.4 非线性区制检验方法

2.4.1 V-N 区制转移方法

考虑到前述埃文斯（1991）构建的周期性泡沫设定在现实研究中的适

用性和普遍性，范诺登（Van Norden，1996）结合区制转移模型进行参数检验，对其进行泡沫存在性的计量识别。在市场存在周期性泡沫的情况下，范诺登将市场表现划分为泡沫萎缩状态（C）和扩张状态（S）两种。这里同样用 B_t 表示 t 时刻资产市场存在的泡沫成分，在市场处于萎缩状态时，假定有：

$$E_t(B_{t+1} \mid C) = u(B_t) \tag{2.22}$$

$u(\cdot)$ 为连续可微函数，$u(0) = 0$ 且 $0 \leqslant u' \leqslant 1$。式（2.22）表明，当市场处于状态 C 时，下一期泡沫的预期值与当期泡沫 B_t 成正相关，但比 B_t 要小一些，即预期泡沫会表现出收缩。

同时，假定 $t+1$ 时期市场处于泡沫扩张状态 S 的概率 q 与当前泡沫成分 B_t 的大小有关。当前泡沫成分越大，其在下一期进一步扩张的概率越小，q 的数量式表示如下：

$$q = q(B_t), \ \mathrm{d}q(B_t)/d \mid B_t \mid < 0 \tag{2.23}$$

容易推得，当市场处于状态 S 时，下期 $t+1$ 时刻泡沫成分的期望值为：

$$E_t(B_{t+1} \mid S) = \frac{(1+r)B_t}{q(B_t)} - \frac{1-q(B_t)}{q(B_t)} u(B_t) \tag{2.24}$$

$u(\cdot)$ 的定义同前保持一致。在上述模型设定下，范诺登结合区制转移模型（regime switching model）提出了进行泡沫识别和检验的新方法，其将 $t+1$ 期未预期到的资产价格变化（记为 R_{t+1}）表示为式（2.25）：

$$R_{t+1} = p_{t+1} - E(p_{t+1}) = \varepsilon_{t+1}^f + B_{t+1} - E_t(B_{t+1}) \tag{2.25}$$

其中，ε_{t+1}^f 对应未预期到的资产基本价值的变化。为考察上述周期性泡沫的存在性，范诺登利用区制转移模型对市场泡沫的可能状态进行描述，得到：

$$R_{t+1} \mid C = \beta_{C0} + \beta_{C1}B_t + \eta_{t+1}^C \tag{2.26}$$

$$R_{t+1} \mid S = \beta_{S0} + \beta_{S1}B_t + \eta_{t+1}^S \tag{2.27}$$

$$q(B_t) = \Phi(-\beta_{q0} - \beta_{qb} \mid B_t \mid) \tag{2.28}$$

其中，$\eta_{t+1}^c \sim N(0, \sigma_c)$、$\eta_{t+1}^s \sim N(0, \sigma_s)$ 为正态分布函数，$\Phi(\cdot)$ 为标准正态累计分布函数。如此，式（2.26）~ 式（2.28）构成了一个一般性的泡沫区制转移模型。前式设定下，资产市场的状态对应泡沫萎缩和扩张两个区制，市场具体处于某一区制的概率均与泡沫成分的大小相关。

如果真实资产价格序列中存在埃文斯提及的周期性泡沫，模型式中会对应如下三个限制性条件。分别是：（1），$\beta_{C0} \neq \beta_{S0}$；（2），$\beta_{C1} < 0 < \beta_{S1}$；（3），$\beta_{qb} > 0$。由此，可以采取如下步骤对这三个条件进行假设检验，判断市场是否存在泡沫。具体为：

第一步，选择适合的基本价值模型计算资产价格的内在基本价值，由此估计泡沫成分 b_t 的大小；

第二步，结合极大似然法对区制转移模型［见式（2.26）~ 式（2.28）］进行参数估计；

第三步，对前述三个参数的限制条件（1）、（2）、（3）进行统计性检验。

如果上述三个约束条件均未在统计意义上被拒绝，则接受资产价格存在周期性泡沫这一假设。需要说明的是，如范诺登（1996）所提，即使通过上述区制转移模型下的设定检验方法发现周期性泡沫的存在，这一结论也可能是由于基本价值模型的设定偏误引起，而非真实泡沫的存在。相反地，如果实证结果未支持周期性泡沫的存在，也有可能是因为泡沫的存在、出现方式不具有前述的周期性膨胀收缩特征，而不能绝对性地断定资产价格序列不存在泡沫。

2.4.2 泡沫检验的 TAR 和 MTAR 方法

根据迪巴和格罗斯曼（1988a）的观点，某一资产的价格可以分解表示为基础价值和泡沫成分两部分：

$$P_t = F_t + B_t \tag{2.29}$$

P_t 和 F_t 分别对应 t 时刻的待考察资产序列的实际价格和内在基础价值，B_t 为相应的泡沫成分。结合本书 2.3 节关于单位根—协整检验方法的探讨，如果价格序列不存在泡沫，意味着股票价格和决定其基础价值的经济变量间存在协整关系。但如埃文斯（1991）所指出，该方法并不能有效识别出周期性泡沫的存在。究其原因，主要在于标准的单位根和协整分析建立在线性自回归过程的路径设定之上，并假设考察序列间的均衡调整机制具有对称性，而埃文斯所提出的周期性泡沫路径设定并不遵循传统的线性单位根过程设定，而是循环往复地生成和削弱，不会完全消失。相应泡沫的膨胀和收缩随着泡沫成分向门限值的靠近和远离发生变化，从而使得泡沫的发生具有一定的周期性［具体模型设定见式（2.21）］。从现实资产泡沫的发生场景来看，其在时间轴上往往也具有这种动态特点，这一特征使得含有局部泡沫的资产序列在路径走势上表现出非线性特点。

前述 2.3 节进行泡沫判别的协整检验思路中采用的是标准的线性协整检验方法，相应检验是以线性和对称调整设定为假设前提的。在其思路下，考虑对股票实际价格和反映其基本价值的指标序列进行协整建模，协整方程的误差序列 u_t 满足线性回归方程：$\Delta u_t = \rho u_{t-1} + \varepsilon_t$，$\{\varepsilon_t\}$ 为白噪声序列。这一设定下，无协整关系的原假设对应于 $\rho = 0$。

恩德斯和格兰杰（Enders and Granger，1998）对上述协整误差项的自回归机制进行了扩展，通过引入非对称调整设定，将协整误差序列 u_t 表示成如下的门限自回归形式：

$$\Delta u_t = I_t \rho_1 u_{t-1} + (1 - I_t)\rho_2 u_{t-1} + \varepsilon_t \tag{2.30}$$

其中，I_t 为 Heaviside 示性函数，具体定义如下：

$$I_t = \begin{cases} 1, & u_{t-1} \geq \tau \\ 0, & u_{t-1} < \tau \end{cases} \tag{2.31}$$

式（2.31）中 τ 为门限值，通常设定为先验未知，在现实建模分析中需要与系数值 ρ_1 和 ρ_2 联合起来进行估计。式（2.30）~ 式（2.31）对应于一个简洁化的阈值自回归（TAR）模型，其意味着短期路径调整会随上期残差值的方向和大小而发生改变。上述协整误差序列 $\{u_t\}$ 具有平稳走势的充要条件为：对于任意 τ，存在 $\rho_1 < 0$ 和 $\rho_2 < 0$，以及 $(1 + \rho_1)(1 + \rho_2) < 1$。考虑到对式（2.30）进行建模估计的科学性，并有效反映均衡误差项推动长期关系向均衡路径进行动态调整的特征，可以在式（2.30）中加入 Δu_t 的滞后项，这一处理同时可以强化调整式中新息扰动项的白噪声特征。此时，式（2.30）扩展为式（2.32）：

$$\Delta u_t = I_t \rho_1 u_{t-1} + (1 - I_t)\rho_2 u_{t-1} + \sum_{i=1}^{l} \gamma_i \Delta u_{t-i} + \varepsilon_i \qquad (2.32)$$

式（2.32）右侧部分中 Δu_t 的滞后阶数 l 可以通过最小化 AIC 或者 BIC 准则来确定。

为了使序列 $\{u_t\}$ 显示出更明显的动态性，恩德斯和格兰杰（1998）提出可以考虑将门限变量 u_{t-1} 用 Δu_{t-1} 来进行替代，此时，前述 Heaviside 示性函数转变为式（2.33）：

$$I_t = \begin{cases} 1, & \Delta u_{t-1} \geqslant \tau \\ 0, & \Delta u_{t-1} < \tau \end{cases} \qquad (2.33)$$

相较于式（2.31），式（2.33）意味着均衡路径下长期协整误差项的自我调整会随其变动强度的大小发生改变。此时，式（2.32）~ 式（2.33）共同构成了动量阈值自回归（MTAR）模型的具体表达式，相应的协整误差序列 u_t 能够反映、拟合股价在快速下跌前的增长特性。

结合 TAR 或者 MTAR 模型设定，在式（2.32）下考虑建立如下原假设形式的假设检验：

$$H_{01} : \rho_1 = \rho_2 = 0 \qquad (2.34)$$

接受式（2.34）意味着股价同其基础价值间不存在协整关系。反之，则意味着协整关系的存在。对 H_{01} 拒绝后，可以进一步对价格序列存在的非对称性调整特征进行统计检验，此时考虑新的零假设：

$$H_{02} : \rho_1 = \rho_2 \qquad (2.35)$$

如果不拒绝式（2.35）对应的零假设，意味着股票价格同其基础价值之间具有线性对称的长期协整关系；反之，则意味着股票价格同其基础价值之间均有非线性对称的协整关系，这一非对称性主要表现在股票价格同其基础价值长期回归残差的自我调整机制中，反映了考察序列对长期均衡路径的非对称性偏离和调整特征。

周期性泡沫的存在使得资产价格序列对其长期均衡路径出现局部过度偏离，这一快速偏离在短期内不具有均衡回复特点，是造成价格序列非线性调整特征表现的重要原因。由此，可以通过 TAR 或 MTAR 模型考察资产价格路径的调整特征，并结合式（2.35）下的假设检验对周期性破灭泡沫的存在性进行检验和探讨。当考察序列存在局部泡沫导致的对均衡路径的非对称偏离特征时，恩德斯和西克洛斯（Enders and Siklos，2001）的研究表明，MTAR 模型较 TAR 模型具有更优的检验能力。

2.5　右侧上确界滚动检验方法

右侧上确界滚动检验是近期泡沫计量检验中的流行性分析方法。严格地来说，这是一种检验策略，其和不同检验量进行结合便形成了不同的泡沫检验分析方法。如下，本节将对近期泡沫检验框架下应用较广、较为主流的上确界右侧滚动方法进行介绍和简要阐述。

2.5.1　泡沫计量检验的路径设定

为了简化说明，考虑如下的 AR（1）模型，

$$y_t = \rho_t y_{t-1} + \varepsilon_t \tag{2.36}$$

其中，ε_t 为白噪声过程，$E(\varepsilon_t) = 0$，$E(\varepsilon_t^2) = \sigma^2$。在具体资产序列路径的分析研究中，式（2.36）所示的序列走势生成形式中可能存在截距项，即含有一定的时间趋势。此时，我们通过进行带有常数和线性时间趋势的线性回归对 y_t 进行去趋势化，此时的残差序列具有类于式（2.36）的路径设定特征。

在不存在市场泡沫的情形下，考虑资产价格序列 y_t 一直服从单位根路径走势，即原始假设为：

$$H_0: \rho_t = 1; \quad t = 1, 2, \cdots, T \tag{2.37}$$

备择假设下，考虑序列 y_t 的路径走势始于单位根过程，但在某一未知时刻（记为 $[\tau^* T]$，$\tau^* \in (0, 1)$，$[\cdot]$ 为求整符号）发生了由单位根走势向爆炸性走势转换的结构变动，表示为式（2.38）：

$$H_1: \rho_t = \begin{cases} 1 & t = 1, \cdots, [\tau^* T] \\ \rho^* > 1 & t = [\tau^* T] + 1, \cdots, T \end{cases} \quad (2.38)$$

式（2.38）意味着资产价格序列在时刻 $[\tau^* T]$ 后出现了爆炸性特征，后者可以很好地对泡沫的动态生成过程进行刻画，从而，结合式（2.38）的备择假设可以进行序列泡沫特征的识别和检验问题探讨。

2.5.2 Bhargava 统计量

针对随机游走过程（$\rho_t \equiv 1$）对爆炸特征走势过程（$\rho_t = \ddot{\rho} > 1$）的假设检验问题，巴尔加瓦（Bhargava，1986）提出了局部最佳方差不变检验统计量，具体如下：

$$B_0^* = \frac{\sum_{t=1}^{T} (y_t - y_{t-1})^2}{\sum_{t=1}^{T} (y_t - y_0)^2} \quad (2.39)$$

巴尔加瓦在其备择假设下没有考虑 ρ_t 取值存在由 1 到大于 1 的结构变化情形，即资产价格序列在原始单位根路径走势不久后出现了局部泡沫。考虑局部泡沫的可能发生点为 τ，霍姆（Homm，2012）建议在该情境下对上述检验量进行修订：

$$B_\tau = \frac{1}{T - [T\tau]} \left(\frac{\sum_{t=[T\tau]+1}^{T} (y_t - y_{t-1})^2}{\sum_{t=[T\tau]+1}^{T} (y_t - y_{[T\tau]})^2} \right)^{-1}$$

$$= \frac{1}{s_\tau^2 (T - [T\tau])^2} \sum_{t=[T\tau]+1}^{T} (y_t - y_{[T\tau]})^2 \quad (2.40)$$

其中，$s_\tau^2 = (T - [T\tau])^{-1} \sum_{t=[T\tau]+1}^{T} (y_t - y_{t-1})^2$。

由于现实研究中真实泡沫发时点的未知性，考虑在区段 $[0, 1 - \tau_0]$，$\tau_0 \in (0, 0.05)$ 上进行潜在变点的筛选和信息提取，由此形成如下的上确界类型检验量：

$$\sup B(\tau_0) = \sup_{\tau \in [0, 1-\tau_0]} B(\tau) \quad (2.41)$$

该检验量在检验值较大时对原始单位根走势予以拒绝，接受局部泡沫走势的备择假设。关于这一检验量的构建思路可以理解如下：原假设单位根走势下，基于 $T^* = [T\tau]$ 时刻的已有信息进行向前 h 期的走势预测值为 $\hat{y}_{(T^*+h)|T^*} = y_{T^*}$。前述检验量 B_τ 建立在预测误差的和式信息之上，如果在随后的某时刻处路径走势突变为爆炸性过程，这意味着上述预测误差会大幅度加大，由此可以反映备择假设下的局部爆炸走势特征。对检验量取上确界的主要用意则是为了有效处理、涵盖变动点未知这一问题。理论上，结合连续映射定理，可以推导出式（2.41）下 Bhargava 检验量的渐近分布式为：

$$\sup B(\tau_0) \Rightarrow \sup_{\tau \in [0, 1-\tau_0]} \left\{ (1-\tau)^{-2} \int_\tau^1 (W(r) - W(\tau))^2 dr \right\} \quad (2.42)$$

式（2.42）中的⇒表示弱收敛，$W(r)$ 为区间 $[0, 1]$ 上的标准布朗运动。

2.5.3 Busetti – Taylar 检验量

考虑了资产价格序列走势为 $y_t = \beta_0 + \mu_t + \varepsilon_t$。布塞蒂和泰勒（Busetti and Taylar, 2004, 以下简称 BT）提出了一个考察 I(0) 原假设对 I(0) 局部转变为 I(1)[1] 走势备择假设的统计检验量。

首先，构成检验量 $\varphi(\tau) = \hat{\sigma}^{-2}(T - [T\tau])^{-2} \sum_{t=[T\tau]+1}^{T} \left(\sum_{j=t}^{T} \hat{\varepsilon}_j \right)^2$，$\hat{\varepsilon}_j$ 对应于 y_t 进行带有截距项回归的 OLS 残差，$\hat{\sigma}^2 = \sum_{j=t}^{T} \hat{\varepsilon}_j / T$。在此基础上进一步构建上确界检验量，BT（2004）对其关注的 I(0) 原假设走势对 I(0) 转变为 I(1) 走势的备择假设问题进行统计检验。借鉴 BT 的思路，霍姆（2012）将其应用于单位根原假设对单位根路径向爆炸特征转变的泡沫检验问题研究中，相应检验量的构建如下：

$$\sup BT(\tau_0) = \sup_{\tau \in [0, 1-\tau_0]} BT(\tau),$$

$$BT(\tau) = \frac{1}{s_0^2 (T - [T\tau])^2} \sum_{t=[T\tau]+1}^{T} (y_T - y_{t-1})^2 \quad (2.43)$$

---

[1] I(0) 过程为平稳过程，I(1) 过程为单位根过程，后文表述类同。

式（2.43）在这里基于单位根原假设下的一步向前预测误差（$y_t -$ y_{t-1}）替代了前述原始 BT 构建式中的 OLS 残差 $\hat{\varepsilon}_j$，进而得到泡沫检验量。另外，相对 BT 原始检验，这里的原假设和备择假设区域均产生了变化。此时的假设检验对应于右侧检验，该检验量的取值越大，对无泡沫原假设区域的拒绝度也越大。

需要说明的是，式（2.43）中的方差估计量 s_0^2 建立在全局样本之上。相对应地，2.5.2 节 Bhargava 检验量中使用的方差估计值 s_τ^2 则是基于样本点 $[T\tau]$ 之后的样本量。这两个检验量的另一个区别在于 BT 检验量在检验式构建中基于单位根原假设下的样本 $y_j \mid j = [T\tau]+1 \cdots, T-1$ 信息对最终值 y_T 进行预测，由此将相应的预测误差信息纳入检验式，即 BT 检验量固定了预测目标；而 Bhargava 检验量则可以看成是基于分期多维度区段下的预测误差信息。

supBT 检验量在理论上对应的渐近分布函数表述如下，结合相应理论渐近分位点的右侧检验，可以进行泡沫特征的识别。

$$\sup_{\tau \in [0, 1-\tau_0]} \left\{ (1-\tau)^{-2} \int_\tau^1 W(1-r)^2 \mathrm{d}r \right\} \tag{2.44}$$

2.5.4　Kim 统计量

Kim 检验量是另外一类检验 I(0) 原假设对从 I(0) 走势转变为 I(1) 走势的统计检验量，其由计量经济学家金姆（Kim，2000）提出，本书简称为 $K(\tau)$。伴随着文献对泡沫计量检验问题的关注，金姆、贝莱尔 – 弗兰奇和阿马多尔（Kim、Belair – French and Amador，2002）将这一检验量应用到了泡沫检验的分析框架。同样是以 I(1) 原假设对从 I(1) 走势转变为爆炸过程走势的统计检验为设定基础，霍姆（2012）对 $K(\tau)$ 检验量进行了前述上确界滚动策略下的调整，延伸出上确界形式下进行泡沫检验的 Sup – K(τ) 检验量，具体构建形式如下：

$$\sup_{\tau \in [0, 1-\tau_0]} K(\tau), \quad K(\tau) = \frac{(T - [T\tau])^{-2} \sum_{t=[T\tau]+1}^{T} (y_t - y_{[T\tau]})^2}{[T\tau]^{-2} \sum_{t=1}^{[T\tau]} (y_t - y_0)^2} \tag{2.45}$$

较大的 $\sup_{\tau \in [0, 1-\tau_0]} K(\tau)$ 取值对应着统计意义上对无泡沫假设区域的显著性拒绝。其中，式（2.45）分子中的 y_t 可以理解为对考察序列在时刻 $t = [\tau T] + 1$ 后走势的预测信息，其在单位根原假设下和 $y_{[\tau T]}$ 相同，分母中的 y_t 可以理解为对后续时刻的预测值，在理论上不难推得，上述检验量的渐近分布式为：

$$\sup_{\tau \in [0, 1-\tau_0]} K(\tau) \Rightarrow \sup_{\tau \in [0, 1-\tau_0]} \left\{ \left(\frac{\tau}{1-\tau} \right)^2 \frac{\int_\tau^1 (W(r) - W(\tau))^2 \mathrm{d}r}{\int_0^\tau W(r)^2 \mathrm{d}r} \right\}$$

$$(2.46)$$

2.5.5　Phillips/Wu/Yu 统计量

为了有效对资产泡沫进行计量识别，菲利普斯、吴和余（2011，以下简称为 PWY）建议使用一系列滚动 DF 右侧检验，并结合滚动上确界方法进行爆炸性泡沫特征的识别。该类检验是本书关注的 Sup - ADF 类型检验统计量，从时间线上来看，也是将上确界检验策略引入泡沫分析框架的最早计量方法。目前主要有 SADF、BSADF、GSADF 检验三种检验策略。

SADF 检验是最早也是最为基础的检验方法。考虑带有常数项的自回归方程 $y_t \sim \alpha + \rho y_{t-1} + \varepsilon_t$ 进行逐步滚动的 DF 检验，并对这一系列 DF 值进行上确界求取，得到如下形态的上确界检验量（即式 2.47）。

$$\sup DF(\tau_0) = \sup_{\tau_0 \leqslant \tau \leqslant 1} DF_\tau \ \ with \ DF_\tau = \frac{\hat{\rho}_\tau - 1}{se(\hat{\rho}_\tau)} \tag{2.47}$$

其中，$\hat{\rho}_\tau$ 和 $se(\hat{\rho}_\tau)$ 为基于 OLS 回归得到的估计量及其标准差。相较于 DF 检验，ADF 检验更能处理误差自相关的情形，式（2.41）中的 DF 检验量可以换成 ADF 检验量。理论上，滚动回归中的 ADF 值随着考察区段非平稳特征的加强而增大，在泡沫特征出现时表现出很高的检验取值。从而，如果式（2.47）形态下的检验量取值很小时，我们拒绝含有泡沫的假设情境，否则，其取值超出右侧临界区域时，资产序列存在局部爆炸走势引致的泡沫特征。PWY 给出了上述检验量在无泡沫情形下的渐近分布形式（见式 2.48），相应的泡沫检验临界值也基于该分布式的右侧分位点获得。

$$\sup_{\tau_0 \leqslant \tau \leqslant 1} ADF_\tau \Rightarrow \sup_{\tau_0 \leqslant \tau \leqslant 1} \frac{\int_0^\tau W(r)\,\mathrm{d}W(r)}{\sqrt{\int_0^\tau W(r)^2\,\mathrm{d}r}} \qquad (2.48)$$

在 SADF 滚动检验基础上，PWY 进一步延展并提出了 BSADF 和 GSADF 检验量，上述统计检验量具有较高的检验功效，并可以一致估计出泡沫的发生区段，是近期应用最广、关注度最高的计量检验方法。BSADF、GSADF 的检验思路类似，只是具体的滚动检验方向和策略会一定差异。该类型检验是本书研究的基础，关于相应检验的具体理论设定和策略分析，后续章节会进行细化论述和探讨。

2.5.6 Chow 类型结构突变检验下的泡沫检验量

Chow 类型检验是时间序列研究中经典的结构变动检验方法。这一检验思路同样可以用于资产序列泡沫识别问题的研究。泡沫演变过程中的爆炸特征表现意味着资产序列在某一时刻存在自回归系数强度由 $\rho_t = 1$ 至 $\rho_t = 1 + \delta$（$\delta > 0$）带来的数据机制变化。从而，可以通过对自回归参数中的相应结构突变特征进行 Chow 检验，由此进行泡沫识别。

对于在 $t = [\tau T]$ 时刻产生泡沫的资产序列，其自回归系数在该点前后分别对应于 $\rho_t = 1$ 和 $\rho_t = (1 + \delta) > 1$。用模型可以表示为：

$$\Delta y_t = \delta \cdot y_{t-1} I_{\{t > [\tau T]\}} + \varepsilon_t \qquad (2.49)$$

其中，$I_{\{\cdot\}}$ 为指示函数，当下标括号 $\{\cdot\}$ 中的条件为真时，取值为 1，否则为 0。基于上述模型设定，无结构变动下的原假设为 H_0：$\delta = 0$，结构变动后的备择假设（即出现泡沫特征）为 H_1：$\delta > 0$。容易推得，原假设下的 t 检验统计量为：

$$DFC_\tau = \frac{\sum_{t=[\tau T]+1}^{T} \Delta y_t y_{t-1}}{\tilde{\sigma}_\tau \sqrt{\sum_{t=[\tau T]+1}^{T} y_{t-1}^2}}, \quad \tilde{\sigma}_\tau = \frac{1}{T-2} \sum_{t=2}^{T} (\Delta y_t - \hat{\sigma}_\tau y_{t-1} I_{\{t > [\tau T]\}})^2$$

$$(2.50)$$

$\hat{\delta}_\tau$ 表示式（2.49）中 δ 的 OLS 估计值。由于结构变点 $t = [\tau T]$ 在现实研究中的未知性，结合上确界形式设定，考虑 $\tau \in [0, 1-\tau_0]$ 内从 $\delta = 0$ 到 $\delta > 0$ 变化的上确界 Chow 型 DF 检验量，具体式为：

$$\sup DFC(\tau_0) = \sup_{\tau \in [0,1-\tau_0]} DFC_\tau \tag{2.51}$$

上述检验关于无结构变点的拒绝区域为检验量的右侧检验区域。即当检验量取值落入右侧拒绝域时，拒绝无结构变动原假设，接受含有泡沫的备择假设结论。事实上，该检验对应于安德鲁斯（Andrews，1993）的"Sup - Wald"检验的单侧版本。理论上可以推得，Chow 类型检验量的渐近分布式为：

$$\sup DFC(\tau_0) \Rightarrow \sup_{\tau \in [0,1-\tau_0]} \frac{\int_\tau^1 W(r)\mathrm{d}W(r)}{\sqrt{\int_\tau^1 W(r)^2 \mathrm{d}r}} \tag{2.52}$$

在有限样本下，如果未对待考察时间序列进行去噪或去趋势化处理，Sup - DFC 和 Sup - DF 检验量在原假设下的分布表现会在一定程度上受序列初始值的影响。为克服这一问题，我们建议使用初始值调整后的序列 $\{\tilde{y}_t\}_{t=1}^T$，$\tilde{y}_t = y_t - y_0$ 进行上确界 Chow 类型检验量的构造。

2.5.7　Sup - KSS 统计量

借鉴前述学者的研究，邓伟和唐齐鸣（2013）将上确界滚动形式的泡沫检验思路引入了非线性建模框架，通过非线性 ESTAR 模型设定和上确界策略的结合，进一步构建了有效处理平滑转移类型泡沫的 Sup - KSS 检验量。

作为刻画时间序列非线性机制转换的经典模型，指数平滑转移模型（ESTAR）在资产价格走势的应用建模中有着广泛应用。考虑一阶形态的以上期信息 y_{t-1} 为转移变量的 ESTAR 模型，其生成形式具体表示如下：

$$y_t = \psi y_{t-1} + \phi y_{t-1}\left[1 - \exp\left(-r\left(y_{t-1} - c\right)^2\right)\right] + u_t \tag{2.53}$$

ψy_{t-1} 对应 ESTAR 模型中的线性项部分，$\phi y_{t-1}[1 - \exp(-r(s_t - c)^2)]$ 对应

ESTAR 过程中的非线性项部分，参数 c、r 分别代表位置（门限）参数、非线性速度调节系数（平滑参数）。伴随着时间序列走势的变化，转移函数 $[\,1-\exp(\,-r(y_{t-1}-c)^2\,)\,]$ 不断地调节对于 y_t 施加的影响强度，u_t 为平稳误差项。

考虑门限参数 c 为 0，将式（2.53）进行进一步简化，得到：

$$\Delta y_t = \gamma [\,1-\exp(\,-\theta y_{t-1}^2\,)\,]y_{t-1} + u_t \qquad (2.54)$$

在 ESTAR 模型框架下，邓伟和唐齐鸣（2013）将 Sup – ADF 类型泡沫检验和卡佩塔尼斯等（Kapetanios et al.，2003）提出的非线性单位根检验思想进行了融合。对于式（2.54），其在单位根原假设路径下对应于 $\gamma. \theta = 0$。备择假设下，式（2.54）对应于一个非线性调整的数据过程，此时，考虑对其在 $\theta = 0$ 附近进行一阶泰勒展开，式（2.54）可以近似转化为如下的辅助回归式：

$$\Delta y_t = \delta y_{t-1}^3 + error \qquad (2.55)$$

通过对式（2.55）进行关于参数 δ 的左侧 t 检验，卡佩塔尼斯等（2003）构造了单位根走势对非线性机制平稳走势的 t – 类型检验量 $t_{KSS} = \hat{\delta}/se(\hat{\delta})$。不同于卡佩塔尼斯的研究工作，邓伟和唐齐鸣（2013）关注的是单位根走势对非线性爆炸性泡沫走势的统计检验。结合式（2.55）下的辅助回归，两位作者在 ESTAR 框架下将资产序列走势进行如下的近似拟合和辅助回归检验。

$$\Delta y_t = \delta y_{t-1}^3 + \sum_{j=1}^{J} \varphi_j y_{t-j} + error \qquad (2.56)$$

$$\Delta y_t = a + \delta y_{t-1}^3 + \sum_{j=1}^{J} \varphi_j y_{t-j} + error \qquad (2.57)$$

式（2.56）和式（2.57）分别考虑了资产价格序列中不含有时间趋势（无截距项 a）和含有时间趋势（含截距项 a）的情景，加入的差分滞后项部分可以对残差项的自相关问题进行削弱。当式（2.54）中的参数 $\gamma > 0$，$\theta > 0$ 时，资产价格序列走势同时具有非线性机制转移和局部爆炸性泡沫特征，邓伟和唐齐鸣（2013）将该状态下的资产价格泡沫定义为非线性指数平稳转移类型泡沫。针对该类泡沫表现，结合式（2.56）~式（2.57）下的辅助检验式，两位作者将资产序列无泡沫的原假设设定为 H_0：$\delta = 0$，含有泡沫的备选假设为 H_1：$\delta > 0$。并指出可以通过关于参数 δ 的右侧 t 类型检验（简记为 KSS）进行该类泡沫识别。理论上可以证明，单位根原假设下 KSS 依分布收敛到如下非标准分布式：

$$KSS = \frac{\hat{\delta}}{se(\hat{\delta})} \Rightarrow \frac{\dfrac{1}{4}W(1)^4 - \dfrac{3}{2}\int_0^1 W(t)^2 \mathrm{d}t}{\left(\int_0^1 W(t)^6 \mathrm{d}W\right)^{1/2}} \tag{2.58}$$

基于上述检验量进行滚动分析，并进行上确界取值，便得到对备择假设下非线性泡沫特征（$\delta > 0$）进行捕捉的 $Sup - KSS$ 检验量，具体见式（2.59）：

$$\sup - KSS(r_0) = \sup_{r \in [r_0, 1]} KSS_r = \sup_{r \in [r_0, 1]} \frac{\hat{\delta}_r}{se(\hat{\delta}_r)} \tag{2.59}$$

其中，KSS_r 为考察序列在前 $\tau = [Tr]$（$r_0 \leqslant r \leqslant 1$）个观测值构造的滚动区间上回归得到的一系列检验值，$\hat{\delta}_r$ 和 $se(\hat{\delta}_r)$ 为相应滚动区间上系数 δ 的 OLS 估计值与标准差，r_0 为滚动分析中设定的窗宽。在单位根路径原假设下，根据连续映射定理，可以推得 $\sup - KSS$ 检验量的渐近分布式如下：

$$\sup - KSS(r_0) \Rightarrow \sup_{r \in [r_0, 1]} \frac{\int_0^r W(t)^3 \mathrm{d}W}{\left[\int_0^r W(t)^6 \mathrm{d}t\right]^{1/2}} \tag{2.60}$$

蒙特卡罗仿真实验表明，相对于 $Sup - ADF$ 类型检验，$Sup - KSS$ 检验量的改进之处和优势主要体现在：$Sup - ADF$ 类型检验对扰动项的异方差较敏感，尤其是扰动项方差的非平稳度较大时，相应检验会存在较大尺度扭曲。$Sup - KSS$ 检验对于扰动项的异方差特征则具有改进效果，同时，该检验量在对于周期性破灭的泡沫和指数平滑转移泡沫的研究中具有较为稳健的检验势。

2.6　小　　结

本章对已有的经典泡沫计量检验方法进行了回顾和梳理，并对相应方法的建模基础进行了说明。资产泡沫的识别方法在文献研究中主要分为两块：一是基于实际指标和基本价值指标的差距进行泡沫程度的直接度量，二是结合相关时间序列走势的假设检验设定进行泡沫特征识别和探讨。相较于前者重点关注资产基本面（内在）价值的计算，由此进行泡沫测度，后者的分析思路更加关注于对相应序列的直接计量检验设定，避免了基本价值测度不合理的情况，在现实研究中具有更大的便捷性。

如本章所提，单维度时间序列检验下的滚动泡沫检测方法在文献研究中有着不同程度的应用。其中，以 SADF 为代表的上确界滚动检验可以有效捕捉资产序列局部路径上出现的泡沫特征，在此基础上延伸的 BSADF 检验和 GSADF 检验可以进行泡沫发生区间的具体估测，并可以结合策略设计对泡沫的动态表现特征进行数量刻画，具有较完善的计量理论基础和应用便捷性。本书后文建立在这一框架之下，结合上确界泡沫检验策略及应用分析的扩展性探讨，进一步丰富这一框架下的资产泡沫建模和识别理论。

第3章 Sup – ADF 泡沫检验的
计量基础与仿真实验

将资产序列的价格走势设定为：$y_t = \Phi(\cdot)_t + u_t$，$u_t = \rho_t u_{t-1} + \varepsilon_t$。$\Phi(\cdot)_t$ 表示确定性时间趋势，新息项 u_t 中自回归系数 ρ_t 的变化对应于资产价格序列在局部路径中于平稳性特征（$|\rho_t| < 1$）、单位根特征（$\rho_t = 1$）以及爆炸性特征（$\rho_t > 1$）之间的转换。理论及实证文献均表明，去除时间趋势后的资产价格序列走势在大多情境下蕴含有单位根或平稳性特征，爆炸性特征则发生于资产价格走势脱离基本面路径外的局部急剧上升区段。后者在生成机制上有效描述并揭示了资产价格在部分区间上出现的动态泡沫性行为。对爆炸性特征的识别构成了泡沫计量检验在统计建模中的核心出发点。

Sup – ADF 类型检验采取上确界形式的全局递归策略对爆炸性特征进行有效捕捉，由此进行资产泡沫的计量识别和检验。如何理解相应检验的统计建模基础和背后逻辑？相应检验量的统计分布特征具有怎样的表现形式？其在现实应用中存在哪些不足？结合相应金融计量理论以及仿真实验，本章对上述问题进行阐述和分析。

3.1 爆炸性过程与资产市场泡沫

对资产市场泡沫的计量检验和时间序列研究中爆炸性过程的理论探讨紧密相连。所谓爆炸性过程，指的是具有如下形式的自回归过程：$u_t = \delta u_{t-1} +$

ε_t，$\delta > 1$，其中的新息项 ε_t 对应于均值为 0、方差为 s_ε^2 的鞅差序列。由于自回归系数 $\delta > 1$，序列 u_t 的非平稳性特征非常强烈。其在时间轴上的走势不会围绕序列均值进行上下波动，而是随着时间的流逝呈现出急剧扩张的爆炸性趋势，故称为爆炸过程。事实上，当 u_t 在某一时点对 0 均值的偏差相较于 ε_t 的方差波动表现得足够大时[①]，其在后续过程很快会呈现出爆炸性的上涨或下降趋势，如图 3-1 和图 3-2 所示。对于一个由时间趋势成分和爆炸性成分合成的时序过程，简洁化起见，记为 $y_t = \alpha + \beta t + u_t$。同样，由于 u_t 的强爆炸趋势性，不论时间项系数的方向如何，相应序列必然在某一时刻后呈现爆炸性上涨或者下跌的态势。

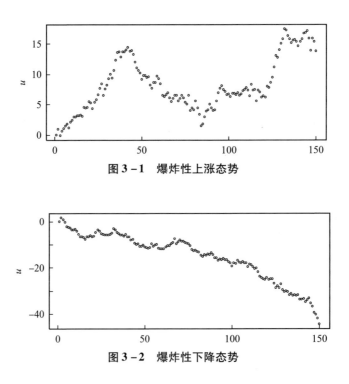

图 3-1 爆炸性上涨态势

图 3-2 爆炸性下降态势

---

① 有限样本下的模拟实验表明，当 y_t 在某一时刻的取值大于 $2s_\varepsilon$，或者小于 $-2s_\varepsilon$ 时，爆炸性走势便会在随后迅速呈现。

在现实资产市场上，由于涉及非理性投机和市场情绪因素，资产价格序列会在局部区段上对其基本面路径产生过度的正向性偏离并不断膨胀，这一路径走势便对应了市场泡沫的发生。在泡沫阶段，资产价格的过热化表现在数据生成机制上可以由上述爆炸性上涨过程进行有效刻画。由此，爆炸性过程和泡沫问题的理论研究便很好地契合到了一起。需要说明的是，部分文献将图 3 – 1 对应的基本面路径之上的爆炸性上涨走势看成正向泡沫，将图 3 – 2 所对应的爆炸性下跌走势看成负向型泡沫。本书仅关注资产价格路径走势中的正向型泡沫，后文泡沫检验的探讨也仅针对这类局部急速上涨的市场路径。

通过数理推导，我们可以证明资产价格泡沫在理论上就具有内在的爆炸性走势特点。如下，以股票价格走势为例，我们结合带有股票收益的个人效用函数对股市泡沫的理论表达式进行简要阐述和说明。

考虑具有代表性的消费者效用最大化问题，如下：

$$\max E_t \left\{ \sum_{i=0}^{\infty} \beta^i u(c_{t+i}) \right\} \tag{3.1}$$

式（3.1）的约束条件为 $c_{t+i} = w_{t+i} + (P_{t+i} + D_{t+i}) x_{t+i} - P_{t+i} x_{t+i+1}$。其中，$u(\cdot)$ 为效用函数，c_t 是 t 期个体的消费水平，w_t 为其第 t 期的收入水平，β 是未来消费效用贴算至当前的折现率，x_t 是个体拥有的股票资产数量，P_t 是 t 期股票价格，D_t 为 t 期的股票红利。对上述效用目标函数进行一阶求导，可以得到最优目标函数的一阶条件：

$$E_t \left\{ \beta u'(c_{t+1}) \left[P_{t+1} + D_{t+1} \right] \right\} = E_t \left\{ u'(c_t) P_t \right\} \tag{3.2}$$

假设这里的效用函数 $u(\cdot)$ 具有线性化特点，并且考虑消费者具有风险中性的特征。基于式（3.2），不难推得：

$$\beta E_t (P_{t+1} + D_{t+1}) = E_t (P_t) \tag{3.3}$$

记市场无风险利率为 r_f，根据无套利条件可以得到：

$$P_t = \frac{1}{1 + r_f} E_t (P_{t+1} + D_{t+1}) \tag{3.4}$$

对式（3.4）向前进行迭代，则股票价格可表示成如下形式：

$$P_t = \sum_{i=1}^{\infty} \frac{E_t D_{t+i}}{(1 + r_f)^i} + \lim_{j \to \infty} \frac{E_t P_{t+j}}{(1 + r_f)^j} \tag{3.5}$$

从而，实际股票价格 P_t 可分解成 $P_t^f = \sum\limits_{i=1}^{\infty} \dfrac{E_t D_{t+i}}{(1 + r_f)^i}$ 和 $B_t = \lim\limits_{j \to \infty} \dfrac{E_t P_{t+j}}{(1 + r_f)^j}$

两部分，即：

$$P_t = P_t^f + B_t \tag{3.6}$$

其中，P_t^f 是未来期望股利的折现和，代表了股票的基本面价值。B_t 对应于市场价格对基本面价值的偏离部分，可以看成是股价泡沫成分的度量。在有效市场理论下，这一偏离部分会因套利机会的存在导致投资者买卖行为的调整，进而使股价很快回复，因此，在有效市场上股价不可能长期偏离其基本面价值走势。

另外，若股票价格等于其基本面价值，意味着条件 $B_t = 0$ 成立。反之，该条件不成立则对应于市场泡沫的存在。此时，根据式（3.4），有：

$$P_t = \frac{E_t(P_{t+1}^f + B_{t+1} + D_{t+1})}{1 + r_f} = \frac{E_t P_{t+1}^f}{1 + r_f} + \frac{E_t D_{t+1}}{1 + r_f} + \frac{E_t B_{t+1}}{1 + r_f} \tag{3.7}$$

结合股票的基本面价值公式，可以推得：

$$P_{t+1}^f = \sum_{i=1}^{\infty} \frac{E_{t+1} D_{t+i}}{(1 + r_f)^i}, \ P_t^f = \sum_{i=1}^{\infty} \frac{E_t D_{t+i}}{(1 + r_f)^i} \tag{3.8}$$

对上 $P_{t+1}^f / (1 + r_f)$ 和 $D_{t+1} / (1 + r_f)$ 分别进行 t 期的条件期望，可以得到：

$$\frac{E_t P_{t+1}^f}{(1 + r_f)} = \frac{1}{(1 + r_f)} \cdot \sum_{i=1}^{\infty} E_t \left(\frac{E_{t+1} D_{t+i}}{(1 + r_f)^i} \right) = \sum_{i=1}^{\infty} \frac{E_{t+1} D_{t+i}}{(1 + r_f)^{i+1}}$$

$$= \sum_{j=2}^{\infty} \frac{E_{t+1} D_{t+1+j}}{(1 + r_f)^j} = \sum_{j=2}^{\infty} \frac{E_t D_{t+j}}{(1 + r_f)^j} \tag{3.9}$$

$$\frac{E_t D_{t+1}}{1 + r_f} = \sum_{j=1}^{1} \frac{E_t D_{t+j}}{(1 + r_f)^i} \tag{3.10}$$

不难发现，

$$P_t^f = \frac{E_t P_{t+1}^f}{1 + r_f} + \frac{E_t D_{t+1}}{1 + r_f} \tag{3.11}$$

进一步，结合式（3.7）可以得到：

$$P_t - P_t^f = \frac{E_t B_{t+1}}{1 + r_f} \tag{3.12}$$

对比式（3.6），我们最终可以得到，

$$E_t B_{t+1} = (1 + r_f) B_t \tag{3.13}$$

式（3.13）为理论上推导出的股价泡沫 B_t 在 t 时刻前后期满足的关键条件。可以看到，即便是在无套利假设条件下，股价泡沫仍然会存在。同时，式（3.13）意味着股价泡沫在期望意义上具有爆炸性的走势特征，这为基于爆炸性特征的识别进行泡沫计量检验奠定了底层理论基础。

上述分析表明，爆炸性特征和泡沫动态演变特征的刻画紧密关联。事实上，文献研究中基于对爆炸特征的识别进行资产泡沫检验已有较长历史。早期文献中，如汉密尔顿和怀特曼（Hamilton and Whiteman，1985）便提出可以结合右侧单位根检验对资产序列的爆炸性特征进行考察，由此进行泡沫存在性的判断；迪巴和格罗斯曼（1988a）通过对股票市场中理性泡沫的理论分析和推演，指出如果市场上存在泡沫，那么股票价格序列的走势在统计上服从爆炸性过程，并且会不断持续下去，这一特征的识别可以作为泡沫检验的重要依据。

迪巴和格罗斯曼（1988b）建议结合协整分析和单位根检验对现实股市泡沫进行分析，指出若股价和股利之间存在协整关系，表明市场没有泡沫存在；协整关系不存在则意味着市场中有可能存在泡沫。艾文斯（1991）随后指出，尽管在理论上证明泡沫不会完全破灭，但是其可能会萎缩到一个很小的值后重新膨胀，从而在现实中表现出反复萎缩、膨胀、再萎缩、再膨胀的周期性特征。在此基础上，艾文斯构建了一类具有随机反复膨胀、收缩特征的理性泡沫模型，发现用于识别单位根过程对爆炸性过程的早期线性检验方法不能有效检验出这类周期性泡沫，这一批判在一段时间内对基于单位根方法进行泡沫特征识别的思路造成了重创。

3.2 Sup – ADF 类型检验下的泡沫
路径设定和识别策略

随着 2008 年国际金融危机的爆发及延续，泡沫计量检验的研究热度再次被激起。结合右侧单位根检验进行泡沫识别的思路重新引起了学者们的关注，并在理论和技术层面得到了有效改进和完善。为有效处理现实场景中更具有普遍性的周期性泡沫，较多文献（如 Sup 类型 ADF 检验、Chow 类型 ADF 检验、UR 检验）从递归、滚动检验思想出发，构建滚动形式的上确界检验量，试图更为精细地捕捉资产价格序列中可能存在的局部爆炸特征。其中，以 PWY（2011）提出的 SADF 类型检验最具代表性和应用性，该类检验结合右侧单位根检验和递归分析思路对泡沫现象进行检测，对样本内各个可能的泡沫区间信息进行了较充分挖掘，因此在实际检验中有着较高的检验势。

在有效市场假说下，资产价格序列的理论路径服从单位根走势。同时，在现实市场中，资产价格序列受货币时间价值增值等因素影响，也具有一定的趋势向上性特征。由此，PWY 在泡沫计量检验中将资产价格的路径走势设定为 $y_t = \alpha T^{-\eta} + \rho_t y_{t-1} + \varepsilon_t$，$\alpha > 0$。其中，$\alpha T^{-\eta}$ 为弱截距项，对应于资产价格向上的趋势性成分，这里的 η 值越小，价格序列的向上趋势成分越突出。另外，PWY 认为在完善的资产市场下这一趋势强度并不是很强，并设定 $\eta > 1/2$。在此基础上，资产价格序列在无泡沫原假设下的路径可以写成 $y_t = \alpha T^{-\eta} t + u_t$，$u_t = u_{t-1} + \varepsilon_t$。$\alpha T^{-\eta} t$ 对应于资产价格走势中的弱时间趋势。备择假设为相对于上述基本面路径出现的局部爆炸性偏离特征，即路径走势某个时段内存在 $\rho_t > 1$，由此反映市场出现的局部泡沫现象。

在上述原假设对备择假设的假设检验问题上，SADF 方法采用了是由左到右逐步滚动的上确界 ADF 检验策略进行右侧检验。具体来说，对于待考察的资产价格序列 $y_t (t = 1, \cdots, T)$，设定 r_0 为最小窗宽，首先基于

前 $[Tr_0]$ 个样本（$0 < r_0 < 1$，$[\cdot]$ 为取整符号）进行带截距项的 ADF 回归检验：$\Delta y_t = \alpha + \delta_t y_{t-1} + u_t$，并得到 δ 的 ADF 检验量；之后保持初始位置 $r_1 = 0$ 不变，不断增加样本容量至 T 进行向后的递归检验，并由此得到一系列关于 δ 的 ADF 统计量值，在此基础上对其求上确界 [见式（3.14）]，即得到关于序列 y_t 的 SADF 检验量，其中的 $ADF_0^{r_2}(\hat{\delta})$ 对应于区间 $[0, [Tr_2]]$ 上的 ADF 取值。

$$SADF(r_0) = \sup_{r_2 \in [r_0,1]} ADF_0^{r_2}(\hat{\delta}) = \sup_{r_2 \in [r_0,1]} \frac{\hat{\delta}_{r_2}}{se(\hat{\delta}_{r_2})} \tag{3.14}$$

为了直观展示 SADF 检验进行泡沫识别的滚动策略，本书给出了简略的流程示意图（见图 3－3）。

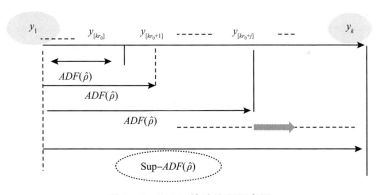

图 3－3　SADF 检验流程示意图

在前述的弱截距单位根路径设定下，SADF 检验量的极限分布式如下：

$$SADF(r_0) \Rightarrow \sup_{r_0 \leq r \leq 1} \frac{r \int_0^r W(t)\,dW(t) - W(r) \int_0^r W(t)\,dt}{r^{1/2} \sqrt{r \int_0^r W(t)^2\,dW(t) - (\int_0^r W(t)\,dt)^2}} \tag{3.15}$$

注意到，ADF 检验值的大小反映了待考察序列的平稳性强弱，资产价格序列在某一区段上的走势越平稳，相应的 ADF 取值越小。当资产价格的真实走势表现出原假设下的弱截距单位根或者平稳过程时，式（3.15）滚动区间内的 ADF 值一直较小，相应的上确界取值也不会很大，从而原假设下 SADF 取值集中于相应渐近分布曲线的中间或者左侧位置。而在局部爆炸走势存在的情况下，局部爆炸性成分的存在带来了非平稳度的急剧提升，相应区段的 ADF 检验值会很大，这带来了 SADF 取值的加强。从而，而当资产价格序列路径中含有爆炸性泡沫时，SADF 取值必然会位于分布线的渐近分布曲线的右侧，并且随着爆炸成分的凸显，其右偏幅度越凸显。由此，通过确定 SADF 取值与相应分布的右侧 α 分位点进行比较，我们可对序列走势是否含有泡沫进行判断。SADF 检验对各子区间上的爆炸性特征进行充分捕捉，即便是右侧线性单位根检验不能检测出的周期性泡沫也可以通过该检验进行有效识别。

需要说明的是，对于式（3.14）而言，原假设中资产价格在基本路径下的单位根过程的设定会对极限分布产生影响。如果原假设过程为不含有弱截距项的纯随机游走过程（即 $y_t = y_{t-1} + u_t$），其对应的极限分布为：

$$SADF(r_0) \Rightarrow \sup_{r_0 \leqslant r \leqslant 1} \frac{\int_0^r W(t)\,\mathrm{d}W(t)}{\sqrt{\int_0^r W(t)^2\,\mathrm{d}t}} \tag{3.16}$$

对比式（3.16）与弱截距单位根走势下的渐近分布表现［见式（3.15）］，形式上具有一定差异。不过，后文模拟实验指出，有限样本下两者设定所得到的 SADF 检验量的临界值很接近，所以这两种设定对实际分析影响不大。当考察的资产价格序列只含有一个泡沫时，SADF 检验具有较高的检验势，并且根据相应的区段 $[y_1, y_2, \cdots, y_{[Tr]}]$ 上的 SADF 取值可以一致地估计出相应泡沫区段的具体开始和结束点。

3.3 BSADF 检验和 GSADF 检验

现实研究中，如艾哈迈德（Ahamed，2009）所述，据统计，自从 17 世纪以来，世界上发生了 60 多次不同的金融危机。各种资产序列更多、更广泛地是含有"多泡沫"情形，即在资产价格序列的路径走势中存在多个局部区段 U_1，U_2，$\cdots$，U_k 表现出爆炸性特征。理论研究表明，此时的 SADF 检验量具有较低的检验功效，其对泡沫区段始末点的估计也不再具有一致性。为有效对多泡沫情形下的数据过程进行考察，PSY（2011）提出了 BSADF 检验，该检验可以看作逆向的 SADF 检验，具体步骤为：首先固定考察子样本的末点位置为 T 和起始点位置 $T-[Tr_0]$，基于对应区间进行 ADF 检验：$\Delta y_t = \hat{a} + \hat{\delta}y_{t-1} + e_t$，并得到 δ 的 ADF 检验量；随后保持样本末位置 T 不变，将初始位置由 $T-[Tr_0]$ 至 0 不断前移并进行递归的 ADF 检验；最后对求得的关于 δ 的统计量 ADF 值求上确界，便得到考察序列的 BSADF 检验量值。

$$BSADF(r_0) = \sup_{r_1 \in [0, 1-r_0]} ADF_{r_1}^1(\hat{\delta}_{r_1}) = \sup_{r_1 \in [0, 1-r_0]} \frac{\hat{\delta}_{r_1}}{se(\hat{\delta}_{r_1})} \qquad (3.17)$$

在进行理论分析时，需要设定泡沫区段超过一个缓慢变动的量以排除短期市场的跳跃情形。PWY 在理论上设定泡沫持续时长大于 $\delta\log(T)/T$，在此基础上，第一个泡沫的起点 $\hat{r}_{e_1}$ 和结束点 $\hat{r}_{f_1}$ 的估计式见式（3.18）：

$$\hat{r}_{e_1} = \inf_{r_2 \in (r_0, 1)} \left\{ BSADF_{r_2}(r_0) > scv_{r_2}^{\beta_T} \right\}, \quad \hat{r}_{f_1} = \inf_{r_2 \in (\hat{r}_{e1} + Log(T)/T, 1)} \left\{ BSADF_{r_2}(r_0) < scv_{r_2}^{\beta_T} \right\}$$

$$(3.18)$$

其中，r_2 表示 BSADF 检验的固定终点位置，$BSADF_{r_2}$ 表示区段 $[1, Tr_2]$ 上的 BSADF 检验，r_0 为初始最短样本窗宽，$scv_{r_2}^{\beta_T}$ 为样本容量为 $[Tr_2]$ 的 BSADF 统计量的 $\beta_T\%$ 临界值。基于式（3.18）确定泡沫起始点的潜在含义在于：只要 BSADF 统计量值超过临界值，盯住并将该检验区段的结束点作为爆炸起始点 $\hat{r}_{e_1}$。从时点 $\hat{r}_{e_1}$ 开始，之后如果某时点处对应的 BSADF 统计量取值开始低于临界值，即认为泡沫特征明显削弱，并将该点看成是泡沫结束点。图 3 – 4 给出了 BSADF 检验进行泡沫区间识别的滚动策略。

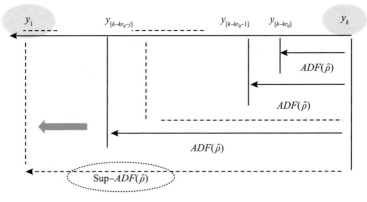

图 3 - 4　BSADF 检验流程示意图

随后，第二个泡沫的识别以及相应泡沫区段的起点 $\hat{r}_{e_2}$ 和结束点 $\hat{r}_{f_2}$ 确定如下：

$$\hat{r}_{e_2} = \inf_{r_2 \in (\hat{r}_{f_1}, 1)} \left\{ BSADF_{r_2}(r_0) > scv_{r_2}^{\beta_T} \right\}, \quad \hat{r}_{f_2} = \inf_{r_2 \in (\hat{r}_{e_2} + \text{Log}(T)/T, 1)} \left\{ BSADF_{r_2}(r_0) < scv_{r_2}^{\beta_T} \right\}$$

(3.19)

如果市场上存在多个周期性泡沫，后续第 k 个泡沫的起始位置判别和上述思路类似。理论证明指出，在弱截距单位根路径的原假设和备择假设设定下，上述 BSADF 检验策略能够一致地估测出不同时期泡沫的起始位置。

在 SADF 和 BSADF 检验的基础上，PSY（2015）还提出了广义化的 SADF 检验，即 GSADF 检验。相应检验在滚动检验的策略设计上更加精细和灵活，对检验的滚动样本同时变换起点和末点，由此构建上确界形式的右侧 ADF 检验对局部泡沫进行捕捉。由于这里涉及的滚动区间信息更加丰富和精细，其对泡沫的识别效力也更强。作为前述 SADF 检验的有力推广，GSADF 检验策略可以理解为从考察起始点 $j = 1$ 开始，不断变换初点，向下序贯地在区段（y_j，y_2，$\cdots$，y_T）上进行滚动的 SADF 检验。同时，GSADF 检验也可以看成是从时点开始，不断序贯地在子区段（y_1，y_2，$\cdots$，y_k）上滚动进行一系列 BSADF 检验后，再取上确界。在现实分析中，GSADF 检验通常和 BSADF 检验进行配合使用，其对研究序列具体泡沫区段的估测，同样也是基于 BSADF 检验值对相应临界值的超出和回落时点予以确定。图 3 – 5 直观给出了 GSADF 检验下的滚动策略以及泡沫区段估测示意图。

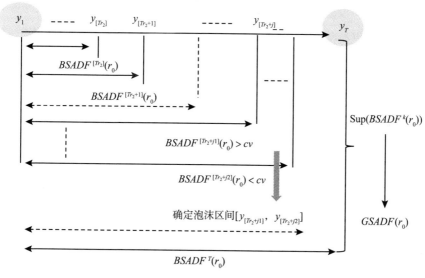

图 3 – 5　GSADF 检验示意图

在 PSY 设定的弱单位根原假设路径下，GSADF 检验量的理论分布对应于：

$$GSADF(r_0) = \sup_{r_1 \in [r_0, 1]} SADF^{[1, [Tr_1]]}(r_0) = \sup_{r_2 \in [r_0, 1]} BSADF^{[T-[Tr_2], T]}(r_0)$$

$$\Rightarrow \sup_{\substack{r_0 \leq r_2 \leq 1 \\ 0 \leq r_1 \leq r_2 - r_0 \\ r_w = r_2 - r_1}} \left\{ \frac{\frac{1}{2} r_w \left[W(r_2)^2 - W(r_1)^2 - r_w \right] - \int_{r_1}^{r_2} W(r) \, dr \left[W(r_2) - W(r_1) \right]}{r_w^{1/2} \left\{ r_w \int_{r_1}^{r_2} W(r)^2 dr - \left(\int_{r_1}^{r_2} W(r) dr \right)^2 \right\}^{1/2}} \right\}$$

$$(3.20)$$

其中，$W(r)$ 为定义在区间 $[0, r]$ 上的标准布朗运动，r_0 为滚动检验中的设定窗宽。相较于 SADF 检验和 BSADF 检验，式（3.20）是以上确界形式表现的关于维纳过程的更为复杂的泛函形式。

由于 GSADF 检验在爆炸信息捕捉上的充分性，其一经提出便得到了研究者的青睐，在很多应用文献研究中得到应用。如，卡斯皮等（Caspi et al.，2015）结合广义 SADF 检验检测出了 1876～2014 年间发生的多个油价泡沫。王少平和赵钊（2019）结合 GSADF 检验模型，对近年我国沪深 300 指数及其 10 个一级行业指数进行了泡沫区段识别和泡沫演变机制的探讨。马永健（2020）结合 GSADF 泡沫模型对中国宏观经济各部门杠杆率的收敛特征和泡沫表现进行了数量考察。

3.4　Sup – ADF 类型检验下泡沫临界值的说明

从 ADF、SADF、GSADF 检验量的构建形式上来看，SADF 检验是对 ADF 检验量的上确界取值；GSADF 检验是进一步对 SADF 检验量进行上确界取值，由于相应检验量关于滚动区段 ADF 值的上确界覆盖范围不断扩大，三者对应的检验值和右侧临界点不断增大。图 3－6 展示了大样本下三者对应的渐近分布曲线，很明显，ADF、SADF、GSADF 检验量的渐近分布线依次在向右方移动。

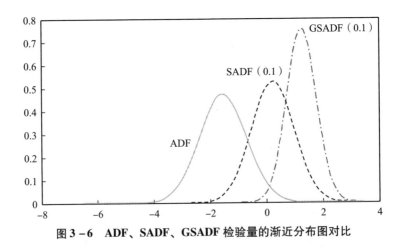

图 3－6　ADF、SADF、GSADF 检验量的渐近分布图对比

PSY（2013）对 SADF 检验量在渐近情形和有限样本情形下的临界值进行了展示和探讨，不同分位点下对应的右侧检验临界值在表 3 - 1 中予以具体列出。

表 3 - 1　　　　　　　　　　**SADF 检验量的临界值表现**

（a）渐近临界值

	$r_0 = 0.4$		$r_0 = 0.2$		$r_0 = 0.1$	
	SADF	GSADF	SADF	GSADF	SADF	GSADF
90%	0.86	1.25	1.04	1.66	1.18	1.89
95%	1.18	1.56	1.38	1.92	1.49	2.14
99%	1.79	2.18	1.91	2.44	2.01	2.57

（b）有限样本临界值

	$T = 100$，$r_0 = 0.4$		$T = 200$，$r_0 = 0.4$		$T = 400$，$r_0 = 0.4$	
	SADF	GSADF	SADF	GSADF	SADF	GSADF
90%	0.72	1.16	0.75	1.21	0.78	1.27
95%	1.05	1.48	1.08	1.52	1.10	1.55
99%	1.66	2.08	1.75	2.18	1.75	2.12

（c）有限样本临界值

	$T = 100$，$r_0 = 0.4$		$T = 200$，$r_0 = 0.2$		$T = 400$，$r_0 = 0.1$	
	SADF	GSADF	SADF	GSADF	SADF	GSADF
90%	0.72	1.16	0.97	1.64	1.19	1.97
95%	1.05	1.48	1.30	1.88	1.50	2.21
99%	1.66	2.08	1.86	2.46	1.98	2.71

注：r_0 为前述滚动检验中设置的窗宽。90%、95%、99% 为相应检验量的右侧 90%、95%、99% 分位点，分别对应 10%、5%、1% 显著水平下的右侧检验临界值。

为了进一步探讨不同路径形态设定下 SADF 检验量的分布表现，笔者同样对 SADF 检验的临界值进行模拟。对原假设下的数据过程分别采用带弱截距项和不带弱截距项的单位根走势设定进行仿真考察，并设定窗宽固定为 $r_0 = 0.2$，不同样本设定下相应临界点的模拟结果见表 3 – 2 和表 3 – 3。从表 3 – 2 可以看到，在菲利普斯所设定的带弱截距单位根原假设路径下，随着样本量由 $T = 100$ 不断增大至 $T = 600$，SADF 泡沫检验量的右侧 95% 和 99% 分位点稳定在 1.35 和 1.904 附近，这和表 3 – 1 中 PSY 给出的渐近情形（a）下 $r_0 = 0.2$ 设定对应的 SADF 检验临界值基本一致。

表 3 – 2　　　　　　　　　　SADF 检验量的分位点取值

样本量	具体分位点					
	0.5%	1%	5%	90%	95%	99%
$T = 50$	− 2.312	− 2.085	− 1.437	0.976	1.302	1.984
$T = 100$	− 2.215	− 1.992	− 1.423	0.977	1.277	1.902
$T = 200$	− 2.194	− 1.991	− 1.402	1.022	1.306	1.938
$T = 300$	− 2.117	− 1.912	− 1.401	1.042	1.346	1.945
$T = 400$	− 2.046	− 1.876	− 1.355	1.036	1.332	1.938
$T = 500$	− 2.105	− 1.888	− 1.357	1.031	1.344	1.922
$T = 600$	− 2.086	− 1.881	− 1.332	1.046	1.350	1.904

注：数据生成过程为：弱截距单位根走势 $y_t = T^{-1} + y_{t-1} + u_t$，模拟次数为 20000 次。

表 3 – 3 将泡沫检验的原假设设定为纯粹的随机游走过程（即 $y_t = 0 + y_{t-1} + u_t$），即比菲利普斯的原假设路径少了弱截距项。此时 SADF 检验策略下对应的临界值与表 3 – 2 有一定差异，不过差异很小（具体见表 3 – 3）。以 $T = 600$ 为例，SADF 泡沫检验量的右侧 95%、99% 分位点分别为 1.356、1.901。

表 3 - 3   随机游走下 SADF 检验量的分位点取值

样本量	具体分位点					
	0.5%	1%	5%	90%	95%	99%
$T = 50$	−2.318	−2.088	−1.436	0.977	1.301	1.987
$T = 100$	−2.233	−2.001	−1.425	0.98	1.278	1.91
$T = 200$	−2.182	−1.992	−1.405	1.023	1.303	1.938
$T = 300$	−2.117	−1.919	−1.402	1.043	1.346	1.945
$T = 400$	−2.047	−1.859	−1.355	1.037	1.341	1.934
$T = 500$	−2.090	−1.891	−1.350	1.032	1.352	1.925
$T = 600$	−2.051	−1.887	−1.323	1.048	1.356	1.901

此外，在部分应用研究中，当待考察序列的整体时间趋势较为凸显时，需要对整体序列进行时间趋势退势处理，随后再对处理后序列进行 SADF 检验。我们以相应情形为模拟设定，计算了整体退去时间趋势后 SADF 检验量在有限样本下的不同分位点取值情况，具体如表 3 - 4 所示。

表 3 - 4   整体退势后 SADF 检验量的右侧临界值

样本量	具体分位点					
	0.5%	1%	5%	90%	95%	99%
$T = 50$	−2.666	−2.464	−1.855	0.527	0.881	1.618
$T = 100$	−2.599	−2.364	−1.827	0.501	0.814	1.423
$T = 200$	−2.614	−2.38	−1.807	0.532	0.857	1.469
$T = 300$	−2.509	−2.288	−1.782	0.54	0.872	1.442
$T = 400$	−2.446	−2.274	−1.771	0.549	0.871	1.456
$T = 500$	−2.499	−2.29	−1.757	0.54	0.875	1.433

注：数据生成过程为：$z_t = a + \beta t + y_t$，$y_t = T^{-1} + y_{t-1} + u_t$。模拟处理中先进行 OLS 时间趋势退势，再进行图 3 - 3 所示的 SADF 检验得到相应临界值，模拟次数为 20000 次。

相较于 SADF 检验方法的由左向右滚动策略，BSADF 检验的滚动方向同前者相反，相应检验策略的差异性也带来了 BSADF 检验渐进分布表现与 SADF 检验的差异性。图 3 - 7 基于仿真实验直观描绘了 BSADF 检验量和 SADF 检验量的概率分布曲线，ADF 检验量的概率分布曲线同样在图 3 - 7 中进行了展示。

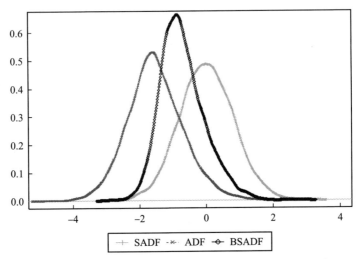

图 3 - 7 ADF、SADF、BSADF 检验量的渐近分布图比对

注：模拟次数为 5000 次，样本量为 600，初始窗宽为 0.2。

由图 3 - 7 可以看到，由于取上确界的缘故，BSADF 检验量的分布曲线位于 ADF 曲线右侧。但其较 SADF 检验对应的分布线具有明显的左偏特征。这一原因可能是由于，从渐近理论上来看，单位根走势在时间轴上的趋势强度正比于 $O(\sqrt{t})$。图 3 - 8 画出了 $\sqrt{t}$ 的曲线路径特征，可以明显看到，其在路径前段的转折和拐动幅度相对会更大。这一表现可以在大样本下有效反映单位根过程的走势特点。对于原假设下待考察的弱截距单位根过程而言，相对于 BSADF 检验进行由后向前的逐步滚动检验，SADF 进行由前向后的滚动检验，从而有更多的子样本覆盖到了单位根路径前段的拐点特征（见图 3 - 8），这使得相应子区段的波动和非平稳性更为强烈，由于 ADF 值的大小可以反映相应序列的非平稳度强弱，由此使得 SADF 检验下得到的上确界 ADF 值也更大。最终的表现就是 BSADF 检验的分布曲线位于 SADF 检验的左侧[①]，这也使得在同样的右侧分位点下，BSADF 检验对应的临界点要小于 SADF 检验的临界值。此外，图 3 – 7 显示 BSADF 检验分布的陡峭度明显强于 SADF 和 ADF 对应的分布曲线，相应检验量取值的密集度更强。

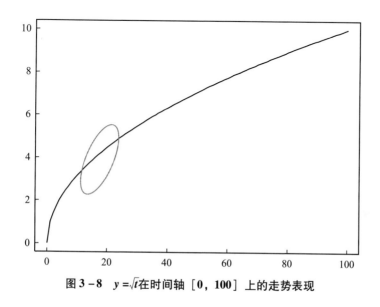

图 3 – 8　$y = \sqrt{t}$ 在时间轴 [0, 100] 上的走势表现

在现实应用场景中，通常是将 BSADF 检验和 GSADF 检验联合使用进行实证建模，后者可以更为有效地判别泡沫的存在性问题，而前者则可以检测出泡沫发生的具体位置。BSADF 检验的具体临界值如表 3 – 5 所示，相应结果基于对弱截距单位根过程的检验模拟得到，模拟中进行滚动检验的初始窗宽统一设定为 $r_0 = 0.2$（表 3 – 5 ~ 表 3 – 8 同）。

---

　①　更为严谨和细致的分析可以结合仿真实验和检验理论推导进行证明，由于精力和时间原因，作者未继续进行深化考察。

表 3 – 5　　　　　　　　弱截距单位根路径下 BSADF 检验量临界值

样本量	0.5%分位点	1%分位点	5%分位点	90%分位点	95%分位点	99%分位点
$T=50$	– 2.245	– 2.083	– 1.653	0.304	0.664	1.383
$T=100$	– 2.239	– 2.072	– 1.670	0.233	0.562	1.199
$T=200$	– 2.193	– 2.065	– 1.668	0.215	0.550	1.195
$T=300$	– 2.231	– 2.074	– 1.689	0.179	0.507	1.155
$T=400$	– 2.230	– 2.080	– 1.690	0.212	0.534	1.153
$T=500$	– 2.217	– 2.060	– 1.691	0.180	0.502	1.098
$T=600$	– 2.206	– 2.058	– 1.692	0.198	0.515	1.161

注：数据生成式为 $y_t = T^{-1} + y_{t-1} + u_t$，$u_t \sim IIN(0, 1)$，模拟次数为 20000 次。

此外，我们还给出了无截距项单位根路径（即随机游走 $y_t = y_{t-1} + u_t$ 走势）下 BSADF 检验量的分位点取值情况（见表 3 – 6），模拟得到的右侧临界值结果（即 90%、95%、99%下的分位点）和表 3 – 5 弱截距单位根走势下的取值有一定差异，体现出原假设路径设定对渐近分布线表现的影响。

表 3 – 6　　　　　　　　随机游走设定下 BSADF 检验量的临界值

样本量	0.5%分位点	1%分位点	5%分位点	90%分位点	95%分位点	99%分位点
$T=50$	– 2.220	– 2.052	– 1.647	0.309	0.648	1.391
$T=100$	– 2.226	– 2.054	– 1.670	0.246	0.576	1.257
$T=200$	– 2.235	– 2.075	– 1.679	0.222	0.552	1.180
$T=300$	– 2.228	– 2.088	– 1.679	0.180	0.496	1.118
$T=400$	– 2.206	– 2.066	– 1.688	0.207	0.519	1.132
$T=500$	– 2.194	– 2.039	– 1.680	0.220	0.521	1.145
$T=600$	– 2.232	– 2.058	– 1.681	0.185	0.492	1.105

注：数据生成式为 $y_t = y_{t-1} + u_t$，$u_t \sim IIN(0, 1)$，模拟次数为 20000 次。

在现实研究中，还可能遇到额外的一些处理方式，如整体退除时间趋势后再进行 BSADF 检验。类似于表 3 – 4 整体退除时间趋势成分的 SADF 检验策略，整体退势的 BSADF 检验临界值在表 3 – 7 和表 3 – 8 给出。其中，表 3 – 7 对应于在时间趋势整体退势后，后续的 BSADF 滚动分析流程中采用带水平项的 ADF 回归进行滚动检验：$\Delta y_t \sim c + \hat{\rho} y_{t-1} + \sum_{j \geq 0} \Delta y_{t-j}$；而表 3 – 8 对应于采用不带水平项的 ADF 滚动回归：$\Delta y_t \sim \hat{\rho} y_{t-1} + \sum_{j \geq 0} \Delta y_{t-j}$，很明显，带水平项下的滚动回归式含有更多的解释元，对序列信息变异的解释、吸纳程度更强，相应的残差平稳性更为明显[1]，从而滚动检验对应的 ADF 值更小，这使得对其取上确界后的 BSADF 值也更小。不过，出于建模设定的灵活性，在整体退势情境下还是更建议基于前者策略及相应检验临界值进行泡沫问题探讨。

表 3 –7　　　　　　　　**整体退趋势后的 BSADF 检验临界值**
（进行水平项的滚动回归）

样本量	0.5%分位点	1%分位点	5%分位点	90%分位点	95%分位点	99%分位点
$T = 50$	– 2.56	– 2.33	– 1.88	0.25	0.60	1.37
$T = 100$	– 2.46	– 2.32	– 1.86	0.17	0.53	1.20
$T = 200$	– 2.40	– 2.24	– 1.86	0.12	0.46	1.12
$T = 300$	– 2.46	– 2.30	– 1.87	0.13	0.45	1.14
$T = 400$	– 2.45	– 2.29	– 1.86	0.14	0.50	1.22
$T = 500$	– 2.41	– 2.26	– 1.86	0.12	0.45	1.08
$T = 600$	– 2.47	– 2.28	– 1.85	0.11	0.45	1.12

注：数据生成过程为 $z_t = a + \beta t + y_t$，$y_t = T^{-1} + y_{t-1} + u_t$，处理中先进行时间趋势退势，再进行 BSADF 检验，模拟次数为 20000 次。

---

① ADF 检验量的大小可以有效反映退势后序列的平稳度表现。

表 3 – 8   整体退趋势后的 BSADF 检验临界值（不带水平项的滚动回归）

样本量	0.5%分位点	1%分位点	5%分位点	90%分位点	95%分位点	99%分位点
$T = 50$	– 2.42	– 2.26	– 1.76	0.54	0.96	1.75
$T = 100$	– 2.39	– 2.16	– 1.73	0.49	0.87	1.64
$T = 200$	– 2.30	– 2.14	– 1.72	0.42	0.82	1.57
$T = 300$	– 2.31	– 2.16	– 1.72	0.49	0.91	1.69
$T = 400$	– 2.33	– 2.15	– 1.73	0.48	0.89	1.72
$T = 500$	– 2.30	– 2.14	– 1.71	0.48	0.85	1.60
$T = 600$	– 2.34	– 2.16	– 1.71	0.47	0.87	1.64

注：模拟次数为 20000 次。

3.5   趋势结构变动情形下 BSADF
泡沫检验的缺陷与模拟

SADF 类型检验充分利用到了样本内各个可能的"泡沫"区间内的信息，在实际泡沫存在路径下中具有较高检验势，特别是 BSADF 检验在多泡沫情形下仍可以一致估计出泡沫的产生以及破灭时点。但我们注意到，BSADF 检验及后续扩展的其他检验（如 GSADF 检验、Sup – KSS 检验）的原假设均是建立在前文所提的弱截距项单位根过程之上，并未考虑现实资产价格序列中可能存在的时间趋势及其变动情形。

在各类资产及股票市场上，由于宏观经济环境因素的影响，相应价格序列走势中有一部分驱动力来自时间性因素，很多文献，如泰勒（Taylor，2008）、帕特尔等（Patel et al.，2015）、雷克文和伊斯兰姆（Craven and Slam，2016）对股票价格走势在时间趋势和随机趋势部分的分解均进行过探讨。特别是在不成熟的资产市场上，由于市场的非有效性，价格序列中的随机趋势部分并不占主导地位，时间趋势部分则表现较明显。另外，受资产市场发展阶段的演进和外部因素冲击（如石油危机、金融海啸等）的影响，资产价格走势又往往在时间轴上表现出结构变动特征，如 1998 年住房分配货币化的全面推行直接刺激了商品房市场的需求，我国房地产价格此后步入了稳步上升的阶段；又如 2009 年后随着国际金融危机的蔓延，国际原油期货价格逐步改变了之前持续上涨的态势，在后续时间段快速进入下跌通道。因此，为了更好地刻画现实情形，有必要将确定性趋势以及可能的趋势变动情形引入资产价格泡沫检验的理论研究框架下。

以最具代表性的 BSADF 检验为例，相应检验的原始假设对应于资产价格序列走势服从不存在时间趋势和时间趋势结构变动项的弱截距项单位根过程：$y_t = y_{t-1} + \alpha T^{-\eta} + e_t$，$\eta > 1/2$。如前所述，内外部冲击因素往往会带来实际资产市场在局部时点呈现出较明显的确定性时间趋势或者趋势变动特征。此时，理论上资产价格的走势在原假设不再是一个弱截距单位根过程，而是可能存在确定性趋势结构变动特征的趋势变动单位根过程。以在两次时间点发生时间趋势的突变特征为例，我们设定原假设下的资产价格路径具体表现为：

$$\begin{cases} y_t = y_{t-1} + kT^{-\eta} + e_t, & (t \leqslant T_B) \\ y_t = y_{t-1} + kT^{-\eta} + a + e_t, & (T_B < t \leqslant T_C) \\ y_t = y_{t-1} + kT^{-\eta} + a + b + e_t, & (t > T_C) \end{cases} \quad (3.21)$$

式（3.21）中的 T_B 和 T_C 对应结构变点，a 和 b 对应两次趋势突变的幅度。序列在 T_B 之前表现为市场原始基本路径下的弱截距单位根走势，在两次结构变点 T_B 和 T_C 之后，资产价格序列的时间性趋势成分发生了变化。实际上，式（3.21）包含了 PSY 考虑的弱截距项单位根原假设走势。可以看到，当 $a = b = 0$ 时，式（3.21）直接转化为后者走势下的数据过程生成式。

相应地，这里的备择假设对应于中间区段带有"泡沫"的数据走势过程。借鉴菲利普斯等（2009）三机制模型下对资产价格泡沫的刻画，同时将可能的趋势变动特征纳入假设式设定中，此时构建的备择假设式如下：

$$\begin{cases} y_t = y_{t-1} + kT^{-\eta} + e_t, & (t \leqslant T_B) \\ y_t = \rho y_{t-1} + e_t, & (\rho > 1, \ T_B < t < T_C) \\ y_t = -\theta + \rho y_{t-1} + e_t, & (\theta > 0, \ t = T_C) \\ y_t = y_{t-1} + kT^{-\eta} + s + e_t, & (t > T_C) \end{cases} \qquad (3.22)$$

其中，e_t 为平稳的鞅差序列。式（3.22）中，资产价格序列在时点 T_B 和 T_C 处的数据机制发生了结构变动，但并不全然是时间趋势结构变动。在 T_B 处，序列开始出现泡沫并持续膨胀到 T_C 时刻，从时点 T_C 开始，价格序列出现了泡沫塌陷，后续路径走势也进一步转为弱截距项的单位根走势（$s=0$）或者时间趋势成分发生调整变动的单位根走势（$s \neq 0$）。即序列中的 $[T_B, T_C]$ 为局部泡沫区段，其余区段为弱截距或者带时间趋势成分的单位根过程。

模型假设式（3.21）和式（3.22）简洁刻画了可能存在时间趋势结构变动情境下资产价格序列在无泡沫和含泡沫设定下的路径表现。对于备择假设式（3.22）下的泡沫区段，无论其是单泡沫还是多泡沫情形，也无论其周围路径表现出何特征，针对具体发生的泡沫区间，相关研究均已表明，通过滚动性的 BSADF 检验，可以有效捕捉、识别泡沫生成过程中的局部爆炸特征，即式（3.22）中的泡沫特征及相应区段此时仍可以得以有效检测和识别。因此，我们重点关注 BASDF 检验对局部趋势变动单位根路径特征的识别功效。

考虑到备择假设式（3.22）下泡沫区段外的路径走势可以纳入式（3.21）。从模拟的便捷性出发，我们以趋势突变单位根过程式（3.21）为基础，通过有限样本下的模拟实验，考察 BSADF 检验对趋势突变情境下的无泡沫资产价格序列的检验表现。

如下模拟中，我们分别考虑了含有一次结构突变和两次结构突变单位根过程的情形[1]。一次趋势突变单位根过程的生成式为 $y_t = y_{t-1} + \dfrac{1}{T} + a(t >$

---

[1] 除了结构突变单位根情形，我们还进行了平滑转移结构变化单位根走势下的模拟，结果类似。相应模拟实验均表明：以 BSADF 检验为代表的 SADF 类型检验方法很容易将局部的时间性趋势结构变换与爆炸性泡沫过程混淆。

$T\lambda) + e_t$, $e_t \sim N(0, 1)$。$I(\cdot)$ 为示性函数, 突变点为 $\lambda = 0.5$, 突变幅度 a 设定为 $\{-0.2, -0.5, 0.2, 0.5\}$ 四组值, 分别反映向下和向上的趋势变化。BSADF 检验对相应序列走势的泡沫检验结果在表 3-9 中列出。两次趋势突变单位根过程的生成式是直接基于式 (3.21) 的。具体设定为: $y_t = y_{t-1} + \dfrac{1}{T} + b_1(t > T\lambda_1) + b_2(t > T\lambda_1) + e_t$, 两次突变点 $\lambda_1 = 0.3$, $\lambda_2 = 0.7$, 相应突变幅度 (b_1, b_2) 设定为 $(0.02, 0.1)$、$(0.02, 0.3)$、$(0.1, 0.05)$、$(0.3, 0.05)$、$(-0.01, 0.1)$、$(-0.01, 0.2)$ 六组情形, 涵盖了实证中常见的趋势先大后小或者先小后大的情形, SADF 检验对相应序列走势的泡沫检验结果在表 3-10 中列出。

　　上述情境设定下的仿真模拟均进行了 500 次, 表 3-9 和表 3-10 中计算出了趋势突变单位根过程被 BSADF 检验判定为"含泡沫"的概率, BSADF 检验所检测出的泡沫起点和结束点也在同时表 3-9 和表 3-10 中列出 (由于进行了多次仿真实验, 这里展示的起始点和结束点为模拟中的中位数)。

表 3-9　　一次突变单位根原假设下 BSADF 检验结果 (单突变点 $\lambda = 0.5$)

样本量	突变幅度	含有"泡沫"概率	估测的泡沫起点	估测的泡沫结束点
	0.20	0.406	0.720	0.920
	0.50	0.942	0.650	1.000
$T = 100$	-0.20	0.416	0.720	0.865
	-0.50	0.936	0.665	1.000
	0.20	0.746	0.775	0.965
	0.50	1.000	0.538	1.000
$T = 200$	-0.20	0.726	0.770	0.975
	-0.50	0.998	0.550	1.000

表 3 – 10   两次突变单位根原假设下 BSADF 检验结果

（双突变点 $\lambda_1 = 0.3$，$\lambda_2 = 0.7$）

样本量	突变情景 $(T^{-1} \rightarrow b_1 \rightarrow b_2)$	含有"泡沫"概率	估测的泡沫起点	估测的泡沫结束点
$T = 100$	$T^{-1} \rightarrow 0.02 \rightarrow 0.1$	0.316	0.580	0.640
	$T^{-1} \rightarrow 0.02 \rightarrow 0.3$	0.442	0.790	0.890
	$T^{-1} \rightarrow 0.1 \rightarrow 0.05$	0.292	0.570	0.630
	$T^{-1} \rightarrow 0.3 \rightarrow 0.05$	0.564	0.520	0.610
	$T^{-1} \rightarrow -0.01 \rightarrow 0.1$	0.284	0.520	0.585
	$T^{-1} \rightarrow -0.01 \rightarrow 0.2$	0.324	0.665	0.715
$T = 200$	$T^{-1} \rightarrow 0.02 \rightarrow 0.1$	0.498	0.545	0.590
	$T^{-1} \rightarrow 0.02 \rightarrow 0.3$	0.750	0.775	0.860
	$T^{-1} \rightarrow 0.1 \rightarrow 0.05$	0.522	0.535	0.570
	$T^{-1} \rightarrow 0.3 \rightarrow 0.05$	0.858	0.455	0.575
	$T^{-1} \rightarrow -0.01 \rightarrow 0.1$	0.492	0.555	0.580
	$T^{-1} \rightarrow -0.01 \rightarrow 0.2$	0.566	0.750	0.815

注：表中对应的 BSADF 检验均取初始样本窗宽 $r_0 = 0.2$。

从表 3 – 9 和表 3 – 10 中的结果可以看到，无论是含有一次结构突变的单位根路径设定，还是含有两次结构突变的单位根路径设定，BSADF 泡沫检验很大程度产生了误判，并且随着相应突变点处突变幅度的加大，这种泡沫误判概率不断增大。以样本量 $T = 200$ 下表 3 – 10 所示的两次结构变动路径模拟为例，当 (b_1, b_2) 取值为 $(0.02, 0.1)$、$(0.1, 0.05)$ 和 $(-0.01, 0.1)$ 时，BSADF 方法判定过程式（3.21）存在泡沫的概率为 0.498、0.522 和 0.492。随着结构变动点处时间趋势变动幅度的进一步增加，这一误判概率越来越大，模拟结果显示，(b_1, b_2) 设定值变动至为 $(0.02, 0.3)$、$(0.3, 0.05)$ 和 $(-0.01, 0.2)$ 时，式（3.21）被检测出含有泡沫的概率达到了 0.75、0.858 和 0.566。

　　另外，观测情境模拟中最终所估测到的 BSADF "泡沫区段" 可以明显看到，检测出来的 "泡沫" 区段实际上对应于一个趋势单位根或者是趋势突变单位根走势。同样以表 3 - 10 下的模拟表现为例，相应模拟中的两个实际结构变点为 $\lambda_1 = 0.3$ 和 $\lambda_2 = 0.7$，观察表 3 - 10 估测的泡沫起点和泡沫结束点形成的 "泡沫区间"，这些区间或位于真实变动点 $\lambda_1 = 0.3$ 和 $\lambda_2 = 0.7$ 的一侧，或位于某个变动点的两侧。考虑到过程式（3.21）的设定形式，这意味着 BSADF 检验错误地将局部的趋势或趋势变动单位根区段误判为了泡沫区段。

　　从上述情境模拟可以清晰地看到，时间趋势结构变动框架下，BSADF 泡沫检验很容易将趋势或者趋势突变单位根区段误判为 "泡沫" 区段，从而导致明显的泡沫检验偏误。为解决这一问题，后续章节将 BSADF 检验和趋势变动单位根特征的判定相结合，提出了扩展的设定检验理论，对 BSADF 检验进行补充性修订和完善，以确保实际应用场景中泡沫检验的科学性和严谨性。

3.6　小　　　结

　　本章具体介绍了 Sup - ADF 类型泡沫检验的原始设定和计量建模基础。爆炸性上涨过程可以很好地刻画泡沫的动态演变过程，从而可以结合时间序列检验技术对资产结构走势的局部爆炸性特征进行捕捉，由此进行泡沫计量检验。SADF 检验和 BSADF 检验是最为经典，也是最具有代表性的上确界泡沫检验方法，我们对两种检验方法的建模逻辑和具体执行策略进行了阐述，并通过仿真模拟给出了 SADF 检验和 BSADF 检验在有限样本和渐近状态下的临界值。随后，以 BSADF 检验为代表，我们进一步考虑了相应泡沫检验在时间趋势变动场景下的具体表现，通过理论探讨及模拟仿真强调了 Sup - ADF 类型检验在该情境下面临的缺陷和具体问题，为后续章节该类检验的进一步修订和完善提供经验基础和突破口。

第4章 趋势变动设定下 Sup – ADF 类型检验的进一步修订 与拓展

前章的理论探讨及模拟仿真表明：以 BSADF 检验为代表的 Sup – ADF 类型泡沫检验在理论设定中忽略掉了可能的时间趋势结构变动情形，很容易带来局部爆炸性泡沫特征和时间趋势变动特征的混淆。具体而言，在含有局部爆炸性走势的路径设定下，BSADF 检验可以有效拒绝无泡沫原假设并识别出泡沫区间，但在趋势突变单位根走势路径下，其同样在很大概率上对无泡沫原假设予以了拒绝。这意味着，在更为宽泛的含有水平或时间趋势变动特征的资产序列路径设定下，如果 BSADF 检验接受了原假设，我们可以在很大置信度下确信资产价格序列中不含有泡沫区间；但如果 BSADF 检验拒绝了"无泡沫"原假设并估测出一系列泡沫区段，这些泡沫的真实性则有待进一步考证，因为其很有可能是由时间趋势或者时间趋势结构变动成分所引致的"虚假泡沫"。由此，本章研究的落脚点在于以 BSADF 检验为代表的滚动策略在确定出"泡沫区段"$[t_a, t_b]$ 后，如何进一步进行设定检验，明确该区段的数据生成机制到底是源于泡沫状态下的爆炸性走势，还是趋势（变动）单位根走势？并由此补充和完善 BSADF 泡沫检验的建模理论，提升泡沫检验的现实功效。

4.1　结构退势 t 检验思路下爆炸过程对趋势突变单位根过程的检验识别

4.1.1　趋势突变单位根原假设对爆炸过程备择假设的结构退势 t 检验

对于 BSADF 检验估测到的泡沫区段 $[t_a, t_b]$ 的真实走势表现，我们将原假设（H_0）和备择假设（H_1）分别设定为趋势突变单位根过程 [式（4.1）] 和爆炸过程 [式（4.2）][①]，其中的 $I(\cdot)$ 为示性函数，误差项 ε_t 设定为鞅差序列。

式（4.1）展示了原假设下的趋势变动单位根走势。特别地，当 $T_0 = t_a$ 或 $T_0 = t_b$ 时，式（4.1）简化为一个趋势单位根过程。

$$y_t = T^{-1} + y_{t-1} + b + \delta I(t > T_0) + \varepsilon_t, \quad T_0 \in [t_a, t_b] \quad (4.1)$$

爆炸根备择假设下的具体数据走势设定为：

$$y_t = \rho y_{t-1} + \varepsilon_t, \quad (\rho > 1) \quad (4.2)$$

在突变位置已知的情况下，我们将这里原假设式（4.1）下的趋势突变单位根走势对备择假设式（4.2）下爆炸性走势的检验回归式设定为式（4.3）。其中，$DT_t(t > T_0) = (t - T_0) I(t > T_0)$，$DU_t(T_0) = I(t > T_0)$。在其基础上，相应假设检验具化为于 $\rho = 0$。对 $\rho > 0$ 的检验判定，我们通过 t 检验对其进行判别，并将相应检验量记为 $T_{st}(\hat{\rho})$。

$$\Delta y_t = \hat{a} + \hat{\rho} \cdot y_{t-1} + \hat{b} t + \hat{\theta} DU_t(T_0) + \hat{\delta} \cdot DT_t(T_0) + e_t \quad (4.3)$$

考虑 M 为空间 $(\mathbf{1}, t, \mathbf{DU}_t(T_0), \mathbf{DT}_t(T_0))$ 上的残差投影算子，应用 Frisch – Waugh – Lovell 引理，式（4.3）等价于式（4.4），同时 $T_{st}(\hat{\rho})$ 的

[①]　如前章模拟分析，时间趋势变动设定下原始 BSADF 策略检测出的泡沫区段只可能是这两种情况。

统计性质保持不变。

$$M\Delta y_t = \hat{\rho}. My_{t-1} + M(\hat{a} + \hat{b}t + \hat{\theta}DU(T_0) + \hat{\delta}DT(T_0)) + e_t \qquad (4.4)$$

另外注意到，在趋势突变单位根原假设下，有：

$$\begin{cases} \Delta y_t = b + \varepsilon_t (t \leq T_0) \\ \Delta y_t = b + \delta + \varepsilon_t (t > T_0) \end{cases} \qquad (4.5)$$

即 $y_t = c + bt + \delta DU(T_0) + \sum_{j=1}^{t} \varepsilon_j$，$c = y_0$。易知，式（4.4）等价于式（4.6）：

$$\varepsilon_t = \hat{\rho}. \sum_{1}^{t-1} \varepsilon_j + \hat{e}_t \qquad (4.6)$$

利用泛函中心极限定理，不难推得前述原假设过程下检验量 $T_{st}(\hat{\rho})$ 的构建及渐近分布式为：

$$T_{st}(\hat{\rho}) = \frac{\sum(\varepsilon_t \sum \tilde{\varepsilon}_j)}{\sum(\sum \tilde{\varepsilon}_j)^2} \Rightarrow \frac{\int_0^1 \tilde{W}_\lambda(r)\,\mathrm{d}W(r)}{\int_0^1 \tilde{W}_\lambda(r)^2\,\mathrm{d}r} \qquad (4.7)$$

其中，$\tilde{W}_\lambda(r)$ 表示在确定性成分形成的向量空间 $(1, r, I(r > \lambda), I(r > \lambda)(r - \lambda))$ 上进行退势后的布朗运动，$\lambda = T_0/T$ 为结构突变点的相对位置。从式（4.7）右侧的渐近分布式可以看到，检验量 $T_{st}(\hat{\rho})$ 的分布特征在理论上受到突变位置 λ 的较大影响。

当考察数据过程为备择假设式（4.2）下的爆炸过程时，由于其在理论上具有的指数式增长特性，即便我们加入在某点的线性趋势突变项对其进行拟合，仍然不能消除其表现出的强趋势性，这意味着线性趋势突变项拟合后的数据信息仍具有爆炸性，此时检验量 $T_{st}(\hat{\rho})$ 的取值仍会较大。因此，我们考虑对结构退势 t 检验量 $T_{st}(\hat{\rho})$ 进行右侧检验。当 $T_{st}(\hat{\rho})$ 大于所对应的临界值时，我们拒绝趋势突变单位根原假设 [式（4.1）]，判定考察区段 $[t_a, t_b]$ 表现为爆炸性过程走势；否则，接受突变单位根路径下的原假设。

不同突变位置下 $T_{st}(\hat{\rho})$ 的 90% 及 95% 分位点在表 4 – 1 列出，分别反映右侧 10% 和 5% 显著性水平下的临界值，其中极限分布下临界值基于 $T = 1000$ 取得。另外，表 4 – 1 还给出了原假设下未发生趋势突变情形的临界值

（最后一行），可以看到，其取值和相对突变点 λ 位于 0.1 和 0.9 情形下的取值差别不是很大。

表 4 - 1　　　　　趋势退势检验右侧 90% 及 95% 分位点对应临界值

突变点	$T = 100$		$T = 200$		$T = 300$		$T = \infty$	
	90%	95%	90%	95%	90%	95%	90%	95%
0.1	- 1.39	- 1.07	- 1.40	- 1.06	- 1.38	- 1.06	- 1.37	- 1.06
0.2	- 1.54	- 1.22	- 1.58	- 1.29	- 1.58	- 1.27	- 1.56	- 1.25
0.3	- 1.70	- 1.36	- 1.76	- 1.46	- 1.74	- 1.43	- 1.75	- 1.43
0.4	- 1.82	- 1.49	- 1.89	- 1.59	- 1.88	- 1.58	- 1.88	- 1.58
0.5	- 1.88	- 1.58	- 1.92	- 1.63	- 1.94	- 1.63	- 1.92	- 1.62
0.6	- 1.84	- 1.51	- 1.88	- 1.58	- 1.90	- 1.59	- 1.88	- 1.56
0.7	- 1.68	- 1.36	- 1.74	- 1.41	- 1.72	- 1.44	- 1.74	- 1.43
0.8	- 1.50	- 1.19	- 1.57	- 1.25	- 1.59	- 1.27	- 1.57	- 1.26
0.9	- 1.34	- 1.04	- 1.37	- 1.02	- 1.39	- 1.07	- 1.38	- 1.06
0 或 1	- 1.24	- 0.95	- 1.24	- 0.92	- 1.22	- 0.90	- 1.25	- 0.93

注：模拟次数为 15000 次。

4.1.2　内生情形下 $T_{st}(\hat{\rho})$ 的构建及有限样本表现

前述分析建立在原假设过程式（4.1）中突变位置已确定的情况下。在实际情形中，突变位置往往是事先未知的，或者数据本身并不存在趋势突变。这时，我们需要首先对考察数据的突变位置进行有效估计，之后在其基础上结合式（4.1）构建统计量 $T_{st}(\hat{\rho})$ 进行趋势（突变）单位根原假设对爆炸过程备择假设的统计检验。在趋势突变单位根过程的分析中，相关文献通常考虑残差平方和最小化确定突变位置，在结构突变确实存在的情况下，理论上可以保证一致估计出真实突变位置 T_0。借鉴学者（Kim and Perron，2007；Harris，2009）的研究，我们分别结合动态回归式（4.8）和式（4.9）下的残差平方和最小化思路估测突变点，随后转移到式（4.3）进行 t 检验量的构造。两种突变位置估测思路下对应的结构退势检验量 $T_{st}(\hat{\rho})$ 分别记为 T_{st1}、T_{st2}。

$$\Delta y_t = \hat{a} + \hat{\rho} \cdot y_{t-1} + \hat{b}t + \hat{\theta}D_t(\hat{T}_0) + \hat{\delta}DT_t(\hat{T}_0) + \hat{e}_t \qquad (4.8)$$

$$\Delta y_t = \hat{a} + \hat{\delta}DU_t(\hat{T}_0) + \hat{e}_t \qquad (4.9)$$

如下，我们在内生突变情形下对 T_{st1}、T_{st2} 进行有限样本下的 Size 及 Power 分析。Size 分析中的数据生成过程为趋势变动单位根过程［式（4.1）］，其中的误差项为 $\varepsilon_t \sim i.i.d. N(0, 1)$。理论上容易发现，初始趋势部分 b 的取值对最终检验量的分布表现没有影响，这里统一设定 $b = 0.01$。模拟中为了涵盖各种常见的趋势结构突变情形：包括趋势增大、趋势变小、在不同位置发生趋势变化。设计突变位置 $\lambda \in (0.3, 0.5, 0.7)$ 三种情形，突变幅度为 $\delta \in (-0.5, 1, 1.5, 0)$ 四种情形，其中最后一种情形相当于无突变情况。

首先在原假设设定下采用式（4.8）和式（4.9）的残差平方和最小化方法对序列可能的突变位置进行估测，并结合回归式（4.3）构建检验量 T_{st1} 和 T_{st2}。遵循大多研究的经验设定，当估测出的突变位置 $\hat{\lambda}$ 比较靠近两端时（这里取 $\hat{\lambda} > 0.9$ 或 $\hat{\lambda} < 0.1$），我们倾向于认为数据未发生趋势突变，此时，式（4.3）转换为传统的退趋势 ADF 检验式。具体的模拟结果在表 4-2 予以给出，作为比对，突变位置已知情形下退势 t 检验量 T_{st} 的表现也一并列出。可以预见，相对于内生设定下的检验量 T_{st1} 和 T_{st2}，T_{st} 的表现更优，模拟结果也显示，各种设定下其对应的 size 水平更靠近 0.05 名义值。

就检验量 T_{st1} 和 T_{st2} 而言，在单位根原假设存在趋势突变的情形下，表 4-2 显示，随着样本量或者突变幅度的加大，两者均不断向 0.05 名义水平靠近。不过，在不同突变位置和突变幅度下，T_{st2} 的水平扭曲整体小于 T_{st1}，也更接近突变位置已知情形下 T_{st} 的 size 表现。如，在样本量 $T = 200$，突变位置点 $\lambda = 0.3$、0.5、0.7 的模拟设定下，检验量 T_{st2} 对应的 size 水平值分别为 0.040、0.043、0.051，T_{st1} 对应的 size 值为 0.025、0.043、0.038，后者的表现明显更贴近理论上 0.05 的名义水平；这也意味着，相对于动态回归式（4.8），基于差分回归式（4.9）下的残差平方和最小化方法能更为准确地估计到可能存在的突变位置，从而实际应用中当 T_{st1} 和 T_{st2} 的判别结果出现矛盾时候，更建议接受 T_{st2} 的结果，以减少可能存在的 size 扭曲。

表 4 – 2　　　　　5% 显著水平下不同结构退势 t 检验的 Size 表现

估计方法	样本量	突变位置	突变幅度			
			-0.5	1	1.5	0
真实突变点 T_{st}	$T=100$	$\lambda=0.3$	0.045	0.030	0.045	0.048
		$\lambda=0.5$	0.048	0.045	0.038	0.038
		$\lambda=0.7$	0.053	0.040	0.043	0.053
	$T=200$	$\lambda=0.3$	0.068	0.050	0.045	0.063
		$\lambda=0.5$	0.045	0.040	0.048	0.053
		$\lambda=0.7$	0.055	0.055	0.060	0.048
	$T=300$	$\lambda=0.3$	0.040	0.038	0.058	0.048
		$\lambda=0.5$	0.073	0.033	0.065	0.058
		$\lambda=0.7$	0.040	0.038	0.063	0.035
式（4.8）最小化 RSS（T_{st1}）	$T=100$	$\lambda=0.3$	0.015	0.025	0.035	0.003
		$\lambda=0.5$	0.013	0.025	0.023	0.005
		$\lambda=0.7$	0.030	0.018	0.023	0.003
	$T=200$	$\lambda=0.3$	0.025	0.048	0.043	0.003
		$\lambda=0.5$	0.043	0.025	0.040	0.008
		$\lambda=0.7$	0.038	0.025	0.035	0.008
	$T=300$	$\lambda=0.3$	0.035	0.023	0.058	0.013
		$\lambda=0.5$	0.025	0.025	0.055	0.005
		$\lambda=0.7$	0.038	0.038	0.053	0.008

续表

估计方法	样本量	突变位置	突变幅度			
			−0.5	1	1.5	0
式（4.9）最小化 RSS（T_{st2}）	$T=100$	$\lambda=0.3$	0.028	0.025	0.040	0.018
		$\lambda=0.5$	0.040	0.055	0.035	0.028
		$\lambda=0.7$	0.058	0.040	0.045	0.010
	$T=200$	$\lambda=0.3$	0.040	0.055	0.040	0.030
		$\lambda=0.5$	0.043	0.033	0.058	0.038
		$\lambda=0.7$	0.053	0.033	0.048	0.023
	$T=300$	$\lambda=0.3$	0.035	0.043	0.058	0.015
		$\lambda=0.5$	0.050	0.043	0.061	0.025
		$\lambda=0.7$	0.058	0.035	0.059	0.030

注：模拟次数为 1000 次。

表 4-2 最后一列对应了无突变情形下的分析结果。相比较直接建立在无突变退势回归下 T_{st} 的表现，T_{st1}、T_{st2} 的 size 均较小于 0.05 的名义水平，特别是 T_{st1} 的 size 值很小，这一定程度反映了上述两种突变点估测思路对应的 RSS 最小化策略在该情境下所估测的变动点 $\hat{\lambda}$ 未能足够靠近 0 或 1，即存在突变点估测的较大偏误[①]。不过，本部分重点关注的并非趋势或趋势突变单位根过程的区分，而是对爆炸过程的有效甄别，由于较小的 size 意味着原假设数据过程犯第一类错误的概率较低。从而，在无趋势突变情形下，T_{st1}、T_{st2} 仍能有效接受原假设式（4.1），避免将其误判为爆炸过程。

Power 分析中的考察序列为爆炸性过程式（4.2），新息误差项同样设定为 $\varepsilon_t \sim i.i.d.\,N(0, 1)$，爆炸系数 ρ 设定为 $\{1.02, 1.03, 1.05, 1.1\}$ 四组

---

① 更严谨地关于区段是否存在时间趋势变动的判定需要相关预检验，这也是笔者的后续研究工作。

情形。从表 4 – 3 可以看到，在样本容量 T 和爆炸系数 ρ 较小时，数据的爆炸特征很不明显，检验量 T_{st1}、T_{st2} 此时拒绝原假设式（4.1）的概率较小。不过，随着样本量和爆炸系数的不断加大，序列的爆炸性特征不断强化。如前所指，此时检验式（4.3）中的时间项或者时间趋势突变项并不能有效消除数据带来的强趋势性，从而使得相应检验量表现出明显的右倾倾向。此时的 T_{st1}、T_{st2} 均能有效拒绝原假设，得出考察序列为爆炸特征引致的泡沫过程的正确结论。如，当爆炸系数 $\rho = 1.03$ 时，以 T_{st2} 为例，随着样本量由 $T = 100$ 增至 $T = 200$ 和 $T = 300$，检验量检测出考察区段存在爆炸性泡沫的概率由 0.22 快速增加至 0.94 和 1.00。

表 4 – 3　　　　　　　　　不同结构退势 t 检验的 Power 表现

估计方法	样本量	$\rho = 1.02$	$\rho = 1.03$	$\rho = 1.05$	$\rho = 1.1$
(T_{st1})	$T = 100$	0.03	0.26	0.89	1.00
	$T = 200$	0.87	0.98	1.00	1.00
	$T = 300$	0.99	1.00	1.00	1.00
(T_{st2})	$T = 100$	0.02	0.22	0.86	1.00
	$T = 200$	0.67	0.94	1.00	1.00
	$T = 300$	0.95	1.00	1.00	1.00

注：模拟次数为 1000 次。

上述模拟分析表明，本节所构建的结构退势 t 检验量，特别是 T_{st1}，可以有效区分 BSADF 检验检测的泡沫区间 $[t_a, t_b]$ 是爆炸性特征所致的真实泡沫区段，还是由确定性趋势变动特征所带来的虚假泡沫区段。随着趋势突变幅度和样本量的增加，这一区分效果愈加明显。从而，相应检验量较好地实现了趋势突变框架下对 BSADF 检验的后续补充和完善。另外，尽管我们在上述分析中所设定的原假设为趋势突变单位根过程，相应检验量的理论推导也是在此基础上推得，但由于趋势突变平稳过程下的临界值只可能比其左偏，因此，在上述分析中，最终拒绝原假设可以保证数据过程存在泡沫这一结论的有效性和严谨性。

4.2 爆炸过程与趋势变动单位根过程的甄别：傅里叶级数对结构变动特征的拟合思路

除了通过前述结构变动回归式下的 t 类型设定检验进行爆炸特征和时间趋势变动特征的区分，本小节提供另一思路，结合带时间项的傅里叶级数式对考察序列的结构变动特征进行拟合，由此进行时间结构变动信息的退势处理，并在此基础上对时序所蕴含的爆炸特征和单位根特征进行甄别。

4.2.1 傅里叶级数式拟合结构变化的原理和说明

不同于传统趋势变动单位根过程研究中先估计潜在突变位置、突变类型的思路，傅里叶级数逼近不需要具体估计相应序列的突变特征和性质。其主要通过正余弦的迭代级数去拟合序列的结构变动信息（可以是突变，也可以是平滑变动），以达到近似反映"原始序列的生成机制"的目的。在此基础上，我们可以对原始序列的非平稳性特征进行考察。

对于可能存在结构变动的时序过程 y_t，考虑对其进行包含确定性时间趋势和傅里叶级数项的回归拟合，拟合式如下：

$$y_t = \alpha + \beta t + \sum_{k=1}^{M} \left\{ a_k \sin(2\pi kt/T) + b_k \cos(2\pi kt/T) \right\} + u_t \quad (4.10)$$

式（4.10）中的 $\alpha + \beta t$ 为时间趋势项，$a_k \sin(2\pi k/T) + b_k \cos(2\pi k/T)$ 为傅里叶级数构成中的正余弦函周期函数项，其中的 k 为某一特定的频率，a_k、b_k 为相应的振幅，M 为傅里叶级数的项数，T 为待考察序列的时间跨度。式（4.10）的逼近精度随频率数 k 的增大而提高。理论上可以证明，无论 y_t 中包含多少个突变点或何种形式的突变，只要式（4.10）中傅里叶级数项展开得足够长，即 M 足够大，右侧式可以以任意精度逼近 y_t。特别地，当 a_k、

$b_k = 0$ 时，意味着 y_t 不含趋势结构变动特征，一般的线性时间趋势函数可以对其进行有效拟合。

现实问题研究中，频率项数过大会带来过度拟合问题（Enders and Lee，2004）；同时，贝克等（Becker et al.，2004）指出过高的频率容易在检验中导致随机参数变动的问题。借鉴已有文献的共识（韩青，2015），一般取 $k = 1$，2，3，即傅里叶项数最高为 3 对现实经济中的结构变动序列进行拟合。后续基于傅里叶级数进行趋势变动单位根对爆炸特征的检验研究中，我们的最高项数选取 3。

图 4 – 1 和图 4 – 2 为结合上述不同频率设定下的傅里叶级数式对带趋势结构变动单位根路径进行拟合的模拟展示图。图 4 – 1 给出了带有时间成分项的不同频率下傅里叶级数式对结构突变单位根走势的拟合表现，实线代表原始序列走势，点状线为傅里叶级数的拟合项。其中，原始结构单位根过程的生成式为：$y_t = 0.01 + y_{t-1} + 0.2 \times I(t > 30) + \varepsilon_t$，样本量为 100。傅里叶级数下的单一频率、双频率或者三次频率的回归拟合式分别设定如下：

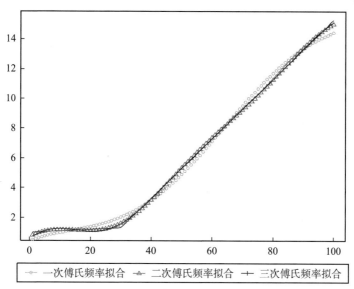

图 4 – 1　发生在 $\lambda = 0.3$ 处的结构突变单位根走势的傅里叶级数拟合

注：实黑线为结构突变单位根走势序列，散点线为傅里叶级数式形成的拟合线。

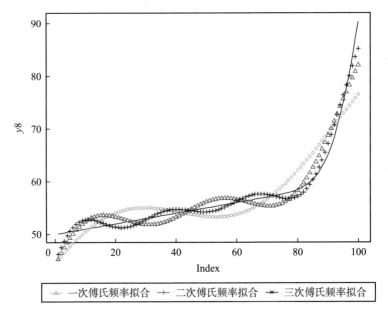

图 4-2　结构变点 $\lambda = 0.8$ 处开始的渐近式结构变动及傅里叶拟合线

注：含平滑结构变动的原始数据过程结合带时间趋势的 ESTAR 模型：$y_t = 50 + 0.1t + 0.5$ $e^{[-0.005(t-110)^2]}$ 构造，并截取了前半部分区段进行展示。

（1）单一频率拟合：

$$y = \alpha + \beta t + \sin(2\pi k/T) + \cos(2\pi k/T) + u_t, \ k = 1, \cdots, T \quad (4.11)$$

（2）双频率拟合：

$$y = \alpha + \beta t + \sum_{k=1,2} \sin(2\pi k/T) + \cos(2\pi k/T) + u_t \quad (4.12)$$

（3）三次频率拟合：

$$y = \alpha + \beta t + \sum_{k=1,2,3} \{\sin(2\pi k/T) + \cos(2\pi k/T)\} + u_t \quad (4.13)$$

可以看到，傅里叶级数式很好地对结构突变特征进行拟合。在渐近式结构变动情形下，傅里叶级数的拟合表现同样良好。图 4-2 以 ESTAR 模型为基础构建了一个渐近变动的数据生成过程，以实线图展示。针对该序列路径走势，单一频率、双频率或者三次频率下对应的傅里叶拟合线在图中以散点线展示。可以看到，随着傅里叶拟合级数项的增加，拟合线对实际序列越来越贴近。

4.2.2　基于傅里叶级数拟合式进行爆炸特征和趋势变动单位特征的区分

前述理论和模拟实验表明，式（4.10）下的傅里叶级数项式可以很好地对时间趋势结构变动序列的走势进行拟合。针对本章所关注的趋势变动单位根走势对爆炸根走势的假设检验问题，我们尝试选择傅里叶级数对序列进行有效拟合，随后结合傅里叶级数退势后的序列特征进行单位根走势和爆炸根走势的检验判断。另外，考虑到纯趋势单位根过程和爆炸过程用无时间趋势结构变动的线性式就可以有效拟合和表达其信息。通过两个回归式［式（4.14）～式（4.15）］拟合 BSADF 区段表现出的趋势单位根走势或爆炸形走势特征。

$$y \sim \alpha + \beta t + \sum_{k=1}^{M} \left\{ a_k \sin \frac{2\pi k}{T} + b_k \cos \frac{2\pi k}{T} \right\} + u_t, \ u_t = I(1) \quad (4.14)$$

$$y = \alpha + \beta t + u_t, \ u_t \text{ 服从 } I(1) \text{ 或者爆炸过程走势} \quad (4.15)$$

理论上来说，在带时间项的傅里叶级数拟合思路下，式（4.14）是对趋势变动单位根过程的最有效描述式，式（4.15）是对趋势单位根过程和爆炸根过程最有效描述式。但在现实内生结构变动分析框架下，我们对数据走势的真实情况不得而知。可以通过一些信息判定准则在式（4.14）和式（4.15）之间进行选择，在保证信息判定准则有效的情况下，选择式（4.14）或式（4.15）作为检验统计量构造的基准式，由此对考察序列蕴含的单位根或者爆炸性泡沫特征进行判别。

考虑前文分析下 BSADF "泡沫" 区段，将其实际走势设定为三种路径机制，路径机制 1 对应于含有趋势变动项的单位根过程：

$$y_t = y_{t-1} + b + \delta I(t > T_0) + \varepsilon_t, \ t, \ T_0 \in (t_a, \ t_b) \quad (4.16)$$

其中，$I(\cdot)$ 为示性函数，ε_t 为鞅差序列。对式（4.16）进行整理，有：

$$y_t = a + bt + \delta(t - T_0) \cdot I(t > T_0) + w_t, \ t, \ T_0 \in (t_a, \ t_b), \ w_t \sim I(1)$$

$$(4.17)$$

对于式（4.17），可以通过含傅里叶级数的回归式拟合其结构变动特征。

BSADF"泡沫"区段的路径机制 2 对应于纯粹的趋势单位根过程，即：

$$y_t = a + bt + w_t, \ w_t \sim I(1) \tag{4.18}$$

路径机制 3 对应于带弱截距项的爆炸性走势，$y_t = T^{-1} + \rho y_{t-1} + \varepsilon_t$，（$\rho > 1$）。为了保证建模设定的灵活性以及与前述机制 1、机制 2 设定式的兼容性，也可等价表示为：

$$y_t = a + bt + w_t, \ w_t = \rho w_{t-1} + u_t, \ \rho > 1 \tag{4.19}$$

如此，可以将前述可能情境下 BSADF 区段上的数据走势拟合式统一到式（4.20）的框架设定下。在趋势结构变动单位根路径走势下，$\Phi(t)$ 为相应的傅里叶级数项，纯粹的趋势单位根或者爆炸特征走势下，$\Phi(t)$ 为空。

$$y_t = a + bt + \Phi(t) + w_t, \ w_t = \rho w_{t-1} + u_t, \ \rho \geqslant 1 \tag{4.20}$$

对于待考察的 BSADF 区段，我们结合相关数据拟合和信息判定准则，在式（4.20）中选择最为适宜的设定拟合式，并由此进行局部爆炸特征的甄别。具体而言，当待考察序列倾向于用带时间成分的傅里叶级数式进行拟合时，对于爆炸特征走势的甄别可以考虑如下检验回归式和傅里叶退势 t 类型检验量，记为 t_{fu}。

$$y_t \sim \rho y_{(t-1)} + \alpha + \beta t + \sum_{k \geqslant 1} \sin(2\pi k/T) + \cos(2\pi k/T) + u_t \tag{4.21}$$

$$t_{fu} = (\rho - 1)/se(\rho) \tag{4.22}$$

我们在趋势单位根走势下对 t_{fu} 的渐近分布表现进行了仿真模拟[①]，具体如图 4 - 3 和图 4 - 4 所示。单频率、双频率、三频率下的退势检验量均呈现出钟形特征。同时通过图 4 - 3 和图 4 - 4 可以看到，相应分布曲线为表现出一定左偏特征的非标准分布形态。

---

① 傅里叶级数式可以很好地对趋势结构变动项进行拟合，从而趋势变动单位根过程在进行傅里叶退势后 t_{fu} 的性质表现与趋势单位根过程进行傅里叶退势后的性质类似，出于模拟分析的便捷性，采用趋势单位根过程进行检验量的分布性质考察。

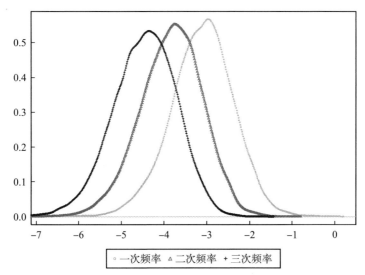

图 4 – 3　不同傅里叶频率下统计量 t_{fu} 对应的概率密度线（$T = 100$）

注：模拟次数为 10000 次。

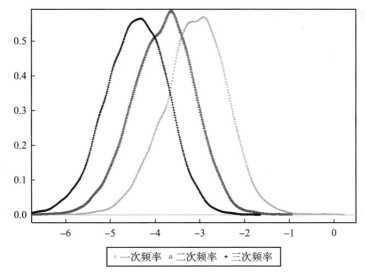

图 4 – 4　不同傅里叶频率下统计量 t_{fu} 对应的概率密度线（$T = 300$）

注：模拟次数为 10000 次。

当待考察序列蕴含有结构变动以及单位根特征时，傅里叶级数项的拟合有效削弱了数据的非平稳特征。此时，式（4.22）下傅里叶退势检验量 t_{fu} 的取值集中于上述分布曲线的左侧。而序列走势具有爆炸特征时，对结构变动项具有拟合效果的傅里叶级数项并不能有效消除扩散式的爆炸特性，这使得相应检验量 t_{fu} 的取值必然会右偏。从而，通过对 t_{fu} 进行右侧检验可以识别待考察序列是否存在爆炸性泡沫特征。结合式（4.21）下不同傅里叶频率拟合的设定检验式，我们在表 4-4 给出检验量 t_{fu} 在右侧分位点下所对应的临界值，以进行趋势变动单位根走势和爆炸性走势的区分。当待考察序列倾向于用不含傅里叶级数项的线性时间过程进行直接拟合时，此时的序列走势在理论上对应了趋势单位根过程或者爆炸性过程，这一情形下，对爆炸特征的甄别可以直接基于传统线性回归的退势 t 检验进行右侧分析（相应临界值在表 4-4 最后一行列出）。如此，我们便完成了傅里叶级数拟合思路下对爆炸性泡沫特征进行甄别的检验问题研究，具体的思路脉络概括为图 4-5。

表 4-4　　　　　　不同频率傅里叶级数拟合下检验量 t_{fu} 的右侧临界值

不同结构退势设定	90% 分位点	95% 分位点	99% 分位点
时间趋势和单频率傅里叶项（$k=1$）	-2.26	-2.04	-1.56
时间趋势和双频率傅里叶项（$k=1, 2$）	-2.99	-2.77	-2.36
时间趋势和三频率傅里叶项（$k=1, 2, 3$）	-3.62	-3.40	-2.99
仅含时间退势	-1.25	-0.95	-0.32

注：模拟样本 $T=300$，模拟次数为 10000 次。

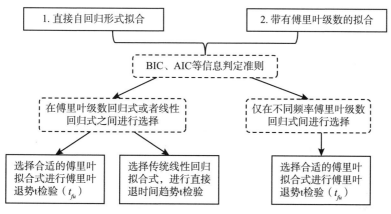

图 4 – 5　傅里叶拟合思路下爆炸特征判别的路径图

4.2.3　基于傅里叶级数拟合思路的仿真表现

AIC 和 BIC 准则是对时序模型进行拟合优度判定和选择的经典信息准则。我们考虑结合这两类判定准则进行傅里叶级数拟合式和线性回归式的筛选，并由此构建检验量进行爆炸特征的甄别和模拟实验。

（1）AIC 和 BIC 准则。

Akaike 信息准则（Akaike Information Criterion，AIC）是衡量统计模型优良性（goodness of fit）的经典统计指标标准，由日本统计学家赤池弘次创立和发展，因此也被称为赤池信息量准则。AIC 综合考虑了模型对于数据的拟合信息（可以由似然函数或者残差平方和反映）以及参数数量的信息，由此综合评估待考察模型对数据拟合的优良性和构建复杂度，基于似然函数信息和残差平方和信息的 AIC 构建分别见式（4.23）和式（4.24）：

$$AIC = -2\ln(L) + 2k \qquad (4.23)$$

$$AIC = \ln\left(\sum e_i^2/n\right) + 2k \qquad (4.24)$$

其中，n 表示样本容量大小，$\ln(L)$ 和 $\ln\left(\sum e_i^2/n\right)$ 分别对应待考察序列的对数似然函数和残差平方和信息。k 表示模型待估参数的数量，式（4.23）或式（4.24）的取值越小，对应的模型拟合优度越高。需要说明的是，上述似然函数或者残差平方和下的形式是互通的。比如，考虑一般的线性回归模型，设定其误差项服从正态分布。不难发现，该回归模型的对数似然函数和残差平方和具有如下等价关系：$-2\ln L = n[1 + \log(2\pi) + \log(\sum e_i^2/n)]$。可以看到，在样本量 n 固定的情况下，对数化的残差平方和 $\log(\sum e_i^2/n)$ 和对数似然函数 $\ln(L)$ 的差距值为常数。从而前述基于对数似然函数信息和残差平方和信息的 AIC 形式具有等价性。

与 AIC 相对应的另一个经典信息评价准则是 Bayesian 信息准则（Bayesian Information Criterions，BIC），其同样结合模型的对数似然函数或残差平方和信息以及参数量信息共同构建得到，只是对于参数量的权重约束同 AIC 的设置不一样。基于似然函数和残差平方和信息的 BIC 构建式分别见式（4.25）和式（4.26）。

$$\text{BIC} = -2\ln(L) + \ln(n)k \tag{4.25}$$

$$\text{BIC} = \ln(\sum e_i^2/n) + k\ln(n) \tag{4.26}$$

同样，BIC 取值越小意味着模拟的拟合度越优。对比 BIC 和 AIC 的构成式可以看到，前者对于参数的数量施加的"惩罚"为 $k\ln(n)$，后者为 $2k$。即样本量越大，BIC 所施加的惩罚强度越大。

（2）傅里叶级数拟合思路下 AIC、BIC 准则进行边界特征识别的应用。

如下，我们基于前述残差平方和信息下的式（4.24）、式（4.26）构建 AIC 和 BIC 准则，在趋势变动单位根走势和爆炸走势中确定相应数据走势的最优拟合模型，由此进行两者边界的判定。具体的识别设计和思路见后续的分析。

①数据过程为趋势（变动）单位根走势的判定分析。

本部分趋势变动单位根走势过程的数据生成式为：

$$y_t = y_{t-1} + b + \delta I(t > n.\lambda) + \varepsilon_t \tag{4.27}$$

其中，N 为考察样本的区间长度，λ 为具体结构变动点的位置。模拟中具体的结构变点设定为 3 组：$\lambda = c(0.35, 0.5, 0.75)$；趋势的变动强度值设定为 5 组：$\text{Mag} = c(0, -0.1, -0.2, 0.1, 0.2)$。在上述数据过程生成基础上，我们采用两种数据生成机制 [式（4.28）和式（4.29）] 作为备选拟合模型式，考虑基于 AIC 或者 BIC 对待考察序列从中选择模型拟合式，设识别数据过程的真实生成形式，并由此结合相应检验式和退势 t 检验识别其可能蕴含的"泡沫"或者"非泡沫"特征的概率。

$$y_t = \alpha + \rho y_{t-1} + u_t, \ t = 1, \ \cdots, \ T \tag{4.28}$$

$$y = \alpha + \beta t + \sum_{k=1}^{j} \sin(2\pi k/T) + \cos(2\pi k/T) + u_t,$$
$$k = 1, \ \cdots, \ T, \ j = 1, \ 2, \ 3 \tag{4.29}$$

式（4.28）对应了纯粹的线性 AR 过程式，当考察区段为线性生成机制形式下的单位根过程或者爆炸过程，它是相应数据的最匹配拟合模型。式（4.29）为一次到三次频率傅里叶级数拟合检验式，其对原始数据的拟合对应了考察序列为趋势变动单位根过程。如下，我们分别结合最小化 AIC 和 BIC 准则确定模拟实验中数据过程的生成形式。

首先考虑式（4.27）下的趋势变动单位根走势过程，由于傅里叶级数频率可以有效拟合结构变动特征，通过最小化 AIC 或 BIC 下比较式（4.29）和式（4.28）下拟合优度的强弱进行拟合式确定，由此可以识别待考察序列的生成形式中是否含有时间趋势结构变动项。基于这一思路构建仿真实验，具体检验结果在表 4 – 5 ~ 表 4 – 6 列出，模拟中选取的样本量为 100 和 300。

表 4 – 5 ~ 表 4 – 6 分别对应样本量 $T = 100$ 和 $T = 300$ 模拟设定下对结构变动单位根过程的适宜拟合形式进行有效确定的概率（在本部分数据过程拟合分析中，更为合理、准确的拟合式为式（4.29））。表 4 – 5 ~ 表 4 – 6 中的前 5 行表示基于 AIC 准则通过式（4.28）和式（4.29）进行拟合，并由此选择正确的模拟设定拟合式的概率；后 5 行展示结果为基于 BIC 准则在模型式（4.28）和式（4.29）中选择正确的模拟拟合形式的概率。基于表 4 – 5 ~ 表 4 – 6 的判定结果可以看到，此时 AIC 准则的判定效果明显优于 BIC，前者可以更好地洞察和发现待考察序列走势中时间趋势成分的结构性变动特点。

表 4 – 5　　　　　结构变动单位根走势被判定为线性或者结构
变动生成机制的概率 （$T = 100$）

判定准则	变动幅度	变动位置 1	变动位置 2	变动位置 3
AIC	0	0.929	0.932	0.935
AIC	− 0.1	0.939	0.944	0.948
AIC	− 0.2	0.948	0.942	0.957
AIC	0.1	0.943	0.937	0.928
AIC	0.2	0.938	0.956	0.951
BIC	0	0.452	0.45	0.458
BIC	− 0.1	0.455	0.466	0.443
BIC	− 0.2	0.486	0.521	0.513
BIC	0.1	0.479	0.458	0.442
BIC	0.2	0.442	0.507	0.511

表 4 – 6　　　　结构变动单位根走势被判定为线性或者结构变动
生成机制的概率 （$T = 300$）

判定准则	变动幅度	变动位置 1	变动位置 2	变动位置 3
AIC	0	0.929	0.922	0.934
AIC	− 0.1	0.937	0.944	0.941
AIC	− 0.2	0.965	0.973	0.973
AIC	0.1	0.941	0.953	0.942
AIC	0.2	0.9625	0.973	0.966
BIC	0	0.224	0.241	0.246
BIC	− 0.1	0.256	0.270	0.276
BIC	− 0.2	0.270	0.365	0.404
BIC	0.1	0.266	0.285	0.268
BIC	0.2	0.295	0.375	0.374

进一步，我们基于不同的判定准则进行设计以有效识别模拟的数据过程不具有爆炸特征的概率，样本量 $T = 100$ 和 $T = 300$ 下的模拟结果分别在表4 – 7 和表4 – 8 中列出。其中，prb1 表示采用 AIC 最小化方法，在回归式（4.28）~式（4.29）中选择合适的数据拟合式，并进行退势 t 检验下的爆炸特征识别。表4 – 7 中列出的是小于右侧临界值的概率，即判断其为趋势变动单位根过程的概率，后同；prb2 表示采用 AIC 最小化方法，仅在傅里叶形式的回归式（4.29）中选择合适频率的数据拟合式，并完全基于傅里叶退势 t 检验 t_{fu} 进行判别检验的结果；prb3 表示采用 BIC 最小化方法，在回归式（4.28）和式（4.29）中选择合适的数据拟合式，并进行判别检验。prb4 表示采用 BIC 最小化方法，仅在傅里叶形式式（4.29）中选择合适频率的数据拟合式并进行检验量 t_{fu} 的判别。prb5 和 prb6 表示不进行模型拟合形式选择，直接考虑一次和二次频率的傅里叶级数式进行拟合，并由此构建检验量 t_{fu} 进行检验判断。

表4 – 7　　　　　正确识别出数据区段非泡沫特征的概率（$T = 100$）

判定策略	变动幅度	变动位置1	变动位置2	变动位置3
prb1	0	0.985	0.978	0.982
prb1	− 0.1	0.98	0.98	0.981
prb1	− 0.2	0.973	0.984	0.983
prb1	0.1	0.982	0.975	0.98
prb1	0.2	0.979	0.978	0.982
prb2	0	0.98	0.975	0.98
prb2	− 0.1	0.979	0.979	0.98
prb2	− 0.2	0.968	0.981	0.981
prb2	0.1	0.98	0.972	0.977

续表

判定策略	变动幅度	变动位置1	变动位置2	变动位置3
prb2	0.2	0.977	0.975	0.979
prb3	0	0.996	0.995	0.995
prb3	−0.1	0.996	0.99	0.99
prb3	−0.2	0.99	0.984	0.986
prb3	0.1	0.995	0.989	0.993
prb3	0.2	0.985	0.984	0.981
prb4	0	0.99	0.99	0.988
prb4	−0.1	0.991	0.992	0.99
prb4	−0.2	0.988	0.985	0.988
prb4	0.1	0.991	0.989	0.987
prb4	0.2	0.986	0.986	0.990
prb5	0	0.934	0.937	0.94
prb5	−0.1	0.926	0.94	0.944
prb5	−0.2	0.914	0.926	0.927
prb5	0.1	0.94	0.94	0.93
prb5	0.2	0.922	0.931	0.916
prb6	0	0.938	0.939	0.936
prb6	−0.1	0.93	0.931	0.944
prb6	−0.2	0.934	0.933	0.933
prb6	0.1	0.933	0.925	0.936
prb6	0.2	0.944	0.921	0.943

表 4 – 8　　　　　正确识别出数据区段非泡沫特征的概率（$T = 300$）

判定策略	变动幅度	变动位置 1	变动位置 2	变动位置 3
prb1	0	0.983	0.989	0.980
prb1	− 0.1	0.981	0.986	0.987
prb1	− 0.2	0.981	0.983	0.979
prb1	0.1	0.987	0.978	0.983
prb1	0.2	0.978	0.977	0.983
prb2	0	0.979	0.984	0.979
prb2	− 0.1	0.978	0.982	0.985
prb2	− 0.2	0.977	0.983	0.979
prb2	0.1	0.985	0.976	0.98
prb2	0.2	0.976	0.977	0.981
prb3	0	0.98	0.982	0.977
prb3	− 0.1	0.975	0.971	0.964
prb3	− 0.2	0.959	0.928	0.911
prb3	0.1	0.977	0.975	0.961
prb3	0.2	0.958	0.936	0.910
prb4	0	0.987	0.981	0.98
prb4	− 0.1	0.975	0.981	0.984
prb4	− 0.2	0.97	0.98	0.971
prb4	0.1	0.981	0.983	0.981
prb4	0.2	0.967	0.979	0.97
prb5	0	0.953	0.938	0.939
prb5	− 0.1	0.924	0.936	0.930
prb5	− 0.2	0.888	0.937	0.898
prb5	0.1	0.931	0.944	0.929

判定策略	变动幅度	变动位置 1	变动位置 2	变动位置 3
prb5	0.2	0.887	0.929	0.894
prb6	0	0.934	0.949	0.936
prb6	-0.1	0.94	0.932	0.949
prb6	-0.2	0.942	0.926	0.941
prb6	0.1	0.946	0.948	0.948
prb6	0.2	0.94	0.926	0.943

虽然 BIC 准则下识别出生成形式的概率低于 AIC（见表 4-5 和表 4-6），但具体到是否具有爆炸特征的判别检验，表 4-7 和表 4-8 的模拟结果显示，BIC 方法下（prb3~prb4）的检验概率略高于其他设计思路，这也反映了傅里叶级数拟合检验式（4.21）在数据过程拟合中可以有效囊括无突变和有突变的数据形态，由此实现对非爆炸特征的有效判别。另外，从各个策略在不同结构变动位置和样本量下的综合分析结果来看，趋势或趋势变动单位根情境下，prb4 策略对于此时非泡沫特征的识别效率最高。

②数据过程为爆炸性泡沫走势下的判定分析。

前述模拟检验中的原始数据过程表现为时间趋势或时间趋势结构变动特征驱动的非泡沫路径走势。我们关注爆炸性泡沫走势式（4.30）在前述信息准则和傅里叶退势检验思路下的表现，具体的拟合式同样基于式（4.28）和式（4.29）进行形式确定。表 4-9 细化展示了样本量分别为 $T=100$ 和 $T=300$ 下，爆炸性数据过程及其蕴含的泡沫特征通过前述傅里叶级数拟合方法得以识别的概率。其中，ac3 和 bc3 分别表示在多次实验中，通过前述 AIC 准则和 BIC 准则确定选择直接的 AR 线性过程（符合爆炸过程生成形式）还是带傅里叶级数的数据过程（符合趋势结构变动特征的数据生成形式）进行真实过程拟合的概率。可以看到，此时相较于 AIC 准则，BIC 能以明显更高的概率识别出爆炸性过程的原始数据机制。例如，在 $T=$

100，$\rho = 1.03$、$\rho = 1.06$、$\rho = 1.1$ 的爆炸性走势设定下，BIC 准则确定出线性回归式作为其拟合式的概率分别为 0.509、0.955、0.990，AIC 准则下对应的概率只有 0.047、0.703 和 0.787。不过，随着样本容量 T 的增加，两个准则下的检验策略都在不断提升相应的检测概率，并逐渐向 1 靠拢。

表 4 - 9　　　　　结合傅里叶级数拟合设计对爆炸性过程的判别结果

样本量与爆炸系数设定		识别数据生成形式的概率		识别出爆炸性泡沫的概率			
		ac3	bc3	prb3	prb4	prb5	prb6
T = 100	$\rho = 1.03$	0.047	0.509	0.213	0.213	0.356	0.256
	$\rho = 1.06$	0.703	0.955	0.956	0.956	0.963	0.957
	$\rho = 1.1$	0.787	0.990	1.000	1.000	1.000	1.000
T = 300	$\rho = 1.03$	0.816	0.997	1.000	1.000	1.000	1.000
	$\rho = 1.06$	0.792	0.998	1.000	1.000	1.000	1.000
	$\rho = 1.1$	0.806	0.997	1.000	1.000	1.000	1.000

prb3 ~ prb6 列出了傅里叶拟合方法识别出模拟过程具有爆炸性特征的概率。同样，prb3 表示基于 AIC 准则在数据过程式（4.28）和式（4.29）中选择数据的生成形式，并由此进行退势检验，考察数据是否具有爆炸特征；prb4 表示利用 AIC 准则仅在傅里叶拟合式（4.29）中选择不同频率的拟合形式，由此进行 t_{fu} 检验判别；prb5 表示基于 BIC 准则在数据过程式（4.28）~ 式（4.29）中选择数据生成形式，并进行爆炸特征与否的检验判别；prb6 表示利用 BIC 准则仅在傅里叶拟合式（4.29）中选择数据形式，并由此结合 t_{fu} 进行检验判别。

通过表 4 - 9 中的展示结果可以看到，prb5 下的检测思路对爆炸特征的识别准确率最高，即 BIC 准则进行式（4.28）和式（4.29）下的筛选后进行退势检验的效果相对最优。以 $T = 100$ 下的模拟实验表现可以看到，随着爆炸系数由 $\rho = 1.03$ 不断增加到 $\rho = 1.06$ 和 $\rho = 1.1$，其识别出爆炸特征的概率由 0. 356 增加至 0. 963 和 1. 000。不过相对而言，其余判别泡沫概率的方法（见 prb3、prb4、prb6）效果也差别不大，如 AIC 准则下的 prb3 和 prb4 在 $T = 100$，$\rho = 1.6$ 的模拟设定下也能达到超过 0. 95 的识别概率。整体而言，随着爆炸性系数的加大，各方法识别出爆炸性的特征的概率快速上升。此外，随着样本量由 100 到 300 的增加，具体检测出爆炸特征的概率均在加大，逐步稳定在 1 附近。

现实分析中，待考察区段的数据真实走势是先验未知的，同时也是我们分析研究的目标。综合前述真实数据过程为趋势结构变动单位根以及爆炸性过程下的检验效果，在本节傅里叶退势 t 检验思路下，我们更建议基于 BIC 准则进行拟合检验式的选择和爆炸特征的识别。

4.3　扩展的 BSADF 泡沫检验流程

在可能含有确定性趋势突变的情境下，由于时间趋势变动特征和局部爆炸性特征的易混淆性，泡沫区段的判断和识别具有一定的复杂性，应谨慎看待上确界泡沫检验下的检验结果。4.1 节和 4.2 节的研究是对 BSADF 泡沫检验的进一步拓展和补充，思路一为结合时间趋势的结构退势检验进行泡沫特征和时间趋势单位根过程的区分，其思路可最终可以总结为图 4 - 6。

在上述思路下，对于 BSADF 检验所确定出的"泡沫"区段 $[t_a, t_b]$，我们利用前节提出的 T_{st} 检验进一步对区段 $[t_a, t_b]$ 进行再识别，有效甄别该区段的路径走势源于确定性趋势突变特征，还是真实的爆炸性泡沫特征所致。具体而言，首先在结构突变单位根原假设下基于式（4.8）或式（4.9）的残差平方和最小化思路寻找可能的结构变点，随后基于估测到的突变点 $\hat{\tau}$ 进行式（4.3）的回归检验并构建检验量 T_{st}。当 T_{st} 小于相应的临界值 $CV^*(\hat{\lambda})$ 时候，拒绝趋势突变单位根原假设，当 T_{st} 大于相应的临界值时，则支持爆炸过程的备择假设，即区段 $[t_a, t_b]$ 为真实的泡沫区段。现实应用研究中，在突变点估测过程中，如果估测的突变点较靠近两侧时（如 $\hat{\lambda} >$

0.9 或者 $\hat{\lambda} < 0.1$），我们通常在经验上认为考察序列没有发生结构突变，此时，相应 t 检验直接转换为不含趋势突变的退势 ADF 检验。

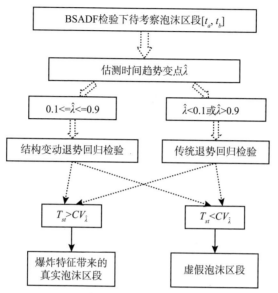

图 4 – 6　确定性趋势变动下 BSADF "泡沫" 区段的补充分析流程
（带趋势突变项的结构退势 t 检验方法）

上述结构退势检验之外，我们的思路二是基于带傅里叶级数项的回归式和传统时间趋势回归式分别进行数据拟合，随后结合 BIC 判定准则选择更适合待考察区段的拟合式，由此进行傅里叶退势后的 t 类型检验或传统时间退势 t 检验，以对区段的爆炸性走势特征进行进一步甄别，相应的检验流程可以概括为图 4 – 7。

前两节的仿真模拟实验已表明，无论是上述思路一还是思路二，我们的分析流程都能够较为有效地区分 BSADF 检验判断的 "泡沫区段" 是源于局部爆炸走势带来的真实泡沫还是由于趋势突变单位根走势带来的虚判，从而较好地在时间趋势变动框架下实现对 BSADF 检验的补充性修订和完善。另外，尽管我们在分析中所设定的原始假设为趋势突变单位根过程，相应检验

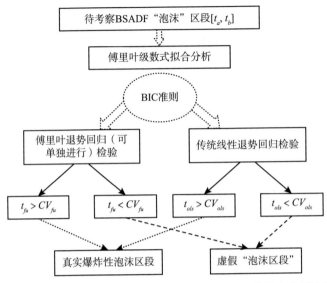

图 4 – 7　确定性趋势变动下 BSADF "泡沫" 区段的补充分析流程

（傅里叶级数拟合方法）

量的推导也是在此基础上推得的。但考虑到趋势突变平稳过程情形下的相应右侧临界值只可能比其左偏，因此，上述分析中最终拒绝原假设可以保证判定数据区段存在泡沫的有效性，接受原假设则意味着其可能是带时间趋势结构变动特征的平稳或者单位根过程。由于我们的关注重点为对泡沫特征的进一步甄别，前述检验设定和检验量构建具有合理性和完备性。

现实具体建模分析中，我们可以基于数据特征选择性地结合前述思路一或者思路二进行建模分析。如果数据走势的结构变动点相对比较直观，拐动特征相对比较突出，可以基于第一种方法进行分析考察；如果数据走势的结构变动幅度相对不是特别突出，结构变动周期的频率也相对较大，则建议结合后者进行分析考察。此外，我们也可以将上述两者方法结合起来进行运用，如果两个分析方法均支持（拒绝）爆炸性泡沫特征走势，我们倾向于认为考察区段为真实（虚假）的爆炸性泡沫区段；而如果两种方法表现出差异性，考虑到检验量取值落入备择假设在两种分析方法下均对应于右侧检验的小概率事件，相对于原假设区域，备择假设的发生从概率上来说具有比前者更为有效的证伪证据，此时，我们通常以拒绝原假设（即数据过程为真实泡沫）的判定结果为准。

4.4　小　　结

本章将可能的时间趋势变动场景引入现有资产泡沫检验的分析框架，在该框架下对已有 Sup – ADF 类型泡沫检验进行修订和理论扩展。尽管 Sup – ADF 类型检验在其理论设定下具有较高的检验功效，特别是 BSADF 检验，可以一致估计出具体的泡沫区段，但相应检验均未考虑到资产价格序列走势中可能存在的确定性趋势变化特征（如确定性时间趋势的突变或者平滑转移）。在后者情形下，SADF 类型检验容易产生检验偏误。以实际检验中常用到 BSADF 检验为例，其在资产价格序列存在时间趋势变动路径下的具体执行中容易出现检验误判，在相应模拟实验中所识别出来的“泡沫”区段很大概率对应于一个趋势（突变）单位根过程，而非真正产生泡沫现象的爆炸性区段过程。以此为出发点，我们进行了进一步的理论探讨和检验设计，对 BSADF 检验量进行补充性修订和完善，以有效明确 BSADF 检验识别出的泡沫区段是否真正源于序列走势中的局部爆炸性机制。结构退势 t 类型检验和带傅里叶级数拟合的检验思路被提出，理论及仿真实验均表明相应检验量在区分爆炸性特征和时间趋势变动特征方面具有较优的识别功效。

在现实应用中，真实泡沫性走势和确定性时间趋势的变动具有明显不同的政策含义，前者对应于市场投机和非理性情绪的过度蔓延，具有明显的风险特征；后者往往对应于市场中长期稳定性趋势的结构变化，具有内外部因素的有效支撑。上述两者的甄别对于明确现实资产市场中的真实泡沫风险和时间趋势路径变动特征具有重要意义，本章研究为相应问题的实证探讨奠定了科学理论依据和技术支撑，对于现实市场风险的监测、监管以及路径特征分析具有重要启示和指导意义。

第5章　修订 BSADF 检验下我国股市泡沫风险的再探讨[*]

资产市场泡沫是现实金融危机的重要诱因，关于资产泡沫的统计检验和计量探讨在现实宏观市场监管中一直具有重要应用价值。近年来，随着我国经济社会的发展和市场化改革，包括股市、债市、房地产市场在内的资产市场规模不断扩大。2020 年以来，我国 A 股市值规模近 80 万亿元，债券市场规模同样达到 114 万亿元，成为位居美国之后的世界第二大股票和债券市场[①]。作为现代经济的重要组成部分，不断发展的资产市场对于提升社会资金配置效率和金融市场活力具有重要意义，但无论是从制度安排，还是运行效率上，当前我国资产市场和成熟国家相比还具有较大差距，相应市场的非理性交易情绪和过度风险波动特征较为突出，市场收益率的稳健性趋势不足。结合前述关于 SADF 类型泡沫检验的统计理论问题探讨，本章及后续章节结合 SADF 类型检验及其应用建模对现实资产市场的泡沫风险和趋势特征进行研究，为防范资产市场风险、维护宏观金融市场安全和健康发展提供数量依据。

5.1　背景和研究动机

作为现代经济的重要组成部分，股票市场的持续健康发展对于提升社会

---

　　[*] 本章主要内容已发表于《时间趋势变动下资产泡沫检验的设定拓展：修订的 BSADF 检验及其应用》，载《湖北经济学院学报》2021 年第 5 期。
　　[①] 资料来源：Wind 资讯。

资金配置效率和金融市场活力具有重要意义。伴随着经济市场化改革和资本市场的发展，我国股市规模不断扩大。相对于西方发达国家市场，我国股市的制度安排和运行效率都有待进一步地提升和完善。特别地，中国股市的价格风险暴露一直较为突出（Piotroski and Wong，2011），自运行之日起，股价的过度波动和"暴涨暴跌"特征便频繁出现于我国股市中。针对中国股市的现实数据序列特征，有几个问题值得进行深入思考：如何刻画我国股市的运行路径和趋势特征？如何描述我国股市运行中的泡沫风险和数量特征？同时，股市从 2019 年年初开始启动了新一轮的上涨势头和市场乐观预期，这一背景下股市的泡沫发生倾向和短期走势如何表现？对上述问题的回答可以有效明确股市的运行路径和风险表现，为进一步洞察我国股票市场的内在特点和特征、促进股市风险监管和制度完善具有重要意义。

作为中国资产市场风险分析的一部分，本部分主要关注我国股票市场的泡沫风险及趋势特征研究。作为经济学家、政府监管者的关注热点（Pindyck，1984；Kindleberger，1990；江涛，2010；刘井建等，2015），过度膨胀的股市泡沫不仅降低了金融市场的资源配置效率，随后跟进的泡沫破灭更是对市场秩序造成极大破坏，对实体经济产生严重不利影响。从市场表现来看，股市泡沫的一个最主要特征是：股市走势对市场基本价值出现了持续和过度偏离。在这个逻辑基础上，现有文献研究主要从三个角度对于股市泡沫及其风险状况进行识别和考察。角度一主要从股市基本面的度量入手，对股市泡沫进行直接测度和考察（陈占锋，2002；刘炽松，2005；黄秀海，2008）。该部分文献的核心在于股市基本面价值的有效估测，随后结合实际值和基本面价值的偏差对股市泡沫进行考察。股市泡沫风险研究的第二个角度则是在机制转换模型设定下，关注对泡沫演变过程的考察。如结合马尔科夫区制转移模型，对股市泡沫在不同状态间的转换和演变进行刻画（Driffill and Sola，1998；张兵，2005）。另外，考虑到各区制间转换概率与泡沫特征的关联性，近期相应文献结合泡沫破灭概率和泡沫规模的函数链接关系，进行了进一步的模型延展（Norden and Schaller，1999；陈国进、颜诚，2005）。

股市泡沫研究的第三个角度来自以本书关注的 SADF 检验为代表的时间

序列的建模检验分析。相较于前述文献研究，该部分研究无须进行股市基本价值的测度，而是结合相应统计检验对股市序列同基本路径的过度偏离特征（即泡沫发生情况）进行检测；同时，该研究思路还可以基于时间轴上的相应检验值走势设计统计指数，更利于对股市泡沫演变过程和特征的深入考察。该部分研究脉络下的早期研究主要基于多时间序列建模对股市泡沫进行分析，如 SLP 提出的方差界检验（Shiller，1981；LeRoy and Porter，1981）、韦斯特（1987）提出的两部法、迪巴和格罗斯曼（1988）的单位根—协整检验。限于具体检验设定的原因，对上述检验的拒绝（接受）在统计意义上并不能有效保证股市泡沫的存在与否。此外，早期检验方法不能有效检测出具有非线性特征的市场泡沫，如艾文斯（1991）提出的周期性泡沫。尽管随后学者结合非线性转换模型对市场泡沫进行了一定的建模考察，如门限自回归模型（Kelleher and Kim，2001；孟庆斌，2008），非对称协整检验下的 MTAR 模型（崔畅、刘金全，2006）。但由于非线性转换机制的识别和泡沫检验并不具有完全等价性，这一研究思路在股市泡沫分析中未得到广泛应用。

结合滚动检验，近期文献在时间序列建模基础上提出了更具普适性的泡沫检验方法。例如，上确界类型 ADF 检验（2011）、Chow 类型 DF 检验（2012）、修正的 Busetti – Taylor 检验（2012）。该类泡沫检验采用的均是单时间序列分析方法，其对应的理论逻辑和建模基础为：股市泡沫的出现会导致股价走势对市场基本面路径产生迅速偏离并持续放大，泡沫的这一演变特征可以由时间序列中的爆炸过程很好地进行刻画。结合股价走势的局部爆炸特征考察，可以对股市泡沫进行识别。由于采用的是滚动分析思路，股市序列可能存在的局部爆炸特征得到了充分识别，前述非线性泡沫的检测也得到了有效解决。

本书所关注的倒向上确界 ADF（BSADF）检验方法在实际泡沫检测中有较高的检验势，同时可以一致估计出泡沫的产生及破灭时点，在现实研究中有着广泛应用。不过，如前面章节所提，BSADF 泡沫检验在应用中仍然存在待完善的地方。从理论框架上来看，其所隐含的检验假定为：考察序列不存在时间趋势及时间趋势结构变动。这一设定与我国现实股市序列的数据特征不尽匹配。一方面，由于货币的时间价值增值和宏观环境因素的影响，各类资产市场上的价格成分中均有一部分驱动力来自时间因素（Taylor，2008；Craven and Islam，2016），特别是对于我国这类不成熟股票市场上，随机游走假定下的市场有效性程度较低（洪永淼、陈灯塔，2003；戴晓凤、杨军和张清海，2005），股市价格表现出的时间趋势相较于随机趋势可能更为明显。另一方面，随着自身发展演进和外部因素冲击，股市等资产价格序列亦会在时间轴上表现出非线性的结构变动特征（孟庆斌，2008；汪卢俊，2018）。从现实数据来看，考虑到股市泡沫的不可持续性，股市在经历过泡沫阶段急剧的爆炸式上升后，很快会迎来塌陷。在有限样本下，这一数据特征和资产序列的大幅度负向时间趋势变动有很大相似性。我国股市近年来的走势出现过数次陡峭性的增加、下滑，该特征背后可能是由于某一区段上股市的投机性泡沫累积所致，也可能是序列的时间趋势结构变动所致。这类经验事实下，BSADF 泡沫检验很有可能带来时间趋势变动特征和泡沫特征的混淆。

有鉴于此，本部分研究将时间趋势（变动）情形引入股市泡沫检验的分析框架，结合前面章节对 BSADF 检验的理论探讨和修订，对我国股市的泡沫风险和趋势特征进行细化考察。本部分应用研究的现实意义和学术价值体现在如下方面：（1）将前文扩展的 BSADF 检验引入我国股市泡沫风险和趋势特征的问题研究中，完善现实股市泡沫分析的建模框架。（2）结合相应检验设计对我国股市的泡沫风险、生成路径进行刻画和深入探讨，有效明确股市价格的运行路径和趋势特征。（3）结合对已发生泡沫特征的刻画和滚动区间下的信息预测，对近期我国股市泡沫倾向和市场下跌风险进行考察。

本章剩余部分安排如下：5.2 节介绍修订 BSADF 检验应用于股市泡沫分析的思路；5.3 节结合前章结构退势 t 检验之上的扩展 BSADF 检验流程进行股市泡沫的实证应用研究，包括具体泡沫区段的有效甄别以及泡沫生成机制的细化考察；5.4 节对股市的上涨及下跌风险进行探讨。

5.2　股市泡沫识别问题中 BSADF 检验的修订思路

经典的市场有效性理论指出，股价在其基本路径下的走势具有随机游走特征。在本书研究框架下，泡沫的出现意味着资产价格对这一基本路径表现出局部爆炸性的偏离。由此，PWY（2011）将资产价格 p_t 的现实走势设定为式（5.1）：

$$\ln p_t = dT^{-\eta} + \rho_t \ln p_{t-1} + u_t, \ t = 1, \ \cdots, \ T \tag{5.1}$$

式（5.1）中的 $dT^{-\eta}(\eta > 1/2)$ 代表弱截距项，现实研究中通常设定为 $1/T$（即 $d = \eta = 1$），u_t 表示平稳新息项，$\rho_t = 1$ 和 $\rho_t > 1$ 分别对应了序列的随机游走特征和爆炸性泡沫特征。以式（5.1）为基础，传统 BSADF 检验方法通过由后向前的滚动策略对资产价格的局部泡沫特征（$\rho_t > 1$）进行检验识别。现实应用分析中，本书一直所强调，内外在相关因素冲击带来的时间性趋势及其变动成分是资产价格走势的重要体现。我们对设定式（5.1）进行扩展，由此形成时间趋势变动下股市价格泡沫检验的原假设设定式（5.2）和备择假设设定式（5.3）。

为简化起见，后续用 y_t 对对数化股价 $\ln p_t$ 进行表示。式（5.2）~ 式（5.3）中的 $[\ \cdot\ ]^*$ 代表取整符号，λ_1，λ_2，$\cdots$，λ_k 为股市序列路径中可能存在的时间趋势变动结点。资产价格走势在如式（5.2）所表示的原假设下路径下不存在泡沫，但可能存在时间趋势的结构性变动特征，δ_1，δ_2，$\cdots$，δ_k 反映各个变动区段上的时间趋势性成分。特别地，当 $\delta_1 = \delta_2 = \cdots = \delta_k = 0$ 时，式（5.2）退化为原始 BSADF 检验下的弱截距项单位根走势设定。

$$\begin{cases} y_t = y_{t-1} + 1/T + u_t, \ t \leqslant [T\lambda_1]^* \\ y_t = y_{t-1} + 1/T + \delta_1 + u_t, \ [T\lambda_1]^* < t \leqslant [T\lambda_2]^* \\ \cdots \\ y_t = y_{t-1} + 1/T + \delta_k + u_t, \ t > [T\lambda_k]^* \end{cases} \tag{5.2}$$

　　时间趋势变动场景下，股市价格序列存在泡沫的备择假设过程见式（5.3）。此时，股价序列路径中除了存在时间趋势性的结构变动外，还对应有局部泡沫的发生。以 λ_{j-1} 和 λ_j 两次路径走势变动结点为例，序列路径对应的不再是时间性趋势的变动，而是泡沫的产生（$\rho > 1$）与塌陷（$\phi > 0$）。

$$\begin{cases} y_t = y_{t-1} + 1/T + u_t, \ t \leq [T\lambda_1]^* \\ \dots \\ y_t = \rho y_{t-1} + u_t, \ \rho > 1, \ [T\lambda_{j-1}]^* < t \leq [T\lambda_j]^* \\ y_t = -\phi + y_{t-1} + 1/T + u_t, \ \phi > 0, \ [T\lambda_j]^* < t \leq [T\lambda_{j+1}]^* \\ \dots \\ y_t = y_{t-1} + 1/T + \delta_k + u_t, \ t > [T\lambda_k]^* \end{cases} \tag{5.3}$$

　　如第 3 章所提，BSADF 泡沫检验采用的是由后向前的上确界滚动策略，其步骤简要概括为：对于待考察序列 $[y_1, y_t]$，首先基于子区间 $[y_{t-[tr_0]^*}, y_t]$ 进行初始窗宽为 r_0 的右侧 ADF 检验，相应检验建立在水平 ADF 回归 $y_j \sim \alpha_j + \hat{\delta}_j y_{j-1} + u_t$ 之上。随后，固定 y_t 并将子区间 $[y_{t-[tr_0]^*}, y_t]$ 向前滚动至 $[y_1, y_t]$ 进行递归检验。最后，对这一系列 ADF 检验值 $\hat{\delta}_j / se(\hat{\delta}_j)$ 求上确界，便构成了区段 $[y_1, y_t]$ 上（或看成时点 t 上）的 BSADF 检验值。

$$BSADF_t(r_0) \Rightarrow \sup_{\substack{0 \leq r_1 \leq 1-r_0 \\ r_w = 1-r_1}} \left\{ \frac{\frac{1}{2} r_w [W(1)^2 - W(r_1)^2 - r_w] - \int_{r_1}^1 W(r) dr [W(1) - W(r_1)]}{r_w^{1/2} \{ r_w \int_{r_1}^1 W(r)^2 dr - (\int_{r_1}^1 W(r) dr)^2 \}^{1/2}} \right\}$$

$$\tag{5.4}$$

　　BSADF 检验量的渐近分布式在式（5.4）给出，$W(\cdot)$ 为标准的布朗运动，相应的渐近临界值可以具体查看 3.4 节。当待考察序列 $[y_1, y_t]$ 含有局部泡沫时，BSADF 检验值相较于式（5.4）下的分布曲线表现出明显右偏倾向，从而基于右侧检验可以有效识别序列的泡沫发生情况。同时，结合 BSADF 值对分布式临界点的越出点和回落点，可以进行泡沫区段确定。记泡沫的起始点和结束点分别为 $\hat{r}_{e_1}$ 和 $\hat{r}_{f_1}$，有：

$$\hat{r}_{e_1} = \inf_{r_2 \in (r_0, 1)} \{ BSADF_{r_2}(r_0) > cv_{r_2}^{\beta_T} \},$$

$$\hat{r}_{f_1} = \inf_{r_2 \in (\hat{r}_e + \log(T)/T, 1)} \{ BSADF_{r_2}(r_0) < cv_{r_2}^{\beta_T} \} \tag{5.5}$$

其中，$BSADF_{r_2}$ 为时点 $[Tr_2]^*$ 上的 BSADF 值，$cv_{r_2}^{\beta_T}$ 为其在 $\beta_T\%$ 分位点下的右侧临界值。$\log(T)/T$ 为理论上设定的泡沫最短持续长度。多泡沫情形下，BSADF 策略可以通过抹除前期泡沫区间或者滚动性分析，对后续泡沫成分进行类似思路估测。

需要强调的是，在本部分时间趋势变动情境下的股市泡沫模型设定中，式（5.3）备择假设下的泡沫区段 $[[T\lambda_{j-1}]^*, [T\lambda_j]^*]$ 同原始 BSADF 检验下的泡沫设定并无差异［对应于式（5.1）中部分区段存在 $\rho_t > 1$］，该类区段仍可以通过原始 BSADF 策略得以有效识别。但是对于式（5.2）以及式（5.3）爆炸区段外的时间趋势变动区段，BSADF 检验很有可能将其部分路径走势混淆为泡沫区段。以式（5.2）对应的趋势变动单位根走势为例，由于原始 BSADF 策略中的滚动 ADF 回归未能有效捕捉其路径中的时间性趋势变动成分，而后者又会带来时序过程非平稳度的加剧，这在很大程度会导致相应 ADF 系数值的加大。此时，滚动区间上的 ADF 分布曲线必定更为右偏，相应的右侧真实临界点比分布式（5.4）下的临界值明显更大。这意味着，原始 BSADF 策略对式（5.2）很容易得出含有泡沫的错误结论。

第 3 章已结合具体的模拟仿真对时间趋势变动下 BSADF 策略的检验偏误进行了探讨，这里不再赘述（具体见 3.5 节）。鉴于此，我们需要对 BSADF 检验出的泡沫区段进行再检验探讨，保证泡沫检验结果的有效性和严谨性。前章提出的结构退势的 T_{st2} 检验可以有效进行时间趋势（变动）单位根走势和爆炸性走势的甄别。在如下实证分析中，我们结合 T_{st2} 检验对 BSADF 策略进行补充性修订，明确股市走势中估测的"BSADF 泡沫区段"的背后驱动力是否确实来自真实的泡沫成分。

5.3　修订 BSADF 检验在我国股票市场中的应用

本小节在扩展的时间趋势变动框架下对我国股市路径中的泡沫成分表现进行细化识别和应用探讨。沪深 300 指数由沪深两市的 300 个主流样本股编制而成，具有良好的市场代表性，我们基于该指数进行研究。

5.3.1　修订 BSADF 检验下的泡沫区段识别

图 5 - 1 展示了 2005 年 4 月 8 日 ~ 2021 年 3 月 1 日间的沪深 300 指数走势；图 5 - 2 为对数化沪深 300 指数的滚动 BSADF 检验结果[①]，纵坐标轴对应 BSADF 检验值。检验中的初始窗宽为 $r_0 = 0.2$，虚线为 5% 显著水平下的渐近临界线（取值 0.52）。设定泡沫区间的最短跨度为 9 个交易日，根据检验结果共检测到 12 个 BSADF 泡沫区段[②]。分别是区段 1：[2006/1/18，2006/2/15]，区段 2：[2006/4/14，2006/6/13]，区段 3：[2006/6/16，2006/7/12]，区段 4：[2006/11/15，2007/12/12]，区段 5：[2007/12/24，2008/1/16]，区段 6：[2008/9/1，2008/9/24]，区段 7：[2008/10/6，2008/11/13]；区段 8：[2014/11/24，2015/2/5]，区段 9：[2015/2/10，2015/6/26]，区段 10：[2017/11/6，2017/11/24]，区段 11：[2018/1/12，2018/1/28]，区段 12：[2020/6/29，2020/7/9]。

为避免股市路径中时间趋势（变动）成分与泡沫成分的混淆。结合前节思路，我们对上述 12 个 "BSADF 区段" 的生成机制进行进一步考察。表 5 - 1 给出了各区段上结构退势检验量 T_{st2} 的检验结果。对于 BSADF 区段 1，检验显示 T_{st2} 取值为 - 1.44（区段趋势变动点估测值为 $\hat{\lambda} = 0.5$），高于 5%

---

① 为避免前后期泡沫识别的影响以及检验程序的便捷性，这里采用固定长度为 600 的滚动 BSADF 检验进行泡沫检测。

② 部分区段如 2018 年 7 月上旬、2021 年 2 月下旬检测到的泡沫区段持续性过短，未予以考虑。

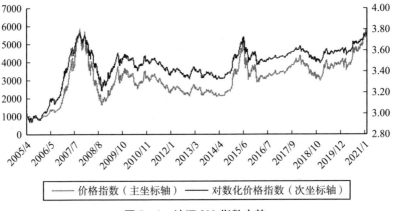

 价格指数（主坐标轴） 对数化价格指数（次坐标轴）

图 5 - 1 沪深 300 指数走势

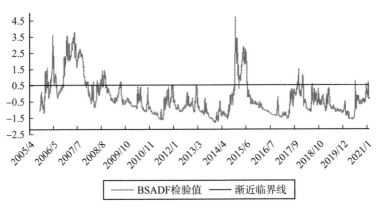

BSADF检验值 渐近临界线

图 5 - 2 基于沪深 300 指数的滚动 BSADF 检验结果

显著水平临界值。该区段上的股指走势在结构退势后仍具有明显爆炸特征，是典型的泡沫区段。对于 BSADF 区段 2，变动点 $\bar{\lambda}$ 的估测值为 0.87，结构退势检验量 T_{st2} 取值为 -2.07，不具有显著性，区段 2 对应时间趋势变动成分驱动的"虚假泡沫"区间。类似分析下，表 5 - 1 结果显示 BSADF 区段 3、区段 4、区段 6、区段 7、区段 8 均为时间趋势变动区段，BSADF 区段 10 为时间趋势性区段。其中，图 5 - 2 显示区段 7 为时间趋势负向调整的区段[1]，

---

[1] 负向的趋势变动成分在部分情形下也会被误判为爆炸性泡沫过程，区段 7 即是一个体现。

其余区段表现为正向时间趋势成分（调整）驱动的区段。剩余区段包括
BSADF 区段 5、区段 9、区段 11、区段 12 均为由爆炸性成分驱动的真实泡
沫区段。

表 5-1　　　　　　　　　　BSADF 泡沫区段的进一步分析

待检测 BSADF 区段	$\hat{\lambda}$	T_{s2}	临界值 1	临界值 2	结论
区段 1　[2006/1/18, 2006/2/15]	0.5	-1.44**	-1.62	-1.92	泡沫区段
区段 2　[2006/4/14, 2006/6/13]	0.87	-2.07	-1.06	-1.38	时间趋势变动区段（正向）
区段 3　[2006/6/16, 2006/7/12]	0.63	-2.86	-1.56	-1.88	时间趋势变动区段（正向）
区段 4　[2006/11/15, 2007/12/12]	0.84	-3.14	-1.26	-1.57	时间趋势变动区段（正向）
区段 5　[2007/12/24, 2008/1/16]	----	0.54**	-0.93	-1.25	泡沫区段
区段 6　[2008/9/1, 2008/9/24]	0.76	-2.98	-1.26	-1.57	时间趋势变动区段（正向）
区段 7　[2008/10/6, 2008/11/13]	0.76	-4.28	-1.26	-1.57	时间趋势变动区段（负向）
区段 8　[2014/11/24, 2015/2/5]	0.21	-2.10	-1.25	-1.56	时间趋势变动区段（正向）
区段 9　[2015/2/10, 2015/6/26]	----	0.66**	-0.93	-1.25	泡沫区段
区段 10　[2017/11/6, 2017/11/24]	----	-1.84	-0.93	-1.25	时间趋势区段（正向）
区段 11　[2018/1/12, 2018/1/28]	----	-0.26**	-0.93	-1.25	泡沫区段
区段 12　[2020/6/29, 2020/7/9]	0.67	-0.04**	-1.43	-1.74	泡沫区段

注：--- 表示 $\hat{\lambda}$ 大于 0.9 或小于 0.1，此时倾向于认为考察区段在原假设下不存在时间趋势变
动，临界值为 1、2 分别代表 5% 和 10% 水平下的临界值，** 表示 5% 显著性水平。

5.3.2　股市泡沫和时间趋势变动成分的市场解读及探讨

上述分析表明，BSADF 区段 2、区段 3、区段 4、区段 6、区段 8、区段
10 均为由正向时间趋势成分所驱动的虚假泡沫区段。从现实解读来看，该
类区段上的股市上涨主要体现了市场基本面的正向结构性调整。如 2005 ~
2006 年底的股权分置改革极大促进了我国股市的制度完善，2005 年人民币
汇改后的升值预期推动了境外货币资本的流入。上述因素为 2006 年 BSADF

区段 2、区段 3、区段 4 下股市基本路径的上调提供了外部支撑。又如，2008 年下旬开始，国家宏观层面出台了四万亿元刺激政策应对当年国际金融危机的冲击。这一大幅度刺激政策推动了经济基本面和市场信心的快速复苏，BSADF 区段 6 下股市的正向时间趋势调整和这一大背景是相吻合的。同样，2014 年底央行的一系列微刺激政策、2017 年党的十九大的胜利召开和经济部署，为 BSADF 区段 8 和区段 10 所在的局部正向调整奠定了市场基础。相应地，BSADF 区段 1、区段 5、区段 9、区段 11、区段 12 对应于我国股市路径中的真实性泡沫成分，该类区间上的爆炸性走势特征反映了市场投机成分的加大。其所对应的股市上涨主要源于非理性预期的过度强化和参与资金的从众式加码，从而具有突出的风险隐患。以 BSADF 区段 5 和区段 9 为例，相应爆炸性泡沫的结束点对应于 2008 年和 2015 年发生的两次历史性股市下跌。随着相应泡沫成分的塌陷，后续股市的市场活力和运行效率受到了长时间削弱。

表 5 - 2 进一步给出了正向时间趋势变动成分和泡沫成分前后 30 个交易日对数化股指的市场表现。如前分析，时间趋势变动成分主要对应市场基本路径的调整，可以解读为相关驱动因素和市场预期交织带来的良性上涨，相应时间趋势的正向冲击对后续市场的活力具有提振作用。从表 5 - 2 可以看到，各正向趋势变动区段后 30 日的对数化股指收益率基本保持正值，并且大部分区间的股指收益表现强于时间趋势变动区段之前。此外，股指波动率在时间趋势成分冲击后并未出现大幅波动，并且在不少区段后开始了下降。而泡沫成分主要反映了市场对基本路径的爆炸性偏离，相应特征的长期持续不具备持久性，并且使得后续市场的风险承压不断加大。特别是持续期相对较长的泡沫区段（如泡沫区段 5、泡沫区段 9、泡沫区段 11），各泡沫区段后 30 天的股指收益率相对于前 30 日出现明显下滑，甚至直接进入暴跌阶段。以 2005 年和 2015 年的泡沫区段 5 和泡沫区段 9 为例，泡沫成分结束后的日均收益率分别快速跌至 -0.22%、-0.11%，股指收益的波动率更是显著加大，市场不确定性和恐慌情绪的加强极大削弱了后续市场的活力。当然，泡沫持续时间如果很短的话造成的影响并不大，可能会在一定程度上激发市场的活力，推动股市的趋势上行。

表 5－2　　　　时间趋势变动成分和泡沫成分前后股指走势

分析区间		长度	起始点	结束点	日均收益率（%）	波动率（%）
正向时间趋势（变动）成分及其前后区间	区段 2 前	30	3.018	3.039	0.07	0.41
	区段 2	38	3.049	3.113	0.17	0.86
	区段 2 后	30	3.109	3.138	0.10	0.66
	区段 3 前	30	3.069	3.109	0.14	0.97
	区段 3	19	3.120	3.152	0.18	0.44
	区段 3 后	30	3.129	3.109	－ 0.07	0.61
	区段 4 前	30	3.137	3.174	0.13	0.51
	区段 4	263	3.186	3.706	0.20	0.99
	区段 4 后	30	3.689	3.706	0.06	1.07
	区段 6 前	30	3.464	3.379	－ 0.29	1.16
	区段 6	17	3.363	3.330	－ 0.21	1.56
	区段 6 后	30	3.347	3.256	－ 0.31	1.40
	区段 7 前	30	3.389	3.351	－ 0.13	1.52
	区段 7	29	3.328	3.273	－ 0.20	1.42
	区段 7 后	30	3.289	3.272	－ 0.06	1.29
	区段 8 前	30	3.390	3.412	0.08	0.42
	区段 8	52	3.423	3.527	0.20	1.00
	区段 8 后	30	3.520	3.597	0.26	0.52
	区段 10 前	30	3.583	3.601	0.06	0.17
	区段 10	15	3.604	3.613	0.06	0.48
	区段 10 后	30	3.607	3.619	0.04	0.36

分析区间		长度	起始点	结束点	日均收益率（%）	波动率（%）
泡沫成分及其前后区间	区段1前	30	2.934	2.984	0.17	0.36
	区段1	14	2.993	3.018	0.19	0.37
	区段1后	30	3.009	3.027	0.06	0.36
	区段5前	30	3.697	3.708	0.04	0.93
	区段5	16	3.717	3.741	0.16	0.56
	区段5后	30	3.730	3.665	-0.22	1.42
	区段9前	30	3.537	3.525	-0.04	0.97
	区段9	91	3.532	3.637	0.12	0.94
	区段9后	30	3.622	3.592	-0.11	1.64
	区段11前	30	3.603	3.624	0.07	0.35
	区段11	12	3.626	3.634	0.07	0.37
	区段11后	30	3.629	3.610	-0.07	0.61
	区段12前	30	3.594	3.617	0.08	0.40
	区段12	9	3.614	3.685	0.89	0.64
	区段12后	30	3.677	3.670	-0.02	0.76

另外，由表5-1注意到，本部分检测到的正向时间趋势变动区段在时间轴上穿插于真实泡沫区段之间，这意味着股市泡沫成分的形成和时间变动成分具有某种动态关联性。从行为金融学视角来看，股市泡沫通常伴随着市场情绪的过度乐观化和非理性化，而市场情绪的升温在初期是一个渐变的过程。表5-2的分析结果进一步为这一观点提供了支撑，如真实泡沫区段5、泡沫区段9、泡沫区段11之前，股市均已表现出正向时间趋势成分的持续和加强（见 BSADF 区段4、区段8、区段10），这一正向时间趋势冲击带动了市场基本面的调整，并逐步调动、强化了投资者的乐观情绪，但股市的持

续热化很容易带来羊群效应的增强和乐观情绪的盲目蔓延，并最终带来市场对基本面的膨胀式偏离和泡沫风险。这一分析结论的启示意义在于：从生成路径上来看，股市泡沫可以解读为正向时间成分在非理性因素强化下形成的"过度投机"状态。如何推动正向时间性趋势成分的持续以维持市场活力，但同时又避免其基础之上非理性情绪的过度蔓延，是促进股票市场健康发展和完善的关键。

5.4　进一步探讨：近期股票市场风险

结合前述泡沫风险区段的有效识别和趋势成分描述基础，我们基于 AR－GARCH(p, q) 时间序列模型［式（5.6）］进行建模分析，其中 GARCH 方程下的滞后项 p、q 均基于最小化 BIC 准则确定，最大滞后长度设置为 21，由此对近期股市的市场走势特征和风险进行展示和探讨。这里关注的近期市场对应于泡沫区段 12 之后到研究样本结束期的时间段，即从 2020 年 7 月 10 日～2021 年 3 月 1 日这一时段进行的分析探讨。

$$(\ln p_t - \mu) = \rho(\ln p_{t-1} - \mu) + u_t$$

$$\sigma_t^2 = a + \sum_{j=1}^{p} r_j u_{t-j}^2 + \sum_{j=1}^{q} \lambda_j \sigma_{t-k}^2 + \upsilon_t \tag{5.6}$$

首先检测考察区段是否有明显的异方差波动 ARCH 效应，对对数化的股价进行自回归建模后，就残差项部分进行 ARCH 检验，R 软件分析后得到相应的检验量 Chi－squared＝144.81，对应的 p 值远小于 0，即 ARCH 效应很明显。如此，我们基于式（5.6）下的 AR－GARCH（1，1）过程进行股指走势拟合，具体估计结果见表 5－3 和表 5－4。

表 5－4 结果显示，AR－GARCH 模型较好地对近期股市走势进行了拟合，拟合后的残差检验结果表明 ARCH 效应得到了有效削弱，同时拟合优度指标均显示出不错的得分表现。从具体的参数估计值来看，无论是否采用稳健标准差进行估计，建模过程中的 ARCH 项系数 r 或 GARCH 项系数 λ 具

表 5 – 3 AR – GARCH 模型的参数估计结果

参数	参数估计	标准差	t 值	p 值
μ	3.678	0.007	527.271	0.000
ρ	0.995	0.015	65.646	0.000
ω	0.000	0.000	0.640	0.522
α	0.042	0.025	1.697	0.090
β	0.918	0.021	42.865	0.000

注: *、**、*** 分别表示在 10%、5%、1% 水平下具有统计显著性。

表 5 – 4 模型检验量

模型整体拟合检验		ARCH – LM 残差检验		
指标	取值	不同滞后设定	检验量值	p 值
对数化似然比	583.8665	ARCH lag [3]	0.07137	0.7894
Akaike 信息准则	– 7.4692	ARCH lag [5]	0.32102	0.9346
Bayes 信息准则	– 7.3711	ARCH lag [7]	4.68645	0.2582
Shibata 准则	– 7.4712			
Hannan – Quinn 准则	– 7.4294			

有正显著性,且差别不大,股市区间的群集波动特征明显。从 AR 过程对于股市走势的刻画来看,自回归系数 ρ 和 1 很靠拢,股指序列的走势具有高度相关性和持续性。同时,式 (5.6) 中的中心项 μ 表现出明显的正显著性,而 $\mu(1-\rho)$ 可以看成是对数化股指走势中的确定性趋势成分(后记为 c),正时间趋势特征在考察区间内也较凸显。上述建模结果暗含着,以沪深 300 为代表的我国股市走势在近期倾向于表现出趋势单位根的走势,考察时段内股市运行中存在较明确的正向时间态势和随机趋势态势。

针对考察区段内股指走势的上述数量特征,我们进一步对股市在短期可能存在的泡沫倾向和急速拉升风险进行探讨。我们的分析思路主要建立在对滚动窗口下 ADF 回归值 $\hat{\rho}$ 和相关统计指标的走势考察之上。图 5 – 3 中 t_0 时刻的相应指标值基于固定窗宽 $[t_0-100, t_0]$ 下的信息估测而得，t_0 的起始时刻设置为 2020 年 12 月 8 日。反映时间趋势成分的截距项估测值 $c=\mu(1-\rho)$ 不断在下降，股市上涨的确定性趋势动力在逐步减弱。另外可以看到，滚动区间下的 ADF 回归系数 $\hat{\rho}$ 在经历了一段时间内的波动后，取值逐步稳定于 1 附近，近期股市在时间趋势以外的非平稳性特征得以上升，但局部爆炸倾向并不凸显。

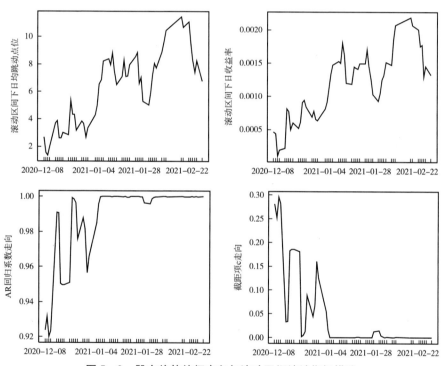

图 5 – 3　股市趋势特征走向与滚动区间统计指标描述

从图 5 – 3 对股市的相关统计指标描述来看，区间的平均跳动点和平均收益均存在较大波动，两者的波动幅度分别集中于 [2, 10] 和 [−0.000, 0.002]。对比表 5 – 2，样本期区间收益和点位的波动水平均处于历史非泡沫时段下的波动范围内，未达到泡沫阶段水平，同时这两个指标在考察区段末期均处于下降趋势。这些都进一步表明样本期股市出现泡沫倾向的低概率性。

另外，在短期内股市局部泡沫性走势倾向较低的情况下，当前主要由正向时间成分和随机游走成分驱动的股市路径态势是否能维持下去？股市短期是否会有大幅的下跌可能？这同样是股市风险考察需要关注的问题。对此，我们在表 5−3 所对应的 AR−GARCH 建模基础上结合风险价值（Value at Risk，VaR）方法进行简要说明，短期下跌风险分析的起始点 t_0 同样设为 2020 年 12 月 8 日。这里采取 VaR 模型进行下跌分析考察的逻辑在于：股市的大幅下跌风险来自对内外部负面因素过度担忧带来的下跌预期的持续产生和加剧，如果基于 AR−GARCH 模型下的价格信息不能有效捕捉到未来的股价变动，未来股价在一段时间内密集地在预测值的某个风险点之下，我们倾向于认为情绪面带来的市场下跌预期在快速形成，市场面临较大的下挫风险。

基于上述思路，我们对短期股市的下跌风险进行简要探讨，VaR 建模中的风险点设置为：$Var = \sigma_t q_\alpha + \text{Fit\_value}_t$。$\sigma_t$ 为对数收益率 $\ln p_t$ 在 t 时刻基于 AR−GARCH 模型的预测残差，q_α 为正态分布在左侧 α 显著水平下的分位点，Fit_value_t 为 t 时刻基于 AR−GARCH 模型的股指拟合值。取 $\alpha = 0.1$，此时的 VaR 曲线简记为 10% 分位点 VaR 线，该曲线以下的点对应于向前一步信息预测值在 90% 置信度以外的时点。

图 5−4 中的黑色实线对应于本部分研究的 10% 分位点 VaR 曲线。圆点代表低于 VaR 线的股指发生时点，叉点代表高于 VaR 曲线的股指时点。可以看到，2020 年 12 月至 2021 年 1 月上旬，只有一个时点落在了 VaR 曲线以下。这意味着基于历史价格趋势和波动信息可以较为有效地捕捉、预测股市的走势特征，股指点位于左侧 10% 尾部风险点下的可能性较低，股市风险较弱。但从 2021 年 1 月中下旬开始，低于左侧 10% 尾部风险的时间点开始凸显。2021 年 2 月份中旬开始，市场在一周内出现了连续 3 次实际走势低于 10% 分位点 VaR 曲线的情况，且 VaR 曲线的走势在改变走向后不断下

移，这表明未来市场的走势在不断偏离已有历史趋势和波动信息的预测。从运行机制来看，这意味着市场的向上趋势走向在减弱，短期下跌风险有凸显的苗头，需要对沪深 300 指数为代表的股市走势的短期下跌风险予以关注。

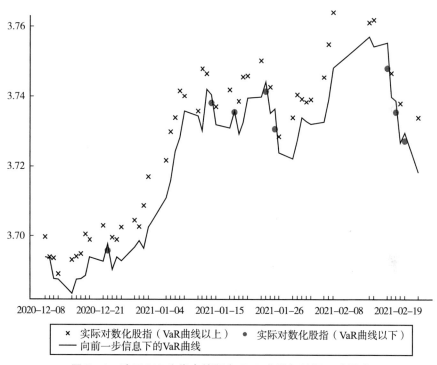

图 5 - 4　沪深 300 为代表的股市 VaR 曲线与近期下跌风险

5.5　小　　结

前面章节理论部分一直所强调，时间趋势变动特征是现实资产序列路径的重要表现。以 BSADF 检验为代表的流行性泡沫检验方法忽略了这一数据特征，容易导致真实泡沫成分和时间趋势变动成分的误判。以我国股票市场作为考察对象，本部分在可能存在时间趋势变动这一更为灵活的路径设定下，结合扩展的 BSADF 检验对爆炸成分驱动的"真实股市泡沫"和时间趋势成分驱动的"虚假股市泡沫"进行有效甄别，由此对我国股市泡沫表现进行识别和应用探讨。这一工作是对现有股市泡沫建模框架的重要完善。相应结论为精细化识别股市风险、推动股市稳健发展提供了经验依据。

本章应用研究的主要启示可以概括为：（1）已有 BSADF 检验在一定程度高估了我国股市中的泡沫成分，部分"BSADF 泡沫区段"对应于正向时间趋势成分关于基本面路径的结构性调整，具有稳健性的市场支撑，而非真实泡沫区段。关于泡沫区段和正向时间趋势变动区段的有效甄别对于精细化识别股市风险具有重要意义。（2）股市路径中的正向时间趋势成分和泡沫成分具有关联性，后者可以看成前者在非理性情绪持续聚集下演变而成的过度热化状态，政策监管者应对市场的时间趋势变动成分进行及时监测，防止非理性情绪过度蔓延下前者向泡沫的转变。（3）就我国而言，股市正向时间趋势成分的持续性不足，并容易在其之后很快演化为泡沫区段，这在一定程度上解释了我国股市"牛短熊长"的外在特点。长远来看，推动股市正向确定性趋势的持续生成是股市制度改革和完善的重要着力点。其中，理性市场的持续培育、投资回报机制的构建完善及退市淘汰制度的有效推进是我国股市稳健向上发展的保障。

最后，类似于股票市场，我国债市在近年来保持快速扩容态势，投资者对包括国债、金融债、信用债在内的债券类产品的投资热度不断升温。随着我国经济体量的不断扩大和民间财富投资需求的增加，部分债券市场价格走势在局部区段上也表现出快速上调倾向。本章基于扩展 BSADF 检验的实证设计同样可以应用于对债券市场的趋势特征考察和泡沫风险问题探讨中，以丰富现有债券市场风险管理领域的研究。

第6章 我国房地产市场价格泡沫探讨：二维属性端的分解视角[*]

在股票市场之外，房地产市场是我国资产市场的重要组成部分，同时也是我国国民经济的重要推动力量。近年来，房产价格走势不断上扬，房产市场需求热度持续加大并保持在高位，由此带来了管理层及社会公众对房价泡沫风险的不断警惕和担忧。这一背景下，本章内容从房产二维属性视角入手，结合退趋势的 BSADF 检验策略和协整分析设计，对一、二、三线城市的房价泡沫表现和驱动源进行数量研究，具体探讨了各线城市房价泡沫的始末点、膨胀度及驱动属性的异化特点。研究发现，一、三线城市房价泡沫明显强于二线城市；其中，前两类城市房价泡沫的主要推力源自房产的投资属性，这一结论在变协整检验设定下保持稳健；二线城市房价泡沫的驱动力则主要源于房产的自住属性。同时，本章内容基于贴现法对二维属性端的"房价成分"进行分解，由此对各线房产市场在不同属性端的需求热度进行了测度、比对和量化描述，相应研究对于细化洞察各线城市房价泡沫风险特征、完善房产市场异质性调控举措具有重要启示。

6.1 背景和研究动机

作为国民经济的重要支柱产业，房地产业的稳健发展关系到宏观经济、

＊ 本章主要研究内容已发表于《湖北经济学院学报》2022 年第 3 期，第 10~19 页。

金融的安全稳定。党的十九大以来，决策层旗帜鲜明地要求抑制房产过热化，让房产市场在稳增长、促民生中发挥应有的作用。但在国家房住不炒、去杠杆的政策调控大背景下，房产市场却始终存在正热现象。易居研究院发布的《2020 年全国 50 城房价收入比报告》显示，我国的平均房价收入比已达 13.4，个别城市逼近 30，远超过国际公认的 4～6 合理区间。过高的房产负担不仅对实体经济和城市活力带来了潜在风险冲击，对当前房产市场"突出自住属性、满足自住需求"的政策定位也造成较大压力。如何理解并科学评估房产市场的过热化表现，持续过热的房价背后有多大成分来自居民的自住需求，在不同线城市又是否具有异质化演进态势？上述问题的探讨对于深入洞察我国房产市场的风险特征、完善房市长效调控机制和分城施策举措具有重要意义。

　　文献研究中已有较多学者对我国房地产市场的走势表现进行了实证研究和探讨。皮舜和武康平（2004）基于省级面板的实证检验，指出经济增长有效助推了房产市场的上涨态势。盛松成和刘斌（2007）结合国内外对比研究，强调市场需求对房价变动的决定性影响，我国房地产市场处于长期向上的趋势。宫汝凯（2015）结合土地供应模型和联立方程探讨，指出我国住房价格在近年来已脱离经济基本面因素，地方政府的财政失衡和土地财政约束不断助推房产市场升温。

　　伴随着房价的不断上涨，房产市场价格泡沫的识别和测度成为文献研究的关注焦点。袁志刚和樊潇彦（2003）较早基于行为人预期、信贷及政府政策信息构造了一个局部均衡模型，通过求解房产的内在价值对房价泡沫的产生及破灭条件进行探讨。类似思路下，许春青和田益祥（2014）对我国房产市场的泡沫状况进行了数理建模和实证考察。部分文献构建与房产市场相关的统计指标，结合指标合理区间与现实值的差距进行房价泡沫的测算研究。吕江林（2010）以房价收入比及该指标下居民的承受上限为基础，对我国房市泡沫水平进行考察；孙波和罗志坤（2017）运用房产市场的 6 个相关指标，结合层次分析法和变异系数法对样本城市的房价泡沫值进行测算；类似地，朱吉（2017）选择房产市场的 5 个统计性指标对我国房价泡沫表现及其时空特征进行分析。此外，还有部分学者采用时序检验方法，通过识别房价序列的爆炸性走势特征进行房价泡沫的动态探讨（曾五一和李想，2011；张凤兵等；2018）。尽管分析框架有所差异，上述研究均指出我国房产市场表现出明显的泡沫特征。

由相关金融理论可知，房产市场兼具商品市场和资产市场两个维度的特点，前者对应了房产的自住属性，后者对应了房产的投资属性，这两部分属性共同影响并推动了房地产市场的价格走势。从房价泡沫的驱动视角来看，其背后可能源自住房投资属性的不断强化，也可能主要由自住属性端的需求性因素所推动。不同于前述文献多聚焦于房价泡沫的识别、测度，本书落脚于房价泡沫及其驱动端属性表现的计量探讨，为洞察房产市场的路径特征和风险表现提供一个新的视角。

作为近年较流行的资产泡沫检验方法，BSADF 检验方法将资产价格对其基本面的持续爆炸性偏离定义为泡沫并由此进行计量识别。本章的应用研究延续这一定义，并结合我国现实房价序列的路径特征，采用退势后的BSADF 策略对城市房价泡沫进行探讨。租房价格序列可以有效反映房产自住需求端的市场表现，借助这部分信息同实际房价走势的协整检验及时序描述，可以为洞察房价泡沫的驱动属性端表现提供建模基础。由此出发，本章内容的研究逻辑为：以一、二、三线城市月度数据为样本，采用退势BSADF 检验对我国房价泡沫进行计量识别和时空描述；随后从房产二维属性端的分解入手，着重就"城市房价泡沫的主要驱动力源于自住属性还是投资属性"以及"不同属性端下房产的需求热度"进行检验设计和数量探讨，以回应本节关于房价过热背后需求端特征及风险表现的提问。

与已有文献相比，本章研究的贡献和创新点主要体现在：（1）首次从房产的二维属性视角入手，对城市房价泡沫的风险特征进行描述和透视，具有重要的理论和现实意义。（2）基于房产市场的现实路径特征设计退势调整的 BSADF 方法和协整检验策略，夯实并扩展了现有房市泡沫风险考察的建模基础。（3）对各线房产市场的自住性需求和投资性需求热度进行测算和描述，为明确城市房价过热背后的异质性风险表现提供数量依据。

6.2　房价泡沫识别与时空描述

6.2.1　房价路径下的泡沫设定与退势 BSADF 检验

由于房产市场兼具商品市场和资本市场的属性特征，直接套用流行性资产泡沫检验进行房价泡沫特征的考察并不合适。为保证研究的科学性和严谨性，我们从一个简约的供需模型出发，刻画房价序列的路径特征，以此进行房价泡沫的检验设定和计量识别。理论上看，房产的供需状况主要受房产价格当期值和预期值的影响。在需求端，住房需求量 D_t 与当期房价 p_t 呈负关联，和购房者的预期价 p_t^{e1} 呈正关联。在供给端，住房供应量 S_t 与当期价 p_t 具有正关联，同预期价 p_t^{e2} 则呈负相关。上述设定下，我们得到房产市场的需求—供给模型［见式（6.1）］，相应指标均取对数形式，$other_t^S$、$other_t^D$ 表示短期随机扰动成分。

$$\ln^{D_t} = \lambda_0 - \lambda_1 \ln^{p_t} + \lambda_2 \ln^{p_t^{e1}} + other_t^D，\lambda_1，\lambda_2 > 0$$

$$\ln^{s_t} = \kappa_0 + \kappa_1 \ln^{p_t} - \kappa_2 \ln^{p_t^{e2}} + other_t^S，\kappa_1，\kappa_2 > 0 \qquad (6.1)$$

均衡视角下：$\ln^{D_t} = \ln^{S_t}$，有：

$$\lambda_0 - \lambda_1 \ln^{\widetilde{p}_t} + \lambda_2 \ln^{\widetilde{p}_t^{e1}} + other_t^D - other_t^S = \kappa_0 + \kappa_1 \ln^{\widetilde{p}_t} - \kappa_2 \ln^{\widetilde{p}_t^{e2}} \qquad (6.2)$$

假定 t 时刻供需双方对房价的预期值和下期实际值保持一致，即 $\widetilde{p}_t^{e1} = \widetilde{p}_t^{e2} = p_{t+1}$。并设定房产的供给（需求）价格弹性对当前价和预期价无差别（$\kappa_1 = \kappa_2 = \kappa(t)，\lambda_1 = \lambda_2 = \lambda(t)$），可推得：

$$\ln^{\widetilde{p}_{t+1}} = \frac{\kappa_0 - \lambda_0}{(\kappa(t) + \lambda(t))} + \ln^{\widetilde{p}_t} + \frac{other_t^S - other_t^D}{(\kappa(t) + \lambda(t))} \qquad (6.3)$$

记 $(\kappa_0 - \lambda_0)/(\kappa(t) + \lambda(t)) = \alpha(t)$，并将式（6.3）中的扰动项成分用鞅差序列 ε_t 表示，得到：

$$\ln^{\widetilde{p}_t} = \alpha(t) + \ln^{\widetilde{p}_{t-1}} + \varepsilon_t，t = 1，\cdots，T \qquad (6.4)$$

式（6.4）反映了均衡状态下房产价格的基本走势。从生成机制来看，式（6.4）为带有时间成分的随机游走过程①，这一路径特征较符合房产市场的既有经验事实。一方面，随机游走特征是有效市场理论下资产价格走势的固有体现；另一方面，伴随着外在冲击和时间价值增值因素，时间趋势本身就是房产价格的重要推力（Craven and Islam，2015）。在式（6.4）描述的基本路径之外，现实房价在短期内可能对其存在偏离，如果这一偏离特征表现出正向急剧扩大化状态，便对应于泡沫的发生。对此，我们通过对爆炸过程 $\ln \tilde{p}_t = \rho_t \ln \tilde{p}_{t-1} + \varepsilon_t$，$\rho_t > 1$ 进行刻画，由此得到含有泡沫的房价序列设定式（6.5）。其中，区段 U_{j-1} 为泡沫发生阶段（$\rho_t > 1$），U_j 为泡沫塌陷阶段，剩余路径下的房价走势与式（6.4）保持一致。

$$
\begin{cases}
\ln \tilde{p}_t = \alpha_1 + \ln \tilde{p}_{t-1} + \varepsilon_t,\ t \in U_1 \\
\cdots \\
\ln \tilde{p}_t = \rho_t \ln \tilde{p}_{t-1} + \varepsilon_t,\ \rho_t > 1,\ t \in U_{j-1} \\
\ln \tilde{p}_t = -\theta + \alpha_j + \ln \tilde{p}_{t-1} + \varepsilon_t,\ \theta > 0,\ t \in U_j \\
\cdots \\
\ln \tilde{p}_t = \alpha_K + \ln \tilde{p}_{t-1} + \varepsilon_t,\ t \in U_K
\end{cases}
\tag{6.5}
$$

对于式（6.5）中的房价泡沫区段 U_{j-1}，我们结合近期流行的倒向上确界 ADF（BSADF）方法进行识别。在该流程下，我们首先确定考察区间 $[y_1,\ y_{\tilde{\tau}}]_{([\tau r_0]^* < \tilde{\tau} \leqslant T)}$，$[\cdot]^*$ 为求整符号。固定右侧端点 $\tilde{\tau}$ 和窗宽 $r_0 \in (0,1)$ 后，由子区间 $[y_{\tilde{\tau}-[\tilde{\tau}\cdot r_0]^*},\ y_{\tilde{\tau}}]$ 至 $[y_1,\ y_{\tilde{\tau}}]$ 向前滚动进行水平 ADF 回归：$y_{j,t} \sim \alpha_j + \rho_j y_{j,t-1} + u_j$。随后，对得到的一系列 ADF 值取上确界，构成时点 $\tilde{\tau}$ 上的 BSADF 检验量。将区间 $[y_1,\ y_{\tilde{\tau}}]$ 逐步延展至 $[y_1,\ y_k]_{(\tilde{\tau} < k \leqslant T)}$ 并重复前述策略，当某时点处的 BSADF 值越出设定的临界点时，意味着 y_t 在局部区段表现出明显爆炸特征（$\rho_t > 1$），此时判定序列 y_t 存在泡沫。

不过，本书一直在强调，BSADF 检验中的无泡沫原假设和含泡沫备择

---

① 水平项 $\alpha(t)$ 的累积反映了房价序列 $\ln \tilde{p}_t$ 的时间性趋势成分。

假设均未考虑现实房价路径式（6.5）中存在的时间趋势成分特征。后者情景下，原始 BSADF 策略很容易带来正向时间趋势成分同局部爆炸成分的混淆，进而导致泡沫检验偏误。借鉴 Yu 和 Ma（2019）的简洁化研究思路，本书在房价序列的泡沫检测中对 BSADF 策略进行退势调整，体现在：在前述滚动检验中实施带时间趋势项的 ADF 检验：$y_{j,t} \sim \alpha_j + \beta_j t + \rho_j y_{j,t-1}$，有效剔除时间成分对泡沫成分的干扰，由此构建退时间趋势的 BSADF 检验量。随后，类似于 BSADF 检验分析，结合退势 BSADF 值越过和回落相应临界线的时点确定泡沫区间。记泡沫的起始和结束点为 $\hat{t}_{e_1}$ 和 $\hat{t}_{f_1}$，有：

$$\hat{t}_{e_1} = \inf_{t \in (Tr_0, T)} \left\{ DB_t(r_0) > cv_{r_0}^{\beta_T} \right\}, \quad \hat{t}_{f_1} = \inf_{t \in (\hat{t}_{e_1} + \log(T), T)} \left\{ DB_t(r_0) < cv_{r_0}^{\beta_T} \right\} \quad (6.6)$$

$DB_t(r_0)$ 为时点 t 的退势 BSADF 值，$cv_{r_0}^{\beta_T}$ 为 $\beta_T\%$ 分位点下的右侧临界值。$\log(T)$ 为理论上设定的泡沫最短持续长度。多泡沫情形下，我们在抹除前期泡沫后，对后续泡沫成分进行类似思路估测。

6.2.2 一、二、三线城市房价泡沫识别

采用退势 BSADF 检验对我国一、二、三线城市房价泡沫进行考察，参照大多文献研究，基于人口和经济规模确定各线城市[①]。研究数据来源于中国房价行情网，时间跨度为 2009 年 7 ~ 2019 年 12 月，各线城市房价序列基于选取城市的月度数据平均得到。

各线城市房价的月度走势见图 6 - 1。可以看到，在样本研究期内，各线城市的房价序列整体呈现上升态势，并且在部分区段的上涨趋势较为陡峭，蕴含着可能的泡沫化特征。由此，基于原始房价序列数据，我们基于前述退势 BSADF 检验进行房价泡沫识别。图 6 - 2 描绘了具体的泡沫检验结

---

① 兼顾数据代表性和获得性，本部分研究中的一线城市包括：北京、上海、广州、深圳。二线城市包括：天津、大连、东莞、福州、哈尔滨、杭州、合肥、济南、昆明、南昌、南京、南宁、宁波、青岛、厦门、沈阳、石家庄、太原、唐山、温州、武汉、西安、烟台、长春、长沙、郑州、重庆、昆明、成都、佛山、淄博。三线城市包括：安庆、北海、大理、丹东、贵阳、桂林、海口、呼和浩特、吉林、拉萨、兰州、洛阳、三亚、乌鲁木齐、西宁、徐州、扬州、宜昌、银川、岳阳、湛江、珠海、遵义、镇江、绍兴、济宁、邯郸、临沂、鞍山。

果，检验中的学习样本为 12 个月（一年跨度数据），即从 2010 年 6 月开始检测。图 6-2 中的纵坐标对应退势 BSADF 检验量值，虚线为 5% 显著水平临界线。可以看到，一、三线城市房价序列的退势 BSADF 值自 2018 年起已整体越出临界线，相应市场在后续时间的泡沫化表现较强；二线城市下退势 BSADF 值的走向则相对较弱，在前期超出泡沫临界线后于近期不断回落。

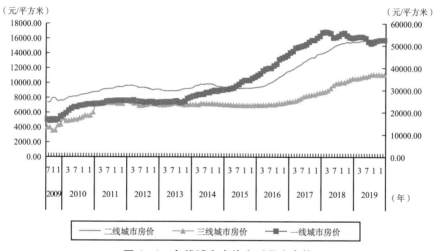

图 6-1　各线城市房价序列月度走势

注：右侧主坐标轴对应而二、三城市房价序列，左侧次坐标轴对应一线房价序列。

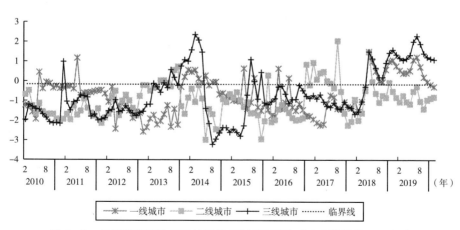

图 6-2　各线城市房价序列的退势 BSADF 检验（窗宽设置为 $r_0 = 0.2$）

结合退势 BSADF 值越过和回落临界线的时点，识别各线城市的泡沫区间。忽略长度小于等于 1 的短期跳跃成分，一、二线城市检测出 4 个房价泡沫区段，三线城市检测出 2 个泡沫区段。为便于各线城市的空间比对，表 6-1 将相近时点泡沫同放在区段 i 下。可以看到，2017 年后各线城市的房价泡沫具有更长跨度，同时发生时点更为靠拢，在近年具有一定的聚拢性的特点；此外，从最后一个泡沫的存在区间来看（见区段 5），至研究时段结束，一、二线城市已暂时走出泡沫区间，三线城市则仍处于泡沫之中。表 6-1 进一步对各泡沫区段进行了简略描述。从最大退势检验量（max_DB）和平均退势检验量（mean_DB）来看，三线城市在考察时间段内的泡沫表现最为突出，其在部分泡沫下达到了 2.13（区段 3）和 2.30 的高位（区段 5），一、二线城市的相应检验值均在 1.5 以下。另外，从退势 BSADF 值的标准差（sd_DB）来看，一线城市的房价泡沫强度较为稳定，二、三线城市房价泡沫的波动性相对较大。

表 6-1 　　　　　**退势 BSADF 检验下各线城市泡沫区段及描述**

城市	泡沫描述	区段 1	区段 2	区段 3	区段 4	区段 5
一线	发生区段	2010/8 ~ 2010/9	2013/12 ~ 2014/6	2014/8 ~ 2014/9		2018/5 ~ 2019/10
	max_DB	-0.05	0.57	-0.03		1.51
	mean_DB	-0.08	0.31	-0.42		0.65
	sd_DB	0.04	0.24	0.01		0.45
二线	发生区段		2013/5 ~ 2013/7	2013/9 ~ 2013/10	2017/1 ~ 2017/7	2018/5 ~ 2018/6
	max_DB		0.04	0.74	0.94	1.48
	mean_DB		-0.01	0.65	0.32	0.73
	sd_DB		0.07	0.13	0.39	1.07

续表

城市	泡沫描述	区段 1	区段 2	区段 3	区段 4	区段 5
三线	发生区段			2013/11 ~ 2014/5		2018/5 ~ 2019/12
	max_DB			2.13		2.30
	mean_DB			1.45		1.25
	sd_DB			0.53		0.51

6.3　房价泡沫的主要驱动力探讨：源于自住属性还是投资属性下的市场需求？

6.3.1　房产的二维属性与协整检验设计

房产市场在满足居民的自住需求之外，还具有明显的投资属性特征。后者对应于现有制度下房产所附带的户口、子女教育、转手增值等自住性以外的额外效用需求[①]。对于前述泡沫区段下一、二、三线城市房价的持续高位走势，其可能源自住房投资属性端的不断强化，也可能主要由自住性需求推动。如果是前者，我们可以理解为房市投资属性及部分投机性的加强，市场的风险暴露面存在加大倾向。如果是后者，则意味着房产市场未在自住属性端提供有效供给，从而带来市场需求热度和房价的持续高位。结合房价序列在上述二维属性端的协整检验，本部分对房价泡沫的驱动力进行识别探讨。

在现有房产市场"租购不同权"的制度安排下，租房客难以获得商品房的投资属性效用，从而，房屋租赁价格可以较为充分反映房产自住属性部分的市场表现。如此，我们通过协整模型将房产价格同其自住属性部分的市

---

① 本章的研究将自住性以外的住房需求全部看成投资性需求。

场表现建立关联，见式（6.7），两者分别用对数化的住房售价（$\ln^{p_t}$）和住房租金（$\ln^{p_{1t}}$）表示。在此基础上，设定式（6.7）下残差项 u_t 的走势对应于房价序列在自住属性之外，即投资属性部分的路径表现。

$$\ln^{p_t} = c + c_1 \ln^{p_{1t}} + u_t \tag{6.7}$$

从建模逻辑上来看，如果式（6.7）中的 $\ln^{p_t}$ 和 $\ln^{p_{1t}}$ 具有协整关系，意味着 $\ln^{p_{1t}}$ 所代表的房价走势及其局部爆炸特征可以由 $\ln^{p_{1t}}$ 进行有效解释，现实房价泡沫主要由自住属性部分推动。而如果式（6.7）的协整关系不存在，则意味着 $\ln^{p_{1t}}$ 不能对房价泡沫进行有效解释，房市泡沫的驱动源还有很大部分来自投资属性。进一步，对残差项 u_t 和 $\ln^{p_{1t}}$ 的非平稳度进行比较。理论上来看，相应序列的非平稳度越强意味着其信息变异成分和局部爆炸特征越凸显，进而更能为现实房价的泡沫表现提供解释。即如果残差项 u_t 的非平稳度强于 $\ln^{p_{1t}}$，意味着房价泡沫的主要驱动力源自投资属性；否则认为自住属性端是房价泡沫的主要推力。上述检验设计思路下，我们进行各线城市房价泡沫驱动源的实证探讨。

6.3.2 检验结果分析与探讨

协整检验是针对非平稳时间序列的计量分析方法，前文已明确各线城市房价序列的局部爆炸性特征，表 6 – 2 同时列出了各线城市房价（$\ln^{p_t}$）及租金（$\ln^{p_{1t}}$）走势的 ADF 检验结果，相应序列均在 5% 显著水平下通过非平稳检验。

表 6 – 2　　　　　　　　　　　　　ADF 检验

考察序列	城市类别	ADF 检验值	p 值
$\ln^{p_t}$	一线	– 1.07	0.92
	二线	– 1.39	0.83
	三线	– 1.74	0.68
$\ln^{p_{1t}}$	一线	– 2.76	0.26
	二线	– 2.09	0.54
	三线	– 3.05	0.14

表6-3给出了对式（6.7）的 E-G 协整检验结果[①]，该方法结合 ADF 检验对式（6.7）残差项的平稳性特征进行考察。如果残差项拒绝非平稳原假设，意味着协整关系成立；否则，协整关系不成立。可以看到，一、二、三线城市均在5%显著水平下拒绝式（6.7）"存在协整关系"的原假设，自住属性并不能为现实房价路径及其泡沫特征提供有效解释。随后，对比表6-3各线城市在式（6.7）残差项下的 ADF 值和表6-2 $\ln^{p_{1t}}$ 序列的 ADF 检验值，发现前者明显大于后者。由于 ADF 检验量反映了考察序列的非平稳程度，如前所述，序列的非平稳度越大表明相应序列对实际房价泡沫的解释力越强，从而认定式（6.7）残差项部分对应的投资属性端构成了各线城市房价泡沫的主要推力。

表6-3 E-G 协整检验

城市类别	式（6.7）残差项 ADF 值	5%水平临界值	检验结论
一线	-1.75	-3.78	无协整关系
二线	-1.36	-3.78	无协整关系
三线	-0.71	-3.78	无协整关系

在现实场景中，内外在冲击因素（如房产政策、经济周期、公众预期等）可能对房产不同属性端的市场表现具有差异化影响。后者情境下，房价走势与其自住属性端的动态关联可能存在结构变化，即式（6.7）中的协整系数表现出时变性。为保证本部分检验设计的合理性和科学性，进一步将式（6.7）扩展为式（6.8），其中，$\lambda_0 \in (0, 1)$ 为协整关系结构变点，$I(\cdot)$ 为示性函数。

$$\ln^{p_t} = c_0 + c_1 \ln^{p_{1t}} + I(t > \lambda_0 T)(d_0 + d_1 \ln^{p_{1t}}) + u_t, \quad t = 1, 2 \cdots, T \quad (6.8)$$

针对式（6.8），格雷戈里和汉森（Gregory and Hansen，1996）在 E-G

---

① 笔者此外还进行了 Johanson 协整检验，结果与表6-4保持一致。

检验之上提出了处理变协整情形的 G – H 方法。其潜在思路为：如果存在结构变化点 λ_0 使得式（6.8）的残差项表现出平稳性，便认定考察变量间存在长期协整和均衡关系，只是这一关系具有时变性。G – H 检验的原假设为式（6.8）的残差项表现出非平稳特征（不存在变协整关系）；备择假设为残差项平稳（存在变协整关系）。我们基于 G – H 方法下的常用检验量 Z_α^*、Z_t^* 对式（6.8）进行检验，结果见表 6 – 4。

表 6 – 4　　　　　　　　　　变协整检验及残差项非平稳度

城市级别	Z_t^* 检验量（l_0 估计值）	Z_α^* 检验量（l_0 估计值）	残差项 ADF 值
一线	– 3.24（0.70）	– 17.73（0.70）	– 2.51
二线	– 4.11（0.68）	– 28.40（0.68）	– 3.23
三线	– 3.31（0.31）	– 20.07（0.31）	– 2.61

注：Z_t^* 和 Z_α^* 在 5% 显著水平下的临界值为 – 6.41 和 – 78.52；在 10% 显著水平下的临界值为 – 6.17 和 – 72.56。

表 6 – 4 中的 Z_α^* 和 Z_t^* 均为左尾检验，可以看到，两者在 5%（10%）显著水平下均大于相应临界值，未能拒绝"无变协整关系"原假设。这表明，变协整设定下房产价格同其自住属性端同样不存在均衡关系，单靠后者不能充分解释房产市场的价格泡沫表现。表 6 – 4 末列给出了式（6.8）残差项的 ADF 检验值，可以看到，一、三线城市相应残差部分的 ADF 值为 – 2.51 和 – 2.61，高于两类城市在自住属性代理指标 $\ln^{p_{1t}}$ 下的 ADF 值 – 2.76 和 – 3.05（见表 6 – 2），这一结果同式（6.7）下的检验结论一致，即投资属性端下的信息变异度以及其对现实房价泡沫的解释力度更大。对于二线城市，检验结果与式（6.7）的分析表现出差异性，变协整式（6.8）下残差项的非平稳度（ADF 值 – 3.23）小于 $\ln^{p_{1t}}$ 的非平稳度（ADF 值 – 2.09），自住属性端对二线城市房价泡沫的解释力更大。如此，本部分计量检验表明：一、三线城市房价泡沫的驱动力主要来自房产的投资属性端，这一结

论在协整及变协整设定下均保持稳健。而对于二线城市，在更为现实的变协整框架设定下，研究结果更倾向于支持其房价泡沫主要由自住属性端驱动的结论。

6.4　进一步研究：房产二维
属性端的需求强度描述

为了更为量化地考察各线城市在房产投资属性及自住属性端的需求表现，我们对这两部分属性下的"房价成分"进行分解测算，在其基础上对相应属性端的需求强度进行数量刻画。首先，考虑到租赁收益可以看成住房居住效用的利息所得，根据收益的资本化原理，基于租金折现可以测算住房自住属性端的价格成分；随后，用实际房价对其进行剔除可计算得到投资属性端的房价成分。以第 j 线城市为例，$R_t^{(j)}$ 为 t 时刻每平方米的房屋租金，$p_t^{(j)}$ 为实际房价，r_t 为房贷利率，住房自住属性和投资属性下的价格成分别记为 $\tilde{p}_{1t}^{(j)}$ 和 $p_{2t}^{(j)}$，则有 $\tilde{p}_{1t}^{(j)} = R_t^{(j)}/r_t$，$p_{2t}^{(j)} = p_t^{(j)} - \tilde{p}_{1t}^{(j)}$。另外，注意到前文退势 BSADF 检验量实质上捕捉的是房价的爆炸性上涨强度。从经济意义解读来看，它很大程度上反映了现实房产市场的需求热度。从而，可以基于二维属性端"价格成分"的退势 BSADF 值度量相应属性部分的需求强度，两者的差值也可以反映房产投资需求和自住需求的差异化表现。

由上述思路出发，对一、二、三线房产市场的投资需求及自住需求热度进行量化描述，并在图 6 - 3、图 6 - 4 进行展示。动态走势来看，各线市场在投资属性端的退势 BSADF 值持续位于临界线之上，相应需求的热化特征凸显；自住属性端的检验值走势则保持微弱下倾，并自 2017 年开始逐步加大对临界线的下偏度。这一表现印证了前文投资属性对实际房价泡沫的重要推动作用，同时也反映了当前民众不满足于纯粹的自住需求，以及向投资属性端进行购买和消费的持续性动机。

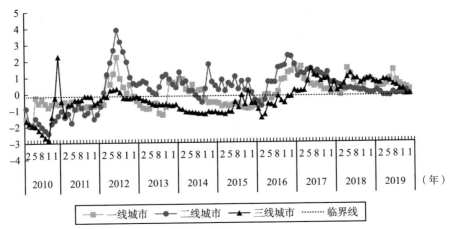

图 6 - 3 投资属性下住房"价格成分"（$\tilde{p}_{1t}^{(J)}$）的退势 BSADF 检验量走势

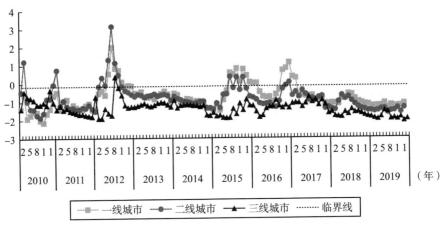

图 6 - 4 自住属性下住房"价格成分"（$p_{2t}^{(J)}$）的退势 BSADF 检验量走势

对退势 BSADF 值进行年度平均，表 6 - 5 给出了各年度房产二维属性端的需求强度（G_1、G_2）及其差值（Gap）。可以看到，一线城市的自住性房产需求在 2016 年达到高位后开始下滑，投资性需求则在经历早期波动后于近年持续上升；三线城市下的自住需求强度值在考察区段内逐步下滑，投资性需求则处于不断上涨态势；相对应地，二线城市的自住及投资性房产需求在近年均呈降温态势。整体看来，投资性房产需求与自住性需求的差距值

（Gap）在 2016 年后的各线城市处于上升通道，前者对后者的挤压不断持续并加剧。其中，一线和三线城市的投资性房产需求热度更突出。以 2018 和 2019 年的测算结果为例，一线城市下的投资性需求强度值分别为 0.53 和 0.59，三线城市为 0.75 和 0.48，远高于二线城市的 0.28 和 -0.02。房产自住性需求上，则是一、二线城市明显强于三线城市。三类城市在 2018 和 2019 年的相应需求值分别为 -0.95 和 -1.23、-1.15 和 -1.50、-1.67 和 -1.87，自住性购房需求在不同线城市体现出明显的差异化。

表 6 - 5　　　　　不同年份房产自住性需求及投资性需求强度值

年份	一线城市			二线城市			三线城市		
	自住需求（G_1）	投资需求（G_2）	Gap	自住需求（G_1）	投资需求（G_2）	Gap	自住需求（G_1）	投资需求（G_2）	Gap
2010	-1.53	-0.96	0.57	-0.95	-1.75	-0.79	-0.91	-1.94	-1.03
2011	-1.11	-0.72	0.39	-1.00	-1.16	-0.16	-1.56	-0.25	1.31
2012	-0.05	0.41	0.45	0.18	1.41	1.23	-1.12	-0.12	1.01
2013	-0.58	-0.59	-0.01	-0.65	0.58	1.23	-1.16	-0.54	0.62
2014	-0.95	0.19	1.14	-0.98	0.43	1.42	-1.27	-1.09	0.18
2015	-0.30	-0.74	-0.45	-0.52	0.48	1.00	-1.54	-0.79	0.75
2016	-0.25	0.16	0.41	-0.90	0.78	1.68	-1.35	-0.66	0.69
2017	-0.45	0.71	1.16	-0.70	1.23	1.93	-1.09	0.64	1.74
2018	-0.95	0.53	1.48	-1.15	0.28	1.42	-1.67	0.75	2.42
2019	-1.23	0.59	1.82	-1.50	-0.02	1.48	-1.87	0.48	2.35

　　上述二维属性下房产需求强度描述的现实启示在于：一线城市在房产自住端和投资端均较强的需求热度值反映了相应市场有效供给的欠缺。政策制定者在抑制大城市房产市场过度投资（投机）和购置需求的同时，应加大、加强、完善相应市场的多元化供给支撑。另外，现有租房市场所提供的房产附加属性（如落户、子女教育、医疗）很少，这带来的结果是：消费者出

于对这类附加属性的偏好，在资金条件相对满足的情况下更倾向于买房而非租房，自住属性外的投资性需求偏好构成了房价上涨的重要推手，这点对于公共资源福利更为优质的一线城市尤为明显。对于二线城市，相应房产市场在当前的投资及自住需求热度较其余线城市均不突出，但从就业市场、土地因素及生存成本各个角度来看，都是未来人口流入和城市规划的重镇，二线城市的房价走势具有内在支撑；相应市场的房产政策安排应注意调控力度，防止对真实自住需求的抑制。最后，三线城市房产市场的投资性需求在近期保持热化，相应需求值在考察时段内不断上升，并在部分年份直逼一线城市（见表 6-5），但这一需求热度很显然不能得到城市人口流入、经济发展前景等基本面的持续支撑；相应购房市场的热度很大程度源自本地及大城市潜在返乡人口的过度投资和预防性动机，未来房价面临较大波动风险，三线城市对此应给予警惕和关注。

6.5 小　　结

本章从房产的二维属性视角入手，对一、二、三线城市的房价泡沫表现和驱动源进行数量探讨。结合现实房价序列的路径特征，采用退势 BSADF 检验对我国各线城市的房价泡沫进行时空描述，强调各线城市房价泡沫的差异化特征以及近年来的聚拢性特点；进而，从房产的二维属性入手，着重对房价泡沫的驱动端表现进行计量探讨和数量描述。协整检验下的实证研究表明，一、三线城市的房价泡沫主要由房产的投资属性驱动，这一结论在变协整框架下也保持稳健；二线城市泡沫的主要推力则源于房产的自住属性端。本书同时对不同属性端的房产需求热度进行了测算和动态考察，强调了一、二线城市自住性房产需求以及一、三线城市投资性房产需求的凸显特征，上述结论为审视各线房产市场的泡沫化表现，洞察相应市场在风险暴露面的差异化特征提供了数量依据。

结合本章内容研究，笔者建议从以下方面加强对当前房产市场的引导，进一步完善房产市场调控体系，提升房市政策的实施效力。

第一，强化供需两端的分城调控和配合施策。长期以来，倚重需求端的调控举措未能有效抑制大城市的房价过热问题，并滋生出"茶水费""捂盘惜售"等一系列市场扭曲行为。对于一线城市，无论是房产投资效用的增值还是居住需求，都具有强烈的市场支撑。在重拳遏制、打击投机性炒房之外，一线城市的调控重点在于进一步完善多层次住房供给体系，保障市场容量与城市人口的匹配。对于二线城市而言，自住属性构成了其房价走势的主要驱动力，保障性住房体制的完善和供给端的有效支撑同样是房市政策的关键着力点。对于三线城市，房产非自住属性端的需求过热，这带来了一定的风险隐患。政策实施中应着重从需求端入手，合理引导购房预期，避免房价持续攀升对城市发展造成的"高负荷"。

第二，加快推动城市租赁市场的服务完善与体制改革。我国租赁市场的个人房源占比较高，房源质量及配套服务与租住品质要求不匹配；同时，现有制度下租房客难以享受房产居住属性之外的额外附带权利和效用（如周边教育资源、公共福利），这使得后者构成了城市购房市场价格上升的重要推力。"租售同权"和相应配套政策的完善对于抑制这一房产投资属性引致的购买动机具有重要意义，是建立和完善房产市场健康发展长效机制的关键。

最后，"房子是用来住的，不是用来炒的"是决策层一直强调的房产市场定位，这一过程的实现有赖于住房交易环节的公正化和效率化。一方面，应借助大数据技术和信息平台的有效搭建，推动房产交易和管理信息的进一步透明，以此提高房产市场的监管效率，减少市场参与者的投机炒作行为和非理性购买行为。另一方面，政策层面可以尝试一系列改革，通过团购拼单、网络直销等方式，减少中间参与商环节（如房产销售中介、策划公司），在责任到位的机制安排下构建效率化的直接交易模式，降低房产交易成本。

第7章　比特币价格泡沫的计量检验及风险防范

伴随数字经济时代的到来，数字加密货币发展如火如荼，数字货币市场也不断成为个体和机构资产配置的重要途径，相应市场的风险监管和防范对于推动数字货币产业链的不断稳健发展和制度完善，以及规避市场过度波动和涨跌风险对投资者带来损失和其他金融市场的风险传递具有重要意义。自出现至今，比特币在数字加密货币市场中占据了重要的地位，作为去中心化虚拟货币的典型代表，比特币一方面能在一定范围内充当交易媒介，另一方面因总量固定具有稀缺性的特征，是一种具有部分货币职能的特殊商品。本章结合 BSADF 和 GSADF 泡沫检验方法识别比特币市场 2013~2021 年的泡沫及其起止时间，并基于事件研究法检验了价格泡沫的演化机制，为以比特币为代表的数字货币市场的风险防范和监管提供科学依据。

7.1　背景和研究动机

近年来，数字经济驱动了加密数字货币的迅猛发展。截至 2021 年 5 月底，全球加密货币达 9996 种之多，交易所为 381 个，总市值达 16563.77 亿

---

* 本章主要内容已发表于《比特币的价格泡沫检验、演化机制与风险防范》，载《经济评论》2022 年第 1 期，行文作者：明雷、吴一凡、熊熊、于寄语。

美元，远超过 2017 年底的 6448.67 亿美元[①]。作为数字货币市场的主流币，比特币份额占据加密货币市场的半数以上。在十余年的发展历程中，比特币的价格曾以 2017 年近 2 万美元的高位引起市场哗然，也在 2018 年全球趋严的监管环境下暴跌 83.33%。近两年，比特币的市场价格再度暴涨，并在 2021 年 4 月突破 6 万美元大关，但在随后的一个月，比特币出现了恐慌式崩盘，5 月底价格几近腰斩，57 万人爆仓 443 亿元。

在正常的市场中，价格会随着供求关系的变动围绕价值上下波动。但比特币这种基于网络和开源软件产生的数字货币，既区别于实物商品，也不同于股票、债券等金融资产有可预期的未来现金流，比特币的内在价值难以准确估计。贾丽平（2013）认为比特币的价值取决于公众对其的信任和整套机制的信心，无法量化且极易受到预期变动的影响，希令和乌利戈（Schilling and Uhlig，2019）则认为比特币根本不具有价值。既然比特币的内在价值如此抽象，又是什么原因推动其价格一次又一次地突破历史高位？

我们认为这与比特币的特殊属性紧密相连。它可用于购买商品及服务，但因币值不稳定、使用范围有限及缺乏国家信用支持而只能发挥部分货币职能，同时它因供给总量有限，具有"稀缺性"特点，能有效地遏制通货膨胀，突显出一定的商品特征和投资价值。因此，比特币本质上是一种具有部分货币职能的特殊商品。一方面，比特币不具备普遍接受性和币值稳定的特征。马克思认为货币是商品交换发展过程中自发产生的一般等价物。不论是实物货币还是信用货币，货币的本质始终是信用，而普遍接受性和币值稳定则是货币信用的两大外在表现（戴金平、黎艳，2016）。通过与实物货币、信用货币的比较，可以说比特币具有了部分货币职能，具体如表 7-1 所示。首先，价值尺度作为基本职能之一，要求货币必须具备真实的内在价值或存在维护币值稳定的机制（闵敏、柳永明，2014）。以金属货币为代表的实物货币因可用于工业制造而具有内在价值，信用货币因由央行调控币值得以稳定，因而二者均能充分发挥货币的价值尺度功能。而对于比特币，商户有权

---

① 引用数据来自 CoinMarketCap 官网。

利选择是否将其作为计价标准，而剧烈波动的价格严重限制了它执行绝大多数商品服务的价值尺度功能，同时商户还需承担比特币不被国家认可的风险，因此比特币仅在一定范围内不完全、不稳定地衡量商品的价值。其次，它也不能充分发挥货币的流通手段和支付手段功能。比特币的接受程度完全取决于人们的认可，具有较强的主观性。去中心化的特点使其不受任何国家、机构或个人的控制，一旦主权国家为其贴上非法标签便失去价值，更不会发挥交易媒介和支付手段的职能。再者，价格的剧烈波动无法实现长期价值储藏的功能。比特币以虚拟的形式储存在网络或设备中，轻便易携带且几乎没有保管成本，似乎可以更好地发挥货币储藏职能，但该职能的发挥需要以价值稳定且能再次进入流通领域为前提，显然这种新型投机资产并不满足条件。最后，国际货币意味着各国央行均能接受，但比特币"去中心化"的运作模式与国际货币的"中心化"相悖，不可能像美元那样成为国际货币。

表 7-1　　　　　　　　比特币与实物货币、信用货币职能的比较

货币职能	实物货币	信用货币	比特币
价值尺度	具备	具备	部分具备
流通手段	具备	具备	部分具备
支付手段	具备	具备	部分具备
价值贮藏	具备	不具备	部分具备
世界货币	黄金等金属货币具备	部分具备	不具备

另外，随着市场认可度的提升，比特币作为特殊商品愈加突显出投资属性。本书认为比特币的内在价值主要体现在生产成本上，生产者不仅要为挖矿活动提供先进的设备支持，而且挖矿难度会随着人数增多逐渐提升，这一过程消耗大量的人力和电力，具有一定的内在价值。但区别于普通商品，它仅因具有特殊社会职能而产生形式上的使用价值，即在一定范围内购买商品

及服务的价值。同时，比特币天然具有商品的重要特征——数量的有限性。从供给角度，比特币停产时间及总量已被技术严格规定，2140 年比特币产量将达到最大上限 2100 万个[①]；从需求角度，它的投资价值日渐凸显，尤其是近两年，不少投资者将它作为替代性资产纳入投资组合中来对冲风险。此外，比特币的衍生品市场吸引大量追求高风险、高收益的投资者，同时也让看空比特币的机构投资者入市交易，市场活跃度明显提升。此外，投机者买卖比特币获取风险收益也加剧了市场波动。

作为全球交易的资产，在尚无完善统一的法律监管措施的情况下买卖或使用比特币会面临巨大风险，最主要的就是交易风险。中国三大比特币交易所曾以全球 90% 以上的交易量占据主导地位[②]，但由于价格的剧烈波动以及首次代币发行融资（ICO）乱象丛生，非法集资严重威胁社会秩序，投资者盲目跟风炒作，极易形成价格泡沫。为此，2017 年 9 月央行等七部委发布《关于防范代币发行融资风险的公告》，严厉打击了国内比特币交易，其交易总额占全球的比重迅速下跌至 1%。随即各国对加密货币严加监管，其价格在此后三年中再未突破 2017 年底的高位。随后的两年加密货币重获关注。2020 年底至 2021 年初，市场价格超过 6 万美元，仅 4 个月就达到 2017 年底最高位的 3 倍多，相比之下全球股票市场指数 MSCI 上涨 12.75%，黄金价格下跌 13.21%。比特币的再次暴涨吸引了大量投机者炒作，市场泡沫特征明显。在这样的背景下，中国再次发声监管加密货币市场，坚决抵制虚拟货币相关的非法金融活动。2021 年 4 月，央行指出比特币是一种投资工具或替代性投资，并强调数字资产应为实体经济服务，避免金融投机导致经济脱实向虚[③]。随后，中国互联网金融协会等三协会以及国务院金融稳定发展委

---

①　起初，21 万的区块每 10 分钟产出 50 个比特币，此后每四年（半衰期）每个区块的生产减少一半。由于比特币可以细分到小数点后 8 位，最小单位为聪，即 1 个比特币 = 10^8 聪，因此在经历 33 个半衰期后（132 年）将无法再细分，2140 年达到最大供给量 2100 万个。

②　据 bitcoinity. org 的数据显示，2016 年，比特币在中国的价格上涨 145%，2016 年下半年，人民币交易占全球比特币交易量的 98%。

③　博鳌亚洲论坛 2021 年会 "数字支付与数字货币" 分论坛上，中国人民银行相关发言人对比特币作出明确界定。

员会接连发声要严厉打击虚拟货币非法交易，防范个体风险向社会领域传递。尽管中国多次出台相关政策，但市场的交易者总能找到渠道参与交易甚至从事非法活动。比特币衍生品的高杠杆交易更是放大了价格波动，一旦出现价格泡沫，投资者会暴露在更大的金融风险中。

比特币在短短十余年的发展过程中，是否呈现出典型的泡沫特征？尤其是近两年价格的暴涨暴跌究竟是什么原因？监管当局的措施能否及时抑制泡沫，避免泡沫破裂给投资者带来重大损失？对这些问题的探讨，有利于在当前逆全球化和经济政策不确定性的背景下，及时有效地识别市场的风险暴露时段，防范金融市场风险，规范加密数字货币的市场秩序，对维护我国金融安全和经济社会平稳发展具有重要的实践意义。

从已有文献研究来看，目前研究集中于比特币的属性特征及监管、价格波动、市场有效性及与其他市场的互联性四个方面。在属性特征及监管方面，已有研究支持了比特币不是货币而是一种投机资产的观点。费尔南德斯－维拉维德和桑切兹（Fernández－Villaverde and Sanches，2019）认为私有货币无法实现有效的资源配置，同时也会在货币竞争体系中使货币政策受限。希令和乌利戈（2019）及塞尔金（Selgin，2015）也认为比特币本质上不具有价值，只能作为一种交换媒介。贾丽平（2013）认为虽然比特币具有货币的职能，但价值并未得到广泛的认可，因此本质上仍是商品。李翀（2015）也认为比特币不像信用货币那样具有国家信用背书，本质上属于虚拟的网络投机资产。此外，徐忠和邹传伟（2018）强调了比特币的洗钱风险，祁明和肖林（2014）、谢平和石午光（2015）以及封思贤和丁佳（2019）分析了其特征属性所带来的风险及对金融体系的冲击，从监管层面提出政策建议。

在有关价格波动的文献研究中，甘达尔等（Gandal et al.，2018）研究了影响比特币价格的因素，结果表明其价格不仅受其自身供需影响，也与外界信息、市场参与者的投机活动以及可疑交易密切相关。当价格呈现剧烈波动且飞速上涨的特征时，市场便有可能出现泡沫。相关实证检验结果表明，在 2011～2013 年以及 2017 年后，比特币存在多次价格泡沫（Cheung et al.，

2015；Corbet et al.，2018），但均未解释其产生的原因。

此外，市场有效性与比特币在资产组合中扮演的角色是投资者关注的重要问题。厄尔特（Urquhart，2016）首次检验市场有效性，他认为比特币市场无效，谢（Cheah，2018）认为这种无效性会带来投机交易。也有学者得到了不同的结论。纳达拉贾和朱（Nadarajah and Chu，2017）在厄尔特（2016）的基础上修正收益率后得出市场弱势有效的结论。坤蒂亚和巴塔拿雅（Khuntia and Pattanayak，2018）在滚动窗口框架中捕获比特币收益的时变线性和非线性依赖关系，得出适应性假说在比特币市场成立的结论。对于比特币能否充当多样化投资工具、对冲风险甚至在危机期间发挥避风港的作用，大量学者展开了定量研究。格思米等（Guesmi et al.，2019）认为比特币可以用来对冲其他金融资产的投资风险，实现资产组合多元化，迪赫尔博格（Dyhrberg，2016）认为比特币介于黄金和美元之间，具有对冲风险及充当交易媒介的作用，但布里等（Baur et al.，2018）通过研究比特币的超额回报及波动性认为它更具备投机品特征，同时与下行市场呈现高度正相关性，证实比特币并非"新的黄金"。

可以发现，第一，国内研究大多站在监管者的角度分析比特币的属性及监管问题，并且以定性研究居多，相对国外缺少对比特币市场的定量研究，对泡沫产生的机理分析也较少。第二，虽然已有国外研究检验了比特币价格泡沫，但更多的是检验泡沫存在与否，并未揭示背后原因，对投资者的风险警示不够。

基于此，本章选取了 2013 年 10 月 ~ 2021 年 5 月的比特币价格指数数据，检验期间是否存在价格泡沫并分析其背后的形成机理。实证结果表明，自 2013 年起比特币市场共存在 9 次价格泡沫，通过分析 6 种泡沫演化机制发现，在 2017 年以前，与比特币直接相关的利好消息是引起价格大幅上涨的主要原因，而近两年宏观经济波动，市场对比特币的避险需求激增，促使价格泡沫产生。进一步，本书基于事件研究法定量分析比特币价格在外部事件冲击下的异常波动，研究表明，监管政策能够有效打击比特币炒作，避免泡沫膨胀加大市场风险暴露。

本章工作的边际贡献主要表现为：结合 GSADF 以及 BSADF 方法检验了 2013～2021 年间比特币价格泡沫，丰富了国内比特币的研究。比特币作为新型资产，与其他金融资产存在互联性，加上能在全球范围自由交易，其价格波动的影响不会局限于某个市场或国家，因此监测价格泡沫有利于及时识别市场风险，避免风险跨市场传染，对维护金融秩序具有重要意义。此外，尽管国外已有文献研究了比特币的价格泡沫，但是这些研究并没有揭示清楚泡沫背后的根源（Cheung et al.，2015；Corbet et al.，2018）。相较于已有研究，本章的研究从直接和间接两个渠道梳理了比特币价格泡沫的演化机制，对比了不同时段泡沫产生的机制，进一步，结合外部事件的分析，尤其是监管政策对其价格波动的影响，为投资者交易及监管当局制定政策提供参考价值。

7.2　比特币价格泡沫检验的计量模型

理性泡沫理论指出资产的真实价格包含基础价值和理性泡沫两部分，泡沫是资产价格持续且过度偏离其内在价值的现象，理性泡沫是由未来预计收入的贴现值之和计算得出。但比特币作为一种新型金融资产，其内在价值难以准确衡量（Cheah and Fry，2015）。一方面，比特币既区别于实物商品，是一种基于网络和开源软件所产生的数字货币，看不见也摸不着，不具有实际的使用价值。同时，比特币也不同于股票、债券等金融资产有可预期的未来现金流，无法根据未来收益来量化内在价值。另一方面，比特币"稀缺性"的特征使其投资属性日益增强，来自市场的认可度在一定程度上支撑了内在价值，而认可度本身就难以量化，并且会随着外部因素的影响而波动，这导致比特币的价格泡沫检验无法通过真实价格与内在价值的偏差来量化确定。

由法玛（Fama，1970）提出的有效市场假说出发，单位根过程通常被看成价格源于其内在属性所对应的基本面路径。这一思路下，近期较流行的泡沫检验很多是结合资产价格序列路径的偏离特征进行市场泡沫检测和考察。考虑到现实情况中，泡沫会呈现出反复出现、膨胀、破裂的非线性特征，菲利普斯等（2011；2015）提出了通过递归回归的方法检验价格序列中是否具有爆炸单位根过程，不仅能够识别轻微的价格激增现象，还能克服传统单位根检验无法识别周期性泡沫的弊端。

菲利普斯等（2011；2015）指出资产市场上通常还会存在一定的弱时间趋势，并用弱截距单位根过程对资产价格的基本路径进行了刻画。如此，我们记比特币的价格序列为 $\{y_t, t = 1, 2, \cdots, T\}$，其在无泡沫设定下的路径走势可以表示为 $y_t = \mathrm{d}T^{-\eta} + y_{t-1} + \varepsilon_t$。其中，$\mathrm{d}T^{-\eta}$ 为弱截距项，d 为常数，$\eta > 1/2$，$\varepsilon_t \sim NID(0, \sigma^2)$。当市场出现泡沫时，比特币的价格路径表现出快速、持续的路径偏离，此时，可以用计量经济学中的爆炸性过程 $y_t = \rho y_{t-1} + \varepsilon_t$，$\rho > 1$ 对其进行动态刻画。将可能的泡沫特征纳入比特币价格序列的路径分析中，设定其走势为：

$$y_t = \mathrm{d}T^{-\eta} + \rho_t y_{t-1} + \varepsilon_t, \ \rho_t \geqslant 1 \tag{7.1}$$

式（7.1）对应的原假设检验为无价格泡沫 $H_0: \rho_t \equiv 1$，备择假设为局部区间上存在泡沫 $H_1: \rho_t > 1$。这一检验设定对应了现实市场泡沫反复膨胀、破裂的周期性特征。对于上述泡沫设定，可以通过本书前述提及的倒向上确界 ADF（BSADF）和广义上确界 ADF（GSADF）方法进行局部爆炸特征（泡沫现象）的识别。现实建模分析中，这两种方法往往配合使用，以有效检测和探讨泡沫的发生情况，并具体识别泡沫的发生和结束时点。

我们再次简要回顾下 BSADF 方法和 GSADF 方法的检验步骤。BSADF 检验建立在倒向递归的估计策略之上。关注待考察序列从始点开始的某个局部区段 $[y_1, y_t]$，$t < T$。设定窗宽 $r_0 \in (0, 1)$，并基于 y_t 以前的子样本 $[y_{t-[Tr_0]}, y_t]$ 进行右侧 ADF 检验，如下：

$$\Delta y_t \sim \alpha_{r_2} + \delta_{r_2} y_{t-1} + \sum_{i=1}^{k} \psi_{r_2}^i \Delta y_{t-i} + \varepsilon_t \tag{7.2}$$

其中，k 为差分滞后项的阶数，ε_t 服从均值为 0，方差为 σ^2 的独立正态分布。局部子样本是否存在泡沫的检验对应于 $H_0: \delta_{r_2} = 0$ 和 $H_1: \delta_{r_2} > 0$。保持右端点 y_t 不变，随后将子样本 $[y_{t-[Tr_0]}, y_t]$ 向前滚动递归分析至 $[y_1, y_t]$，对这一系列 ADF 检验值 $ADF(\hat{\delta}_{r_1, r_2})$ 取上确界便得到时点 t 的 BSADF

检验值 [见式 (7.3)]。

$$BSADF_{r_2}(r_0) = \sup_{r_1 \in [0, r_2 - r_0]} \{ADF_{r_1}^{r_2}\} = \sup_{r_1 \in [0, r_2 - r_0]} \left\{ \frac{\hat{\delta}_{r_1, r_2}}{se(\hat{\delta}_{r_1, r_2})} \right\} \tag{7.3}$$

在前述 BSADF 检验的基础上，不断向后滚动改变被关注区段 $[y_1, y_t]$ 的右端点位置，将由此得到的一系列 BSADF 检验值取上确界，即得到整个样本区间 $[y_1, y_T]$ 上的 GSADF 值，其统计形式和极限分布对应于式 (7.4) ~ 式 (7.5)：

$$GSADF(r_0) = \sup_{r_2 \in [r_0, 1]} BSADF_t(r_0) \tag{7.4}$$

$$GSADF(r_0) \Rightarrow \sup_{\substack{r_0 \leqslant r_2 \leqslant 1 \\ 0 \leqslant r_1 \leqslant r_2 - r_0 \\ r_w = r_2 - r_1}} \left\{ \frac{\frac{1}{2} r_w [W(r_2)^2 - W(r_1)^2 - r_w] - \int_{r_1}^{r_2} W(r) dr [W(r_2) - W(r_1)]}{r_w^{1/2} \left\{ r_w \int_{r_1}^{r_2} W(r)^2 dr - (\int_{r_1}^{r_2} W(r) dr)^2 \right\}^{1/2}} \right\}$$

$$\tag{7.5}$$

式 (7.5) 中的 W 为定义在 $[0, 1]$ 上的标准维纳过程。当 GSADF 检验值大于渐近分布 (7.5) 式的右侧临界值时，意味着比特币序列在考察区间上存在泡沫。

在进行泡沫检验之后，识别泡沫形成和破灭的时间点对比特币市场的投资者和监管部门更具有现实意义。因此，进一步识别 BSADF 值超出和回落小于相应右侧临界值的时点，得到具体的泡沫区段。记第一个泡沫的起点和结束点为 $\hat{r}_{e_1}$ 和 $\hat{r}_{f_1}$，相应估计策略简要见式 (7.6)：

$$\hat{r}_{e_1} = \inf_{r_2 \in (r_0, 1)} \{BSADF_{r_2}(r_0) > scv_{r_2}^{\beta_T}\}, \quad \hat{r}_{f_1} = \inf_{r_2 \in (\hat{r}_e + \delta Log(T)/T, 1)} \{BSADF_{r_2}(r_0) < scv_{r_2}^{\beta_T}\}$$

$$\tag{7.6}$$

$BSADF_{r_2}$ 为时点 Tr_2 对应的 BSADF 检验值，$scv_{r_2}^{\beta_T}$ 为 BSADF 统计量的右侧 $\beta_T\%$ 分位点。$\delta \log(T)/T$ 为理论上的最短泡沫持续长度。类似地，第二个泡沫的起点 $\hat{r}_{e_2}$ 和结束点 $\hat{r}_{f_2}$ 的估计式如式 (7.7) 所示：

$$\hat{r}_{e_2} = \inf_{r_2 \in (\hat{r}_{f_1}, 1)} \{BSADF_{r_2}(r_0) > scv_{r_2}^{\beta_T}\}, \quad \hat{r}_{f_2} = \inf_{r_2 \in (\hat{r}_{e_2} + \delta Log(T)/T, 1)} \{BSADF_{r_2}(r_0) < scv_{r_2}^{\beta_T}\}$$

$$\tag{7.7}$$

当考察序列中存在多个价格泡沫时，后续泡沫的识别与始末位置确定思路与式（7.7）策略类似。在菲利普斯等（2015）的理论设定下，上述检验策略下估测出的泡沫区间具有一致性。我们基于上述的理论框架实证检验分析比特币的市场泡沫及特征，并结合比特币的特殊属性解释泡沫原因。

7.3　实证结果及分析

本部分基于 GSADF 和 BSADF 方法对比特币价格序列进行实证检验，识别样本期间的泡沫区段及特征。

7.3.1　样本数据及说明

选择 CoinDesk 平台的比特币价格指数作为研究对象。2013 年 9 月 CoinDesk 创立了比特币价格指数，以美元标价，由各大交易所的平均价格计算得出。因其数据来源广泛，综合考虑多个交易所的价格，可选择该指数作为比特币市场价格的基准。基于数据的可获得性，本书选取 2013 年 10 月 1 日 ~2021 年 5 月 31 日的每日收盘价作为比特币价格，价格走势见图 7-1。

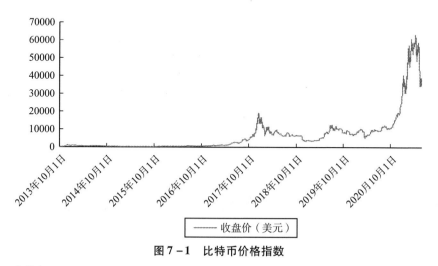

图 7-1　比特币价格指数

资料来源：CoinMarketCap 官网。

根据描述性统计，样本区间内比特币价格均值为 6169.44 美元，远高于中位数 2719.15 美元，说明研究样本存在大量极端值。此外，从比特币价格的标准差为 10102.62 也可以得到样本区间价格波动幅度剧烈。价格序列的偏度为 3.47，表示比特币价格存在明显的右偏，其峰度为 13.54，表明样本不服从正态分布。

图 7-1 显示，在 2013 年 10 月至 2021 年 5 月的样本期间内，比特币的价格指数出现了两个明显的峰值。其一是在 2017 年 12 月 7 日，价格达到 19166.98 美元的高位，相比 2013 年 10 月 1 日增长了 154%。近 20000 美元的比特币价格引起了市场剧烈反响，但高位价格并未持续。2018 年初比特币价格暴跌，进入熊市，2018 年 11 月中旬至 2019 年 3 月，比特币的价格跌破 5000 美元。随着中美贸易摩擦，国际形势日趋复杂，经济不确定性日益提高，比特币再次被投资者考虑作为资产组合多样化的工具，2019 年 6 月总市值再次突破 2000 亿美元，价格出现 1.2 万美元的高位，但仍未超过 2017 年底的价格峰值。其二，2020 年底至 2021 年 4 月，比特币价格指数再次突破 2 万美元大关迅猛上涨，短短数月价格就达到 63346.79 美元，是 2017 年底价格峰值的三倍多。爆炸性上涨的价格指数再次取得公众的强烈关注，其中不乏投机者入市炒币，市场存在明显的价格泡沫。

7.3.2 泡沫检验结果

针对图 7-1 中比特币价格序列在部分区间直观呈现的爆炸性上涨特征，我们结合 GSADF 和 BSADF 检验方法对其进行泡沫检验。首先，根据式 (7.3) 得到各时点 t 下的 BSADF 检验值，见图 7-2。虚线 cv 表示 BSADF 检验在 5% 显著水平下的渐近临界值（取值为 0.52）[①]。为保证初始点的 BSADF 检验中有足够的历史信息，正式检验点从 2013 年 12 月 21 日开始（即开始端点前设定了 50 个样本学习点）。参考菲利普斯等（2015）将具体

---

① 这里的 BSADF 检验临界值由 5000 次蒙特卡罗模拟得到。模拟中的数据生成过程为弱截距单位根过程：$y_t = T^{-1} + y_{t-1} + u_t$，$u_t \in NID(0, 1)$。

滚动检验中的窗宽设定为 $r_0 = 0.2$。另外，根据比特币的交易模式将泡沫的最短持续长度设定为 10。

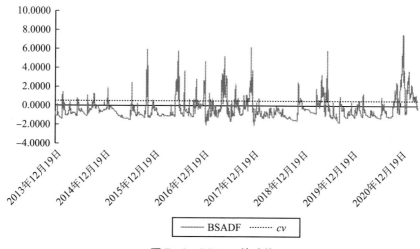

图 7-2　**BSADF 检验值**

其次，根据各时点的 BSADF 值计算得到考察样本期间的 GSADF 值为 $\sup(BSADF) = 7.53$，远高于 GSADF 检验的右侧 5% 临界点 1.95[①]，这一检验结果拒绝弱单位根路径原假设，接受比特币价格序列存在泡沫的备则假设。

进一步，结合各时点上的 BSADF 统计量值，以式 (7.6) 和式 (7.7) 进一步确定各个泡沫的形成和破灭时点。为排除市场的短期跳跃情况，综合考虑日度数据和样本量后将 δ 设定为 3，即最短泡沫长度约等于 10。实证检验得到 9 个泡沫区段[②]，具体结果如表 7-2 所示。

如表 7-2 所示，在 2013 年 10 月 1 日至 2021 年 5 月 31 日的样本研究期间，共检测出 9 段泡沫，说明由于比特币没有基本面支撑，其间价格频繁波

---

① 这里的检验临界值同样经过 5000 次蒙特卡洛模拟实验得到。
② 我们同样考虑了进一步的时间趋势结构退势（见第 4 章）对 BSADF 泡沫区段进行检测，结果支持区间的爆炸性特征，避免建模分析步骤同第 5 章部分内容的重复性，未予列出。

动，多次出现暴涨暴跌的现象。从持续天数来看，泡沫 9 持续时间最长为 75 天，其次是发生在 2017 年 5 月的泡沫 4 及 2020 年底的泡沫 8。结合最大 BSADF 值和平均 BSADF 值来看，发生在 2020 年 12 月至 2021 年 1 月的泡沫 8 程度最大，最大 BSADF 值和平均 BSADF 值均达为所有泡沫区间的最大值，分别是 7.5267 和 3.5612，价格上涨幅度高达 108.40%。价格上涨幅度最大的 3 段泡沫分别发生在 2017 年底、2017 年 5 月以及 2020 年底，涨幅分别为 146.13%、112.27% 及 108.40%，与图 7-1 中的直观特征相符。

表 7-2　　　　　　　　比特币价格泡沫的基本描述

序号	起始时点	结束时点	持续天数	最大 BSADF 值	平均 BSADF 值	价格上涨幅度（%）
1	2015 年 10 月 25 日	2015 年 11 月 5 日	12	5.8554	2.5667	52.77
2	2016 年 6 月 7 日	2016 年 6 月 22 日	16	5.7784	3.0058	34.49
3	2016 年 12 月 22 日	2017 年 1 月 5 日	15	4.4851	2.1445	35.34
4	2017 年 5 月 2 日	2017 年 6 月 15 日	45	5.2114	2.1572	112.27
5	2017 年 12 月 2 日	2017 年 12 月 21 日	33	6.1638	2.3309	146.13
6	2019 年 5 月 8 日	2019 年 6 月 4 日	28	3.2648	1.6072	49.17
7	2019 年 6 月 15 日	2019 年 6 月 30 日	16	5.5819	2.0742	43.58
8	2020 年 12 月 16 日	2021 年 1 月 21 日	37	7.5267	3.5612	108.40
9	2021 年 2 月 3 日	2021 年 4 月 18 日	75	3.6473	1.4830	77.78

为使检验结果具有稳健性，我们还通过改变窗宽和样本初始值重新进行了检验，临界值依然基于 5000 次蒙特卡洛模拟实验。相应检验结果显示，GSADF 值均大于 5% 显著水平下的渐近临界值。此外，泡沫区段数量、持续天数及泡沫程度均基本保持一致，说明上述研究结果具有稳健性。

7.4　比特币价格泡沫的演化机制探讨

比特币的特殊属性决定了其价格影响因素复杂多变。一方面，从市场内部来说，比特币作为一种特殊商品，其供求关系会直接影响价格的波动。但由于供给总量设有上限，每四年的"减半"机制向市场释放"稀缺性"信号，导致市场参与者产生巨大的需求。另一方面，比特币作为新型投资品，相比传统金融资产具有更小的总市值，这意味着其价格对市场的内外部信息反应更为敏感，任何利好或利空消息都有可能使市场参与者重新判断比特币的价值，进而改变需求导致价格波动。因此，本节结合比特币的特殊属性多角度地分析价格泡沫的形成机制，通过梳理不同泡沫产生的原因，提示投资者理性看待比特币暴涨背后的"真相"，也为相关部门制定政策提供一定依据。

7.4.1　直接机制

机制一：比特币的"稀缺性"特征导致市场对价格形成强烈的上涨预期。

因特殊的生产机制，比特币的总量固定在 2100 万枚，最终会在 2140 年达到 2100 万枚的设定上限（闵敏和柳永明，2014）。市场参与者往往基于"稀缺性"的特征肯定其投资价值从而大量囤币，认为在供给一定的前提下，需求的增加势必会抬高价格，不断上涨的价格又会刺激新的需求进入市场，助推价格泡沫产生。

泡沫 2 发生在比特币减半时点的前一个月，投资者希望能从供给量减半、价格上涨中获利，这种预期会随着减半时点的逼近而愈发强烈，最终使得市场价格向大多数投资者预期的方向发展。在市场见证了 2012 年 11 月及 2016 年 7 月两次减半后价格迅猛的涨势后，越来越多的人开始了解加密数字货币并在下一次减半时点到来前积极布局，使得供给减半机制带来的效应提前反映，因此 2020 年 5 月的第三次数量减半事件成为 2019 年 6 ~ 7 月两次泡沫的重要推手之一。

机制二：比特币的交易价值得到相关国家的认可，法律政策向市场释放利好消息，激增的交易量推动价格上涨。

从用于支付商品与服务的角度来说，比特币不同于信用货币由国家发行并强制流通，而是需要得到国家的承认后在一定范围内发挥交易媒介作用，这意味着国家颁布与比特币相关的法律政策会使公众快速形成预期，公众的反应会作用于比特币的需求端从而改变供求关系并引起价格波动。

比如，在 2013 年 8 月，德国正式承认比特币合法"货币"的地位，认可比特币用于多边结算、缴税和参与贸易活动①，同年 11 月比特币价格指数就已突破 1000 美元，短短三个月内涨幅近 930%。欧盟法院也于两年后颁布将比特币视为货币的裁定，这一裁定为比特币在欧盟范围内的免税兑换、低成本交易打下基础，推动其在欧盟市场的迅速发展。

泡沫 2 和泡沫 4 的产生与日本认可比特币支付功能的监管法案密切相关。日本对加密数字货币的态度较为积极，是最早为虚拟货币合法交易提供法律保障的国家。2016 年 5 月 25 日日本首次批准了数字货币监管法案，承认区块链技术的潜在价值并将比特币归为财产，认可比特币交易的合法性。2017 年 4 月 1 日日本内阁签署的《支付服务修正法案》正式生效，比特币被赋予购买商品、借款、劳务支付等功能。在这些政策的影响下，当地很多零售店及商场纷纷接受比特币，导致大量的交易需求。同时，日本对数字货币的积极态度吸引了众多数字资产投资者。据 Cryptocompare 的数据显示，2017 年 5 月以日币交易的市值占全球 52.35%，过半的交易比重明显影响了当时的市价。

机制三：比特币作为金融资产的认可度上升，交易渠道增多，吸引大量新的投资者入市。

比特币作为新型资产，国家层面的认可同样会向市场释放强有力的信号，刺激投资需求。比如，2015 年美国商品期货交易委员会（CFTC）正式

---

① 资料来源：中国经济网，http://finace.ce.cn/rolling/201308/27/t20130827_1256109.shtml。

把比特币归入大宗商品，肯定了比特币商品特征和投资价值。此外，行业内认可比特币的价值并推出以比特币为标的资产的金融产品也给市场注入一针兴奋剂，尤其是在市场投资热情高涨的时间段。这些产品的推出说明部分传统金融机构开始认可原本一直处于灰色地带的比特币，逐渐合规化比特币的投资渠道，吸引更多机构投资者入市，价格会受到其雄厚资金实力的影响而出现剧烈波动。

比如在 2017 年底，芝加哥期权交易所（CBOE）、芝加哥商品交易所（CME）及纳斯达克交易所（NASDAQ）先后计划上市比特币期货。产品在 CBOE 上市当天，火爆的交易量导致比特币三次触发熔断机制，当日价格涨幅近 20%。主流机构推出的金融衍生品不仅降低了投资门槛，也让部分不看好比特币前景的机构投资者利用做空机制将其预期传递到市场中，及时纠正了价格因狂热投机导致的过度偏离。2021 年加密货币再次得到监管机构的肯定，加拿大证券监管机构于 3 月批准了 3 家资产管理公司的比特币 ETF 上市申请。该类资产为投资者提供了更为安全、快捷的交易渠道。尤其是在宏观经济环境不确定性加剧、全球避险情绪高涨的背景下，更多不了解技术的散户和机构投资者可采取这种间接投资的方式将比特币纳入资产组合中从而实现分散风险的目的，由此产生的需求再次助推了新一轮泡沫的产生。

此外，与加密数字货币领域密切相关的利好信息同样是某些时段价格泡沫的重要推手。比如 2017 首次代币发行（ICO）的盛行发展，这种依托于比特币等加密货币、融资效率高、监管宽松的融资模式广受区块链领域初创企业的追捧，刺激出大量的投机需求，炒作氛围浓厚。近两年，互联网巨头 Facebook 推出稳定币 Libra 让更多质疑比特币的局外人开始重新审视加密数字货币的价值，加速价格泡沫的膨胀。

7.4.2　间接机制

机制四：传统资产市场低迷加速资金流向虚拟货币，比特币作为替代投资品的需求激增，中国交易者的狂热投机滋生价格泡沫。

随着比特币逐渐成为一种投资工具，其与其他金融资产市场就存在了紧密联系。迪赫尔博格（Dyhrberg，2016）和沙哈扎达等（Shahzad et al.，2019）的研究表明比特币能够作为其他金融资产的对冲工具，甚至在危机期间可充当避风港，布里等（Bouri et al.，2017）进一步指出这种避风港作用在中国股市面临极端风险时更加明显。

为检验该机制的合理性，本书分析了 2015 年 1 月 1 日至 2017 年 1 月 5 日上证指数价格及其交易量、比特币价格及其交易量间的 Pearson 相关系数和 Spearman 相关系数。表 7 - 3 左下方为 Pearson 相关系数，右上方是 Spearman 相关系数。

表 7 - 3 　　　　　　　　　　　相关系数表

	股票价格	股票交易量	比特币价格	比特币交易量
股票价格		0.7544	- 0.4339	- 0.3329
股票交易量	0.8414		- 0.6857	- 0.365
比特币价格	- 0.3507	- 0.5012		0.4722
比特币交易量	- 0.2457	- 0.2793	0.635	

表 7 - 3 主要说明了三个事实。第一，比特币交易量与股票交易量呈负向关系（Pearson 相关系数为 - 0.2793，Spearman 相关系数为 - 0.3650）；第二，股票价格与比特币交易量也呈负向关系（Pearson 相关系数为 - 0.2457，Spearman 相关系数为 - 0.3329）；第三，股票价格与比特币价格间也存在负向关系（Pearson 相关系数为 - 0.3507，Spearman 相关系数为 - 0.4339）。相关系数分析表明，2015 年股票价格下跌，市场交易量下降，但比特币的市场交易表现活跃，与股市交易量间存在明显的负向关系，同时比特币的价格也呈现上涨趋势。因此，本书认为当传统资产市场低迷时，比特币能够扮演替代投资品的角色。

自 2008 年区块链概念提出并逐渐在中国传播以来，国内市场参与者逐渐成为比特币市场的主力军。特别是在 2015 年后，国内三大交易所火币网、OKCoin 币行和比特币中国的交易量剧增。同时，人民币在美联储开启的新一轮加息中大幅贬值，市场迫切寻求新的投资品。央行于 2016年 12 月发布的《金融机构大额交易和可疑交易报告管理办法》加大了对外汇额度的管制，比特币因此成为国内重要投资（机）对象，甚至成为变相换汇的通道。清华大学五道口金融学院发布的《2014～2016 全球比特币研究报告》显示，截至 2016 年底中国比特币交易占全球的 80%以上，火币网的用户抽样调查表明，80.77% 的投资者交易比特币的目的是短期盈利。

机制五：宏观经济环境不确定性加剧，投资者避险情绪高涨，大规模资金流向比特币市场。

比特币与其他投资资产一样会受到宏观经济环境的影响，尤其是在外部经济环境不确定性加剧的情况下，比特币的投资者们会更强调其"数字黄金"属性，加上比特币与传统金融资产的关联性较弱，投资者日益高涨的避险情绪推动价格远超合理的水平。布里等（Bouri et al.，2017）认为比特币的确可以发挥对冲经济不确定的作用，袁磊和耿新（2020）同样证实了境内风险与资本流出转向比特币渠道的规模间存在正相关性。因此，该机制也在价格泡沫产生过程中发挥重要作用。

2016 年 11 月的美国大选给全球金融市场蒙上了不确定的面纱，资产价格在不稳定的市场预期下极易剧烈波动；2019 年英国脱欧，地缘政治风险依然存在，国际贸易摩擦再度升级；2020 年突如其来的新冠肺炎疫情再次让全球经济秩序失衡，实体经济受到了冲击，投资者信心降低进而导致资本市场大幅波动。这一系列的事件无疑让暴露在市场风险的投资者迫切寻找避风港，比特币也成为重点关注对象之一，其价格也屡创新高。

机制六：新一轮量化宽松导致全球流动性过剩，金融资产需求增加，价格上涨幅度大。

2020 年底至 2021 年初的两次价格泡沫与新冠肺炎疫情影响下美联储等多国央行实施量化宽松政策密切相关。为应对疫情冲击，美联储、英格兰银行、欧洲央行等采取了多样的方式来扩大货币供应量，如下调基准利率，增加资产购买等。随着时间的推移，无限量的"放水"政策导致过多的资金流入各类资产市场，货币政策的溢出效应明显，通货膨胀、资产价格泡沫等风险也会愈加凸显（刘玉芬和韩立岩，2014）。此时，比特币供应量有限的属性吸引了投资者。尤其是在 2020 年 3 月美股暴跌 4 次触发熔断机制后，比特币成为众多投资者用于分散风险、追逐高收益的新型资产，庞大的交易需求在新一轮量化宽松的背景下滋生出 2 次价格泡沫。

7.4.3　不同机制之间的关系

以上六种机制分别从直接和间接两个渠道解释了比特币的价格泡沫。特殊的供给机制、相关国家针对性的法律法规以及合规的投资品都会直接影响比特币的交易及投资需求。对比特币价格的间接影响主要来自外部宏观环境的因素，投资者基于多样化投资或避险目的参与市场交易，投资（机）需求占主导。

当然，不同的机制间也存在关联。首先，在现实情况中，比特币基于交易媒介价值（机制二）和金融投资品价值（机制三）产生的交易或投资（机）需求并不独立存在，相反，二者相互补充，共同提升比特币的市场认可度，稀缺性特征（机制一）又会加速市场认可，进一步强化价格上涨预期。其次，宏观经济不确定性加剧（机制五）可能带来金融市场的动荡（机制四），同时经济环境恶化也可能促使一国为纾缓经济困境出台扩张的货币政策（机制六）。最后，直接机制和间接机制相互关联使得价格泡沫的原因更为复杂。比如，受传统金融资产市场低迷的影响，投资者会考虑资产转移，同时比特币的稀缺性特征也促使他们在减半时点前积极布局。此时，投机者会被高价吸引入市交易，基于博傻理论，交易价格不断被抬升，泡沫便逐渐形成。各机制与价格泡沫间的关系如图 7 - 3 所示。

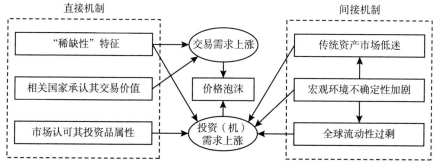

图 7-3　价格泡沫的演化机制

结合上述分析，表 7-4 直观反映了前述 9 段比特币价格泡沫涵盖的演化机制。

表 7-4　　　　　　　　　各泡沫时段主要的演化机制

序号	机制一	机制二	机制三	机制四	机制五	机制六
泡沫 1		√	√			
泡沫 2	√	√				
泡沫 3				√	√	
泡沫 4		√	√			
泡沫 5			√			
泡沫 6	√				√	
泡沫 7	√				√	
泡沫 8					√	√
泡沫 9					√	√

7.5　基于事件研究法的进一步探讨

本节的研究进一步定量分析比特币在外部事件刺激下的异常收益率。这一工作一方面可以更直观地反映事件冲击下价格的剧烈波动，从而检验价格泡沫的演化机制，另一方面可以探讨监管政策在规范比特币市场方面所发挥的重要作用。

相比传统金融资产，比特币价格波动更剧烈，更易吸引投机者炒作。一方面，比特币的总市值相对较小，全球价格容易被操纵。另一方面，比特币没有明确的基本面价值，完全取决于公众的预期。当市场出现利好消息，公众会结合比特币的特征属性判断其价值进而产生不同的需求，价格呈现上涨趋势的同时，大量资金盲目追逐这种稀缺品会使价格螺旋上升并催生泡沫。反之，利空消息，如监管政策趋紧会带来价格大幅下跌。

图 7–4 梳理了 2013 年 10 月～2021 年 5 月影响比特币价格的重大外部事件。本部分从中选择 4 个代表性事件定量分析比特币价格的异常波动率，其中前两个事件分别用于从直接和间接两个渠道检验泡沫的演化机理，后两个事件用于检验监管政策对价格异常波动的作用。

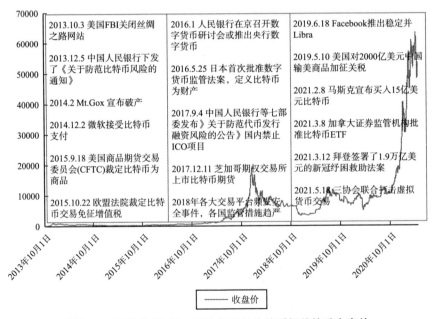

图 7–4　2013 年 10 月～2021 年 5 月比特币相关的重大事件

　　本书通过 2016 年 5 月 25 日日本首次批准了数字货币监管法案（事件 1）和 2019 年 5 月 10 日美国对中国加征的关税从 10% 上调至 25%（事件 2）两个事件分别检验了泡沫演化的直接机制和间接机制。具体而言，日本批准监管法案主要体现了相关国家认可比特币的交易价值，但同时该事件也临近于比特币第二次供给减半的时点（2016 年 6 月），事件作用下的异常收益率既反映了市场认可提升刺激了交易需求的激增，也体现了投资者基于"稀缺性"特征所增加的投资需求。同理，2019 年 5 月 10 日美国对中国加征的关税从 10% 上调至 25%，投资者会基于全球贸易摩擦加剧的考虑寻求避险资产，同时宏观经济不确定性加剧也会带来其他资产市场的价格波动，比特币成为重要的替代投资品之一。而 2017 年 9 月 4 日央行等七部委发布的《关于防范代币发行融资风险的公告》（事件 3）以及 2021 年 5 月 18 日中国互联网金融协会等三协会发文抵制虚拟货币（事件 4）的事件从监管层面严重打击了比特币交易。比特币在 2017 年并未全面禁止，国内投资者可以通过交易平台自愿交易这种特定的虚拟商品。尤其在 2016 年底大量的市场参与者疯狂投资炒作，价格暴涨导致泡沫风险激增。然而，在中国采取"一刀切"的监管措施后，仍有投资者通过场外交易进入比特币市场，大量资金游离于监管之外。一旦市场热情退去，价格泡沫破裂，这些投资者将面临巨大的损失。因此，有效的监管措施能及时抑制价格的异常波动，对于防范风险具有重要意义。

　　由于比特币价格走势对重大事件较为敏感，为避免过长窗口期内多事件的干扰，本部分研究选择（−5，+5）的事件窗口。同时参考沛根等（Pagan et al.，1996）的研究，将估计窗口设定为 120 个交易日，以充分反映事件发生前比特币价格收益率情况。如下，计算事件发生前 $[T_0, T_1]$ 样本的算术平均收益作为正常收益率，采用均值调整模型计算异常收益率 $AR_t = R_t - 1/N \sum_{T_0}^{T_1} R_t$，该指标对应于事件窗的收益率与正常收益率的差。随后加总窗口期内异常收益率可得到累计异常收益率，记为 $CAR(t_1, t_2) = \sum_{\tau=t_1}^{t_2} AR_\tau$。通过检验 AR_t 和 $CAR(t_1, t_2)$ 是否显著异于 0 考察事件冲击对于比特币价格序列的影响，设定 4 个事件的窗口期见表 7 - 5。

表 7 - 5　　　　　　　　　　　事件窗口的设定

窗口事件	估计窗	事件窗	事后窗
事件 1	2016 年 1 月 21 日 ~ 2016 年 5 月 19 日	2016 年 5 月 20 日 ~ 2016 年 5 月 30 日	2016 年 5 月 31 日 ~ 2016 年 6 月 20 日
事件 2	2019 年 1 月 5 日 ~ 2019 年 5 月 4 日	2019 年 5 月 5 日 ~ 2019 年 5 月 15 日	2019 年 5 月 16 日 ~ 2019 年 5 月 28 日
事件 3	2017 年 5 月 2 日 ~ 2017 年 8 月 29 日	2017 年 8 月 30 日 ~ 2017 年 9 月 9 日	2017 年 9 月 10 日 ~ 2017 年 9 月 16 日
事件 4	2021 年 1 月 13 日 ~ 2021 年 5 月 12 日	2021 年 5 月 13 日 ~ 2021 年 5 月 23 日	2021 年 5 月 24 日 ~ 2021 年 5 月 31 日

根据 $R_t = \ln(p_t / p_{t-1})$ 计算比特币的收益率定义，其中 p_t 表示第 t 期的价格。由均值调整模型得到事件窗和事后窗的异常收益率和累计异常收益率，见图 7 - 5 ~ 图 7 - 8。

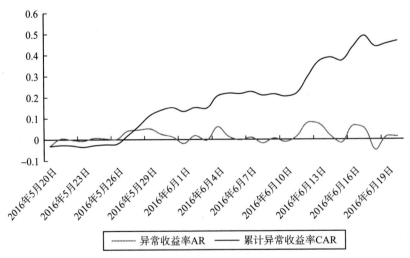

图 7 - 5　事件 1 对比特币价格的影响

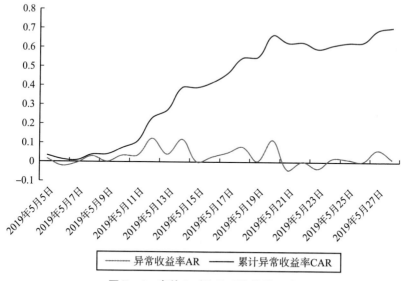

图 7 - 6　事件 2 对比特币价格的影响

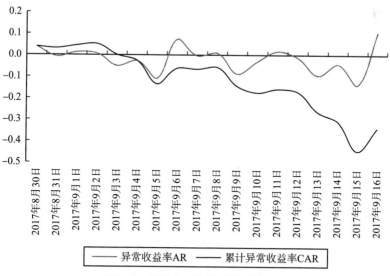

图 7 - 7　事件 3 对比特币价格的影响

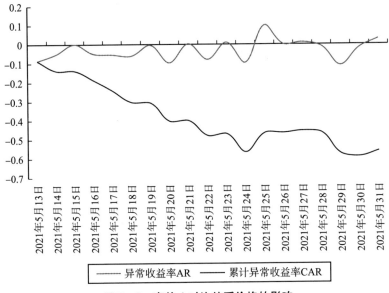

图 7 - 8　事件 4 对比特币价格的影响

随后，检验事件作用下异常收益率和累计异常收益率的显著性。检验统计量对应于 $SAR_t = AR_t / \sqrt{\mathrm{var}(AR_t)}$ 和 $SCAR(t_1, t_2) = CAR(t_1, t_2) / \sqrt{\mathrm{var}[CAR(t_1, t_2)]}$，相应的原假设 H_0 为：外部事件不会在某一交易日或整个事件窗口对比特币的价格产生显著影响；备择假设 H_1：事件会在某一交易日或整个事件窗口对比特币的价格产生显著影响。事件 1 ~ 事件 4 对于比特币的异常收益率及累计异常收益率的影响见表 7 - 6。

表 7 - 6　　　　　　　　　　事件作用下的异常收益率　　　　　　　　　单位：%

T	AR_1	AR_2	AR_3	AR_4
-5	- 3. 1176 ** (- 1. 7045)	1. 635 - 0. 6008	3. 8958 - 0. 811	- 8. 6715 ** (- 2. 1328)
-4	0. 4659 - 0. 2547	- 2. 0803 (- 0. 7644)	- 0. 7337 (- 0. 1527)	- 5. 2044 (- 1. 2800)

续表

T	AR$_1$	AR$_2$	AR$_3$	AR$_4$
−3	−0.1636 （−0.0894）	−0.4804 （−0.1765）	1.2832 −0.2671	0.0126 −0.0031
−2	−0.6798 （−0.3716）	2.978 −1.0943	0.7018 −0.1461	−4.9117 （−1.2081）
−1	0.7403 −0.4048	0.199 −0.0731	−5.001 （−1.0411）	−5.4062* （−1.3297）
0	0.422 −0.2307	3.4018 −1.25	−2.6936 （−0.5607）	−6.0710* （−1.4932）
1	0.127 −0.0694	3.2795 −1.2051	10.8727** （−2.2634）	−0.4061 （−0.0999）
2	3.9968** −2.1852	12.3697*** −4.5454	7.2530* −1.5099	−9.6243*** （−2.3672）
3	4.5713*** −2.4993	4.0369* −1.4834	−0.4164 （−0.0867）	0.2746 −0.0675
4	5.0604*** −2.7667	11.9300*** −4.3838	0.8846 −0.1841	−7.9217** （−1.9484）
5	2.5022%* −1.368	−0.086 （−0.0316）	−8.7871** （−1.8292）	1.0042 −0.247

注：AR$_1$～AR$_4$ 分别代表事件 1～事件 4 的异常收益率，括号内为 t 值，***、**、* 分别表示在 1%、5%、10% 水平下显著。

综合表 7-6、表 7-7 可知，4 个代表性事件均对比特币价格走势存在显著影响。具体来讲，日本用法律手段保障比特币的合法交易，一方面能扩大其作为交易媒介的应用范围，另一方面增强了公众对其的信心，交易需求会带动投资需求，对价格走势产生正向作用。在全球经济环境不稳定性加剧的背景下，比特币的稀缺性特征成为投资、游资炒作的重要理由，大量资金追逐虚拟资产，给公众带来财富增值的假象，从而吸引更多投机者加速价格上涨。然而，我国对比特币强硬的监管态度直接对比特币的价格走势造成了显著的负向影响，这与理论分析中利空事件会带来负面市场效应的结论一致。此外，相比事件4，事件3作用下的比特币异常波动幅度略小，我们认为原因主要在于：虽然在2017年9月ICO融资活动被及时叫停，所有比特币交易也被要求停止，但在当时大多数国家并未针对比特币出台监管措施，使得投资者仍然能在海外交易或参与投机活动。2017年底泡沫突然破裂让各国充分认识到监管加密货币的重要性。随着公众对比特币等加密货币的认识逐渐深入，各国的监管政策逐渐完善，对比特币价格的异常波动更加敏感。针对比特币的泡沫，我国的监管态度对抑制泡沫继续膨胀发挥着重要作用。

表7-7 　　　　　　　　　事件作用下的累计异常收益率　　　　　　　单位:%

窗口期	(-1, +1)	(-2, +2)	(-3, +3)	(-4, +4)	(-5, +5)
CAR_1	1.2894 *** -4.486	-2.6865 (-1.5093)	-2.7978 (-0.7144)	14.5405 ** -2.7854	13.9251 ** -2.1889
CAR_2	6.8804 * -2.0595	22.2281 ** -2.8019	25.7846 ** -2.5335	35.6343 ** -2.6343	37.1833 ** -2.5046
CAR_3	-18.5673 ** (-2.5851)	-10.6124 (-1.5222)	-9.7456 (-1.4726)	-9.5946 (-1.5532)	-14.4859 * (-2.0736)
CAR_4	-11.8834 ** (-3.2754)	-26.4194 ** (-3.2817)	-26.1321 ** (-2.5999)	-39.2583 *** (-3.2100)	-46.9255 *** (-3.3776)

注：CAR_1 ~ CAR_4 分别代表事件1~事件4的异常收益率，括号内为t值，***、**、* 分别表示在1%、5%、10%水平下显著。

7.6 比特币风险防范的政策建议

比特币是具有部分货币职能的特殊商品，既被赋予了一定范围内支付结算的货币职能，更因稀缺性的特征吸引了全球大量投资者。本书基于 GSADF 和 BSADF 方法检验出在 2013 年 10 月～2021 年 5 月期间共有 9 段价格泡沫，进一步归纳出 6 种泡沫演化机制，其中比特币供给有限的"稀缺性"特征、相关国家和市场对比特币的认可度提升会直接影响比特币的交易需求和投资（机）需求，而宏观经济不确定性加剧、资产市场低迷以及过度宽松的货币政策会间接作用于市场需求。结合事件分析，本书认为在两类机制的共同影响下，价格反复呈现泡沫特征。此外，本书通过事件研究法分别检验了直接机制和间接机制，结果支撑了演化机制的定性分析，同时强有力的监管措施会严厉打击市场炒作行为，降低资产价格泡沫化的金融风险。为此，我们从以下方面提出政策建议。

第一，构建完善的数字货币监管体系，加强国际间的监管合作。一方面，应及早出台监管比特币等数字货币的法律或行政法规，必要时成立专门的监管治理机构。在缺少完善监管体系的环境下，过度交易比特币会产生威胁金融安全与社会稳定的潜在风险。另一方面，比特币可在全球范围流通，在各国监管制度不同的现实下很可能出现监管套利。因此建议加强国际监管机构间的合作，促进监管的协同性。

第二，规范交易平台管理，加强虚拟货币交易资金监测。随着市场认可度提升，比特币逐渐演变成一种投资工具。比特币的交易依托数字货币交易平台，这意味着除了提供稳定的监管环境外，还应对交易平台进行合规管理。因此，一方面应完善交易平台的管理，比如发放特许经营牌照，或要求比特币服务提供商满足注册地、运营地及客户所在地的许可，严防资金游离监管之外；另一方面，加强监测交易资金的规模及流向，强化监管部门与平台的信息共享，构建大数据交易监测平台，及时捕捉平台异常交易，避免虚拟货币市场与传统金融市场间的风险传染。

第三，加强投资者教育，保护投资者权益。比特币市场浓厚的炒作氛围使其价格频繁地剧烈波动，一旦形成价格泡沫，破灭后会给投资者带来巨大损失。因此，应加强宣传教育使投资者充分认识比特币的本质属性，提高风险防范意识，理性分析市场价格，避免盲目跟风陷入数字骗局。同时监管机构及相关部门应要求交易平台充分披露信息，在市场出现异常波动时，及时发布风险提示，保护投资者权益。

7.7 小　　结

随着加密货币以及区块链行业的发展，数字货币市场的发展如火如荼。作为数字货币的开山鼻祖和典型代表，比特币的市场交易份额一直占据加密数字货币市场的半数以上。特别是在近年全球货币大放水背景下，比特币由于其体现出的部分货币属性及稀缺性特点，成为投资者热烈追捧的避险资产。在近十年的发展过程中，比特币的价格经历了反复的暴涨暴跌，但市场认可度和交易热情却在持续提升，至 2021 年底，其单位价格已由最初的不足 1 美分上涨到了 45900 美元。其价格路径背后的推力来自何处？是否在部分时段表现出了典型的泡沫性特征？又如何理解比特币泡沫的演化机制并进行有效的市场风险防范？结合 GSADF 泡沫检验、泡沫生成机制探讨和事件研究法，本章的研究对上述问题进行了回应，为防范数字货币市场风险，规范数字货币的市场秩序，进而维护我国金融安全和经济社会平稳发展提供实证启示。

比特币在本质上是一种具有部分货币职能的特殊商品，并表现出明显的投资属性。通过泡沫计量检验，我们识别出了比特币价格序列在 2013 年 12 月～2021 年 5 月间存在的 9 个泡沫区段，在检验出的泡沫区段上，比特币价格表现出爆炸性的上涨特征，体现出了短期内市场投机、炒作情绪的极度热化。为了进一步明确比特币泡沫的生成和演化机制。我们结合比特币的多重属性特征对比特币价格泡沫的形成机制进行了探讨和检验。研究发现，比特币泡沫形成的直接机制主要来自比特币的"稀缺性"特征、国家承认比特币的交易价值、市场认可并强化比特币的金融资产属性三个作用渠道，间接机制则主要来自传统资产市场低迷、宏观经济环境不确定性加剧、全球流动性过剩下金融资产需求增加带来的比特币市场资金流入的加大。当然，在现实情境中，上述直接或间接作用渠道下的不同机制间也存在关联，从而体现了比特币价格泡沫形成的复杂性。

　　本章同时定量分析了比特币在外部事件刺激下的异常收益率，由此直观反映事件冲击对比特币价格波动和泡沫形成的影响，并强调了监管政策在规范比特币市场所发挥的重要作用。随着公众对比特币认识的逐渐深入以及各国监管政策的逐渐完善，投资者对比特币价格的异常波动更加敏感，强硬的监管态度对抑制比特币泡沫的继续膨胀具有重要作用。结合实证研究结论，我们就强化数字货币市场的监管，降低资产价格泡沫化的金融风险提出了建议。在数字货币市场不断深化发展背景下，相应管理层需要进一步构建完善的数字货币监管体系，加强虚拟货币交易资金监测和国际监管合作，避免虚拟货币市场与传统金融市场间的风险传染；同时应强化交易平台的管理和信息披露，及时发布风险提示，并加强对投资者的宣传和教育，避免其盲目跟风陷入数字骗局，保护投资者权益。

第 8 章 结　　语

　　伴随着疫情时代全球央行极度宽松化政策的开启，债务扩张和资产价格快速上涨共同构筑了当前国际金融市场的奇特画面。这一背景下，关于资产市场泡沫风险的议题再次被大家所关注。其中，如何明确市场局部路径下的泡沫成分，如何有效对其进行计量描述，构成了相应问题探讨的关键。随着PSY（2011，2015）关于右侧上确界 ADF 检验的提出和研究展开，关于资产泡沫的计量识别在近年来已形成了流行性的滚动分析框架，这一分析思路可以更为全面地捕捉局部爆炸成分所引致的泡沫特征。不过，相应泡沫检验设定均忽略了现实资产序列可能存在的时间趋势结构变化特征，后者情境下，以 BSADF 方法为代表的泡沫计量检验表现出较大的检验偏误，如何对其进行进一步的理论完善，并有效应用于现实场景是本书的核心议题。以可能存在时间趋势变动结构特征的资产序列路径为设定基础，本书结合上确界 ADF 类型检验的理论修订和扩展，在一个更为宽泛的框架下进行资产泡沫的计量识别和建模研究工作，为现实资产市场的风险识别和路径特征考察奠定科学数量技术支撑。

　　本书内容安排包括了理论和应用两部分。在理论部分，本书沿着近年来资产泡沫检验文献的研究脉络，对已有的泡沫检验方法进行了梳理，并重点对以 BSADF 检验为代表的右侧递归检验的理论基础及其在趋势变动框架下的不足进行了探讨和理论完善，进一步提升了相应资产泡沫检验的现实应用效力，扩展并丰富现有资产泡沫风险的设定框架和建模理论。相应部分的关注点和研究贡献概括如下。

　　第 2 章主要进行各类资产泡沫检验方法的系统性回归和梳理。在已有文献研究中，资产泡沫的识别方法在主要分为两部分，一是基于实际指标和基本价值指标的差距进行泡沫程度的直接度量，二是结合相关时间序列走势的假设检验设定进行泡沫特征的识别和探讨。特别是局部爆炸性特征的识别构成了后者框架在泡沫检验问题研究中的核心出发点。建立在这一框架之下，我们对相应泡沫检验方法的发展进行了介绍和梳理，为读者了解相应泡沫计量检验的研究思路和底层逻辑提供了概略性指导，同时为 Sup - ADF 类型检验的理论展开和探讨奠定基础。

在第 3 章，我们对 Sup - ADF 类型泡沫检验的模型设定基础、分析流程进行阐述，对其渐近性质进行说明。由于 Sup - ADF 类型检验在路径设定中未考虑可能出现的时间趋势变动特征，而泡沫生成中的爆炸式急剧上升特征和与前者在局部路径下的正向大幅结构变动又具有很大相似性，Sup - ADF 类型检验在理论上容易带来后者与泡沫成分的混淆。由此，本章结合理论分析和模特卡罗实验细化探讨了 Sup - ADF 类型检验在时间趋势变动场景下的表现，由此明确了相应情景设定下该类泡沫检验的缺陷及待改进之处。特别地，以 BSADF 检验为例，我们结合理论及仿真实验发现并强调，时间趋势变动场景下相应泡沫检验容易存在虚判，虽然真实的爆炸性泡沫区间在可以被 BSADF 检验有效识别，但 BSADF 检验检测出的泡沫区段中还有很大一部分可能对应于时间趋势成分或者时间趋势结构变动成分所驱动的"虚假泡沫"。

由于所检测的泡沫区段对应于真实泡沫下的爆炸性区间和虚假泡沫下的时间趋势（变动）区间两种可能，对两者的设定检验和边界特征甄别成为 BSADF 检验策略进一步修订和扩展的方向。本书第 4 章提出了结构退势 t 检验和傅里叶级数的结构拟合两种方法回应上述问题，由此完成了对相应泡沫检验的修订和扩展性工作。相应理论分析和仿真实验均表明本书的扩展性策略有效提升了现实资产泡沫检验的功效，避免了时间趋势变动特征和真实局部泡沫特征的混淆，丰富和完善了现有资产泡沫的建模理论。

结合理论研究工作，本书在应用部分对现实资产市场的泡沫风险问题进行了关注，体现本书理论方法的应用性和实用性，同时为现实资产市场的风险监管、防范和路径特征识别提供数量依据和支撑。在第 5 章，本书关注了我国股市路径中的局部泡沫风险和走势特征问题，结合拓展的 BSADF 检验对我国股市的泡沫风险区段及其路径走势进行了有效识别和数量刻画。相应的实证探讨发现，以原始 BSADF 检验为代表的上确界泡沫分析方法虚估了我国股市的泡沫风险，相关利好因素带来的股市时间趋势上涨容易被误判为泡沫。此外，具有启示性的结论还包括：（1）持续时间短的小泡沫未对股票市场造成明显风险暴露，反而在一定程度上增强了市场热度，提振了市场信心；但 2008 年及 2015 年的过度持续泡沫则对后期市场运行效率造成了伤害。（2）股市真实泡沫发生前通常伴随有确定性趋势变动下的良性上涨，及时关注和监控股市运行中的正向时间趋势变动，对于维持市场活力和防止乐观情绪盲目蔓延引起的泡沫风险有重要意义。（3）结合滚动分析和VaR 建模思路，对样本研究期内股市的泡沫倾向与下行风险进行了预测分析和探讨。

房价的泡沫风险问题是应用研究者关注的热点话题，考虑到现实房价路径走势中的局部时间趋势性因素，第 6 章采用退势 BSADF 检验考察我国城市房价泡沫情况，并从房产的二维属性入手对房价泡沫的驱动源和走势表现进行计量探讨。研究发现：不同线城市的房价泡沫强度及跨度表现出差异性，一、三线城市房价泡沫明显强于二线城市；同时，一、三线城市房价泡沫的主要推力源自房产的投资属性端，这一结论在变协整设定下保持稳健，二线城市的驱动力则主要来自自住属性端；进一步，我们还结合贴现法分解测算了不同属性端的房产"价格成分"，并由此量化二维属性端所对应的房价泡沫特征和市场需求热度，相应结果对于明确各线房产市场的风险特征和异质性调控举措具有重要启示。

最后，以比特币为代表的数字货币市场在近年来不断快速发展，本书在第 7 章关注了比特币市场的泡沫识别和风险防范问题，利用 GSADF 和BSADF 检验方法识别市场泡沫及起止时间，并细化探讨了比特币泡沫的原因和发生机制。研究发现，在 2013～2019 年间，比特币市场共出现 7 次泡沫。其中，2013～2016 年中的 3 次泡沫和 2019 年的 2 次泡沫的原因以比特币的商品属性主导，货币属性发挥的作用为辅；2017 年 5 月及年末的泡沫中，比特币的货币属性发挥主要作用，商品属性助长了价格泡沫。明确比特币的多重价值属性有利于分析比特币泡沫风险的来源，对于监管当局针对性地制定政策以维护数字货币市场及相关联的金融货币市场平稳运行具有重要意义。

资产泡沫的计量检验是计量金融的重要研究领域。从 Sup – ADF 类型泡沫检验在时间趋势结构变动路径设定下的不足和检验设定量的理论修订和扩展入手，本书研究工作对于完善已有泡沫建模及泡沫检验理论具有开拓性意义。在应用中，本书对近期关注的主要资产市场中的泡沫风险问题进行了探讨，相应研究为现实资产市场的风险识别和监管工作提供了数量依据和实证启示。需要说明的是，本书研究主要结合具有代表性的 SADF 类型检验进行泡沫计量检验的理论探讨和扩展，但相应思路可以复制、延展至其余类似泡沫检验方法之上。此外，贝叶斯方法可以通过良好的先验信息设定对泡沫检验模型进行进一步的扩展，部分文献对相应思路进行了关注，是未来泡沫计量检验的一个重要延展思路（Li and Xue，2009；Miao et al. ，2014；Check，2014；Fulop and Yu，2014；Shi and Song，2015）。出于时间和精力原因，本书对该方向未做细化探讨，感兴趣的读者可以对其进行关注。最后，关于泡沫持续长度和塌陷时点的概率预测问题具有明显的现实意义，包括 SADF 检验在内的现有检验方法对此鲜有研究，相应工作也是笔者后续研究的关注点。

附录　核心程序代码（R 代码）

一、常用调用函数

后续程序中经常需要调用三个自编函数，分别是函数 j_mlag(x)（将序列 x 以及它的滞后项以矩阵形式写出，便于编程分析），函数 j_ptrend(p, nobs)（将维数为 nobs 的 1 到 p 阶时间多项式以矩阵形式给出，p = 0 时列出一串常数）以及 trim9_strong(x, k)（该函数从序列 x 中将长度大于 k 的连续数字号码区段找到，并分段调用出来）。

```
j_mlag < - function(x,m) {
  n < - length(x)
  tem < - matrix(0,n,m)
  for(i in 1:m) {
  mi < - x[ - (n + 1 - i) : - n]
  tem[ ,i] < - c(rep(NA,i),mi) }
  s < - rowSums(tem)
  ss < - as. numeric(is. na(s))
  begin_row = max(which(ss = = 1)) + 1
  tem1 = tem[ - 1: - max(which(ss = = 1)), ]
  last = list(tem,begin_row,tem1)
  return(last)        }
j_ptrend < - function(p,nobs) {
```

```
u = rep(1, nobs)
if(p > 0)
{timep = matrix(0, nobs, p)
uu < - matrix(0, nobs, p)
for(i in 1:p){
uu[,i] = (1:nobs)^i }
u = cbind(1, uu)}
return(u)}
trim9_strong < - function(uu, tk){
  mx < - which(diff(uu) > 1)
  kx = length(mx)
  if(kx = = 0){
  if(length(uu) > = 2)u9 = list(uu)
  if(length(uu) < 2)u9 = list(mx)}
  cm1 = cm2 = cm3 = cm4 = cm5 = cm6 = cm7 = cm8 = NA
  ff = list(cm1, cm2, cm3, cm4, cm5, cm6, cm7, cm8)
  if(kx > = 1){
  mx2 < - c(mx, length(uu))    ## 把间隔点标记出来
    gy = rep(0, length(mx2))
    ff[[1]] < - uu[1:mx2[1]]
    gy[1] = ifelse(sum(ff[[1]])%in% NA, 0, length(ff[[1]]))
    for(j in 2:length(mx2)){
    ff[[j]] < - uu[(mx2[j-1] +1):mx2[j]]
    gy[j] = ifelse(sum(ff[[j]])%in% NA, 0, length(ff[[j]]))}
    sz < - which(gy > = tk)
    if(length(sz) > 0)    u9 < - ff[sz]
    if(length(sz) = = 0)    u9 < - list(sz)}
    return(u9)}
```

示例, rim9_strong 将待考察序列中连续数字长度大于 2 的区段列出 ↓

```
trim9_strong(c(2,3,4,6,7,8,9,11,12,13,17),2)
```

二、第 3 章 SADF、BSADF 检验函数与误判分析的相关程序代码

1. SADF 检验函数及其临界值考察

```
SADF < - function(y,p,lg){
  T = nrow(y)
  rep = ncol(y)
  deltay = diff(y)
  lagy = as. matrix(y[ -T,])
  t = floor(0. 2 * (T-1))   #窗宽设置 0. 2
  xmat = matrix(0,T-lg-1,  1+lg+p+1)
  y0 = deltay[ -(T-lg): -T,]
      sigma2 = matrix(0,T-t-lg,rep)
  ADFt = matrix(0,T-t-lg,rep)
        beta = matrix(0,p+lg+2,rep)
    sigmabeta2 = matrix(0,p+lg+2,rep)
  for(i  in 1:rep){
  if(lg = =0){
  xmat[ ,1:1+lg] < -lagy[ ,i]
  } else {
  xmat[ ,1:(1+lg)] < - cbind(lagy[ ,i],j_mlag(deltay[ ,i],lg)
[[1]])[ -1: -lg,]}
    if(p > -1  ){
    xmat[ ,(2+lg):(2+lg+p)] < -as. matrix(j_ptrend(p,T))[ -1: -
(lg+1),]
    }
    for(j in  t:(T-lg-1)){
```

```
x0 = as. matrix(xmat[1:j,])
beta[,i] = solve(t(x0)%*%x0)%*%(t(x0)%*%y0[1:j,i])
error = y0[1:j,i] − x0%*% beta[,i]
sigma2[j + 1 − t,i] = t(error)%*% error/(j − p − 1 − lg − 1)#estimated
```

sigma^2 notice the sample time

```
se2 = sigma2[j + 1 − t,i]
sigmabeta2[1:(p + lg + 2),i] < − diag(solve(t(x0)%*%x0) * se2)
ADFt[j + 1 − t,i] = beta[1,i]/sqrt(sigmabeta2[1,i])}}
supADFt = apply(ADFt,2,max)# by colummn to get the max
ind = length(ADFt[,1])
fullsampleADFt = ADFt[ind,]
last = list(sup = supADFt,fuladf = fullsampleADFt,ADFt = ADFt)
return(last)}
```

##注:上述 SADF(y,p,lg)函数中的输入参数 y 是以矩阵形式存取的待考察序列,列数代表模拟次数,一般取设定为 k*j(j>1)矩阵,对于单序列,可以将两个序列重复放到矩阵 y 中。参数 p = −1 意味着检验中的滚动 ADF 回归无截距项,p = 0 意味着滚动回归中含截距项,p = 1 意味着滚动回归除截距项外还有时间项,lg 为 ADF 检验中的差分滞后项阶数。函数 SADF 的输出结果为矩阵 y 中待考察序列的 Sup − ADF 值、全局 ADF 值,以及滚动分析中的 ADF 序列。如下为函数应用示例 ↓

```
re = 2
ytest = matrix(0,600,re)
for(j in   1:re){
rnd = rnorm(600)
ytest[,j] = rnd}
SADF(ytest,0,0)$sup   ##最终输出的 SADF 值
```

##SADF 临界值考察 ↓(弱截距单位根路径走势设定)

```
TT = 600
re = 10000
set. seed(34)
y = matrix(0,TT,re)
   for(j in 1:re){
       rnd = rnorm(TT)
       y[,j] = rnd
       for(i in 2:TT){
       y[i,j] = 1/TT + y[i-1,j] + y[i,j]}}
p = 0
lg = 0
test_samp < - c(50,100,200,300,400,500,600)
mn = length(test_samp)
CV_SADF < - matrix(0,mn,6)
for(j in 1:mn){
   nn = test_samp[j]
   y_test = y[1:nn,]
   last < - SADF(y_test,p,lg)
CV_SADF[j,] < - quantile(last$sup,  probs = c(0.5,1,5,90,95,99)/
100)}
   rownames(CV_SADF) < - c("T = 50","T = 100","T = 200","T =
300","T = 400","T = 500","T = 600")
   colnames(CV_SADF) < - c("0.005","0.01","0.05","0.90","
0.95","0.99")
```

#2. BSADF 检验函数与泡沫误判分析

如下的向量形式的 BSADF 检验主函数。其中,y 为单一维度的待考察时间序列;lg 表示对序列 y 进行滚动 ADF 检验中的差分滞后项,p = 0 意味着滚动 ADF 回归中仅有截距项,p = 1 意味着除了有截距项,还有时间项的,同

样这里的窗宽基于 0.2 进行考察。

```
bsup_2j < - function(y,p,lg){
T = length(y)
rep = 1
deltay = diff(y)
lagy = y[ - T]
t = floor(0.2 * (T - 1))# 滚动分析中的窗宽 0.2
xmat = matrix(0,T - lg - 1,1 + lg + p + 1)#回归元
y0 = deltay[ - (T - lg): - T]# 被解释变量
  sigma2 = matrix(0,T - t - lg,rep)
  ADFt = matrix(0,T - t - lg,rep)
          beta = matrix(0,p + lg + 2,rep)
        sigmabeta2 = matrix(0,p + lg + 2,rep)
if(lg = = 0){
xmat[,1:1 + lg] < - lagy
} else {
xmat[,1:(1 + lg)] < - cbind(lagy,j_mlag(deltay,lg)[[1]])[ - 1: - lg,]
}
if(p > - 1){

xmat[,(2 + lg):(2 + lg + p)] < - as.matrix(j_ptrend(p,T))[ - 1: - (lg
+ 1),]}
for(j_start in   1:(T - lg - t)){
end_n = T - lg - 1
x0 = xmat[j_start:end_n,]
beta = solve(t(x0)% * %x0)% * %(t(x0)% * %y0[j_start:end_n])#  1:j
error = y0[j_start:end_n] - x0% * % beta
sigma2[j_start] = t(error)% * % error/((end_n - j_start + 1) - p - 1 - lg - 1)
```

```
se2 = sigma2[j_start]

sigmabeta2[1:(p+lg+2)] < - diag(solve(t(x0) % * % x0) * se2)

ADFt[j_start] = beta[1]/sqrt(sigmabeta2[1])}

BsupADFt = apply(ADFt,2,max)

return(BsupADFt)}
```

##模拟构造含两个或者一个结构突变点的数据过程 ↓

#后 lb_io2、lb_io1 分别对应带两个和一个结构变点的单位根过程式构造

```
lb_io2 < - function(TT,lamd1,lamd2,st,ed1,ed2){

t_change1 = floor(TT * lamd1)

t_change2 = floor(TT * lamd2)

    ye = rep(0,TT)

    u = rnorm(TT)

    ye[1] = u[1]

for (i in 2:TT){

    if (i < = t_change1)

      ye[i] = ye[i-1] + st + u[i]

    if((i > t_change1) & (i < = t_change2))

    ye[i] = ye[i-1] + st + ed1 + u[i]

    if(i > t_change2)

    ye[i] = ye[i-1] + st + ed2 + u[i]}

    return(ye)}
```

##示例:y4 突变位置为 0.3、0.7,原始弱时间趋势成分 1/200,结构变点后分别增加 1/2 和 1/5

```
y4 = lb_io2(200,0.3,0.7,1/200,1/2,1/5)

plot(y4)


lb_io1 < - function(TT,lamd,st,ed){

    t_change = floor(TT * lamd)
```

```
ye = rep(0, TT)
u = rnorm(TT)
ye[1] = st + u[1]
for(i in 2:TT){
if(i < = t_change)
ye[i] = ye[i - 1] + st + u[i]
if(i > t_change)
ye[i] = ye[i - 1] + st + (ed + u[i])}
return(ye)}
```

##分析单个趋势突变过程项容易误判为爆炸过程的模拟↓（样本量200为例）

```
y = lb_io1(50, 0.4, 1/50, 1.5)
plot(y)
set. seed(2)
N = 200
cv = 0.54
lpn = 500
lamd1 = 0.4    #突变点
t_e1 < - c(0.2, 0.5, - 0.2, - 0.5   )#突变幅度
f3l = f3r = matrix(0, 5, lpn)
for    (j in 1:4){
for(lop in 1:lpn)    {
y = lb_io1(N, lamd1, 1/N, t_e1[j])
b = rep(0, N)
for(t in ceiling(0.2 * N):N){
y3 = y[1:t]
b[t] = bsup_2j(y3, 0, 0)}
fr = fl = ceiling(0.2 * N)
```

flag < - which(b > cv)

if((max(b) > cv) & (length(flag) > = 5)) { #泡沫长度为 5, 要求连续 5

日大于临界点

lh = length(flag)

zz5 = flag[- (1 :4)] - flag[- ((lh - 3) :lh)]

z99 = c(rep(0 ,4) ,zz5)

if(sum(z99 = = 4) > 0) {

imd = max(which(z99 = = 4))

fr = flag[imd]

ct = c(b[1 :(fr - 1)] ,rep(888 ,length(b) - fr + 1))

flag2 < - which(ct < cv)

s = length(flag2)

s2 = c(0 ,0 ,flag2[- (1 :2)] - flag2[- ((s - 1) :s)])

id = max(which(s2 = = 2))

fl = flag2[id] } }

if(fr = = ceiling(0. 2 * N)) {

fr = fl = 0}

if(max(b) < cv) {

fr = fl = 0}

f3l[j ,lop] = fl

f3r[j ,lop] = fr} }

p1 = sum(! f3l[1 ,] = = 0) /lpn

p2 = sum(! f3l[2 ,] = = 0) /lpn

p3 = sum(! f3l[3 ,] = = 0) /lpn

p4 = sum(! f3l[4 ,] = = 0) /lpn

nn = which(! f3l[1 ,] = = 0)

f1 < - f3l[1 ,][nn]

nn2 = which(! f3l[2 ,] = = 0)

```
f2 < -f3l[2,][nn2]
nn3 = which(! f3l[3,] = =0)
f3 < -f3l[3,][nn3]
nn4 = which(! f3l[4,] = =0)
f4 < -f3l[4,][nn4]
nm1 = which(! f3r[1,] = =0)
qq1 < -f3r[1,][nm1]
nm2 = which(! f3r[2,] = =0)
qq2 < -f3r[2,][nm2]
nm3 = which(! f3r[3,] = =0)
qq3 < -f3r[3,][nm3]
nm4 = which(! f3r[4,] = =0)
qq4 < -f3r[4,][nm4]
# 如下确定模拟中泡沫开始位置的中位点
a1_l < -median(f1)/N
a2_l < -median(f2)/N
a3_l < -median(f3)/N
a4_l < -median(f4)/N
#如下确定模拟中泡沫结束位置的中位点
a1_r < -median(qq1)/N
a2_r < -median(qq2)/N
a3_r < -median(qq3)/N
a4_r < -median(qq4)/N
lst < -rbind(c(p1,a1_l,a1_r),c(p2,a2_l,a2_r),c(p3,a3_l,a3_r),c
(p4,a4_l,a4_r))
lst88 = cbind(t_e1,lst)
colnames(lst88) < -c("变动幅度","含有泡沫概率","泡沫起始点",
"泡沫结束点")
```

```
##分析双趋势突变过程项容易误判为爆炸过程的例子↓
set. seed(2)
    t_e1 < - c(0.02,0.02,0.1,0.3, -0.01, -0.01)##第一次突变幅度
    t_e2 < - c(0.1,0.3,0.05,0.05,0.1,0.2)##第二次突变幅度
lamd1 =0.3   #  突变点 1
lamd2 =0.7   #  突变点 2
f1l = f1r = f2l = f2r = f3l = f3r = matrix(0,6,lpn)
py = kk = matrix(0,6,lpn)
ycc = rep(0,6 * lpn * N)
dim(ycc) < - c(6,lpn,N)
for   (j in 1:6){
for(lop in 1:lpn)   {
ycc[j,lop,] =50 + lb_io2(N, lamd1,lamd2, 1/N ,t_e1[j],t_e2[j]){}}
for   (j in 1:6){
for(lop in 1:lpn)   {
y = ycc[j,lop,]
b = rep(0,N)
    for(t in ceiling(0.2 * N):N){
    y3 = y[1:t]
    b[t] = bsup_2j(y3,0,0)   }
flag < - which(b > cv)
ss = trim9_strong(flag,5)      ###要连续 5 个大于临界值才算是泡沫
kk = length(ss)
jj = length(ss[[1]])
if(kk > =1&jj > =1){
    py[j,lop] = kk
    f1l[j,lop] = min(ss[[1]])
    f1r[j,lop] = max(ss[[1]])}
```

```
if( kk > 1){
    f2l[ j,lop ] = min( ss[ [ 2 ] ] )
  f2r[ j,lop ] = max( ss[ [ 2 ] ] ) }}}
  p1 = 1 − sum( py[ 1, ] = = 0 )/lpn
  p2 = 1 − sum( py[ 2, ] = = 0 )/lpn
  p3 = 1 − sum( py[ 3, ] = = 0 )/lpn
  p4 = 1 − sum( py[ 4, ] = = 0 )/lpn
  p5 = 1 − sum( py[ 5, ] = = 0 )/lpn
  p6 = 1 − sum( py[ 6, ] = = 0 )/lpn
  ## 如下为泡沫 1 的开始和结束点确定
  a1_l < − median( f1l[ 1,which( f1l[ 1, ]! = 0 ) ] )/N
  b1_l < − median( f1l[ 2,which( f1l[ 2, ]! = 0 ) ] )/N
  c1_l < − median( f1l[ 3,which( f1l[ 3, ]! = 0 ) ] )/N
  d1_l < − median( f1l[ 4,which( f1l[ 4, ]! = 0 ) ] )/N
  e1_l < − median( f1l[ 5,which( f1l[ 5, ]! = 0 ) ] )/N
  f1_l < − median( f1l[ 6,which( f1l[ 6, ]! = 0 ) ] )/N
  a1_r < − median( f1r[ 1,which( f1r[ 1, ]! = 0 ) ] )/N
  b1_r < − median( f1r[ 2,which( f1r[ 2, ]! = 0 ) ] )/N
  c1_r < − median( f1r[ 3,which( f1r[ 3, ]! = 0 ) ] )/N
  d1_r < − median( f1r[ 4,which( f1r[ 4, ]! = 0 ) ] )/N
  e1_r < − median( f1r[ 5,which( f1r[ 5, ]! = 0 ) ] )/N
  f1_r < − median( f1r[ 6,which( f1r[ 6, ]! = 0 ) ] )/N
  lst < − rbind( c( p1,a1_l,a1_r ),c( p2,b1_l,b1_r ),c( p3,c1_l,c1_r ),c
( p4,d1_l,d1_r ),c( p5,e1_l,e1_r ), c( p6,f1_l,f1_r ) )
  ## 如下为泡沫 2 的开始和结束点确定
  a2_l < − median( f2l[ 1,which( f2l[ 1, ]! = 0 ) ] )/N
  b2_l < − median( f2l[ 2,which( f2l[ 2, ]! = 0 ) ] )/N
  c2_l < − median( f2l[ 3,which( f2l[ 3, ]! = 0 ) ] )/N
```

$$d2\_l < - \text{median}(f2l[4, \text{which}(f2l[4,]! = 0)])/N$$

$$e2\_l < - \text{median}(f2l[5, \text{which}(f2l[5,]! = 0)])/N$$

$$f2\_l < - \text{median}(f2l[6, \text{which}(f2l[6,]! = 0)])/N$$

$$a2\_r < - \text{median}(f2r[1, \text{which}(f2r[1,]! = 0)])/N$$

$$b2\_r < - \text{median}(f2r[2, \text{which}(f2r[2,]! = 0)])/N$$

$$c2\_r < - \text{median}(f2r[3, \text{which}(f2r[3,]! = 0)])/N$$

$$d2\_r < - \text{median}(f2r[4, \text{which}(f2r[4,]! = 0)])/N$$

$$e2\_r < - \text{median}(f2r[5, \text{which}(f2r[5,]! = 0)])/N$$

$$f2\_r < - \text{median}(f2r[6, \text{which}(f2r[6,]! = 0)])/N$$

lst2 < - rbind(c(a2_l, a2_r), c(b2_l, b2_r), c(c2_l, c2_r), c(d2_l, d2_r), c(e2_l, e2_r), c(f2_l, f2_r))

colnames(lst) < - c("prob_bubble", "buble1_begian", "buble1_end")

colnames(lst2) < - c("buble2_begian", "buble2_end")

xx = cbind(t_e1, t_e2, lst)

lstt < - cbind(xx, lst2)

三、第 4 章 BSADF 泡沫区段的结构退势 t 检验与傅里叶级数拟合的相关程序代码

##1. 结构退势 t 检验及其临界值

##如下得到趋势结构变动情形下退势 t 检验的右侧临界值(all6)↓

```
set. seed(123)
k = 30000 #模拟次数
sigma = 1
pt = matrix(0, 9, k)
ch < - (1:9)/10
svo < - c(50, 150, 200, 300)
all6 = NULL
```

```
for( kj in 1 :4){
for   ( j in 1 :9){
     t = svo[ kj]
     chag = floor( ch[ j] * t)
     tim < - 1 :t
     tim_ch < - c( rep( 0 ,chag), 1 :( t - chag))    ##DT
     DU = rep( 1 ,t)
     DU[ 1 :chag] = 0
for ( kk in 1 :k){
     y = rep( 0 ,t)
     ee = rnorm( t)
     y[ 1 ] = ee[ 1 ]
     for( i   in   2 :t)        {
     y[ i] = y[ i - 1 ] + ee[ i]       }
     ju5 < - lm( I( y[ - 1 ] - y[ - t]) ~ y[ - t] + tim[ - t] + + DU[ - 1 ] +
tim_ch[ - 1 ])
     TmpCoef < - summary( ju5)
     pt[ j,kk] < - TmpCoef$coefficients[ 2 ,3]    }}
jj < - pt
test = NULL
for( j in 1 :9){
test0 < - c( ch[ j] ,quantile( jj[ j, ],   probs = c( 0.5, 1,5, 90,   95,99)/100))
test < - rbind( test ,test0)}
te6 = cbind( t ,test)
all6 < - rbind( all6 ,te6)}
```

##如下得到无突变情形下退势 t 检验的右侧临界值（all5）↓

```
set. seed( 13)
loop = 30000
```

```
sigma = 1
tnn < - c(50,150,300,400)
all5 = NULL
for  (mm in 1:4){
ptt = matrix(0,loop,1)
t = tnn[mm]
for(kk in 1:loop){
  r = rnorm(t,0,sigma)
  y = rep(0,t)
  for  (i  in  1:(t-1)){
    y[i+1] = 1/t + y[i] + rnorm(1,0,sigma)  }  ## 弱截距项设定
    ay00 < - y[3:t]  ##
    di < - length(ay00)
    day = ay00[-1] - ay00[-di]
    tim = 1:(di-1)
    jlast2 < - lm(day ~ ay00[-di] + tim)
    TmpCoef2 < - summary(jlast2)
    ptt[kk,1] = TmpCoef2$coefficients[2,3]  }
    ##get the critical t value for DF
    test_ct < - quantile(ptt[,1],  probs = c(1,5, 90,95,99)/100)
    te5 = cbind(t,t(test_ct))
    all5 < - rbind(all5,te5)} ## 临界值
##如下函数 break_f 基于差分回归最小化思路估测突变点↓
    break_f < - function(z){
    N = length(z)
    s = matrix(0,1,(N-1))
    tt = 1:(N-1)
    for  (j in 2:(N-1)){
```

```
DDU = c(   rep(0,(j-1)),   rep(1,(N-j))   )
dy = z[ -1 ] - z[ -N ]
jj9 <- lm( dy ~ DDU) ##DD
s[ j ] = sum( residuals( jj9)^2 )   }
p4 = which. min( s[ 2:(N-1) ] ) +1
return( p4/N) }
z = lb_io1( 100,0.4,0.01,1)
break_f( z)
```

##2. 时间序列突变情形下傅里叶级数式的拟合

```
lb3 <- function( TT, lamd,st,ed) {
t_change = floor( TT * lamd)
ye = rep( 0,TT)
    for( i in 1:TT) {
        ye[ i ] = 1 + st * i
    if( i > t_change)
        ye[ i ] = 1 + st * t_change + ed * ( i - t_change) }
    return( ye) }
y0 = lb3( 100,0.3,0.01,0.2)
plot( y1,type = "b",cex = 0.4,col = "red" )
y1 = lb3( 100,0.6,0.01,0.2)
plot( y1,type = "b",cex = 0.4,col = "blue" )
T = 100
sin1 = sin2 = sin3 = sin4 = sin5 = cos1 = cos2 = cos3 = cos4 = cos5 = rep( 0,T)
for   ( t in 1:T) {
sin1[ t ] = sin( 2 * t * pi/T)
sin2[ t ] = sin( 4 * t * pi/T)
sin3[ t ] = sin( 6 * t * pi/T)
sin4[ t ] = sin( 8 * t * pi/T)
```

```
sin5[t] = sin(10 * t * pi/T)
cos1[t] = cos(2 * t * pi/T)
cos2[t] = cos(4 * t * pi/T)
cos3[t] = cos(6 * t * pi/T)
cos4[t] = cos(8 * t * pi/T)
cos5[t] = cos(10 * t * pi/T)}
tt = 1:T
yy = y0
plot(yy, col = 1, lty = 1, type = "l", cex = 0.5, pch = 1)
jy1 < - lm(yy ~ tt + sin1 + cos1        )
lines(predict(jy1), col = 2, lty = 1, type = "p", pch = 1)
jy2 < - lm(yy ~ tt + sin1 + cos1  + sin2 + cos2   )
lines(predict(jy2), col = 3, lty = 1, type = "p", pch = 2)
jy3 < - lm(yy ~ tt + sin1 + cos1  + sin2 + cos2  + sin3 + cos3    )
lines(predict(jy3), col = 4, lty = 1, pch = 3)
legend("left", c("一次傅氏频率拟合", "二次傅氏频率拟合", "三次傅
氏频率拟合"),
col = c(2,3,4), lty = c(1,1,1), pch = c(1,2,3))
```

3. 时间序列平滑转移情形下的傅里叶级数式拟合

```
mm = 100
y8 = F = rep(0, mm)
t0 = 110
a = 50
b = 0.1
for(i in 1:mm){
  F[i] =  exp(-0.005 * (i-t0)^2)   ## 转移函数  在 t = 30 附近发生缓慢
突变
```

```
   y8[i] = a + (0.5 * F[i] + b) * i}
plot(F, type = 'b')
plot(y8, type = 'b', cex = 0.4)
plot(y8, col = 1, lty = 1, type = "l", cex = 0.5)
jy7 < - lm(y8 ~ tt + sin1 + cos1          )
lines(predict(jy7), col = 2, lty = 1, type = "p", pch = 1)
jy9 < - lm(y8 ~ tt + sin1 + cos1  + sin2 + cos2      )
lines(predict(jy9), col = 3, lty = 1, type = "p", pch = 2)
jy99 < - lm(y8 ~ tt + sin1 + cos1  + sin2 + cos2  + sin3 + cos3      )
lines(predict(jy99), col = 4, lty = 1, type = "p", pch = 3)
legend("left", c("一次傅氏频率拟合", "二次傅氏频率拟合", "三次傅
氏频率拟合"), col = c(2, 3, 4), lty = c(1, 1, 1), pch = c(2, 3, 4))
```

4. 傅里叶级数拟合思路下爆炸过程和结构变动过程的甄别

#模拟 1, 傅里叶级数思路对结构变动单位根过程的判别, 结构变点 0.35、
0.5、0.75

```
lb_o < - function(TT, lamd, st, ed){
t_change = floor(TT * lamd)
yO = rep(0, TT)
WWW = cumsum(rnorm(TT))
for(i in 2:TT){
if(i < = t_change)    yO[i] = yO[i - 1] + st
if(i > t_change)    yO[i] = yO[i - 1] + st + ed}
  ye = WWW + yO
  if(ed = = 0)  ye = WWW + st * (1:TT)
return(ye)    }
```

##结合上述突变函数进行模拟判别分析(样本 300 为例, 结果见 ab1 和 pb)

```
vcc < - c( - 2.04, - 2.77, - 3.40,    - 0.95)
num = 300
```

```
nloop = 2000
N = num
lamd < - c(0. 35 ,0. 5 ,0. 75 )
ed < - c(0, -0. 1, -0. 2, 0. 1, 0. 2)
lan = length( lamd)
edn = length( ed)
 y < - rep(0 ,nloop * lan * edn * N)
dim( y) < - c( nloop ,lan ,edn ,N)
set. seed(76)
 for(l in 1 ;lan) {
   for    (j in 1 ;edn) {
     for( lop in 1 ;nloop) {
       y[ lop ,l ,j , ] < - lb_o( N, lamd[ l] , st < - 1/N, ed[ j] )    } } }
bao1 = bao2 = bao3 = bao4 = bao5 = bao6 = rep(8 ,nloop * 3 * 5)
dim( bao1) < - c( nloop,   3 ,5)
dim( bao2) < - c( nloop,   3 ,5)
dim( bao3) < - c( nloop,   3 ,5)
dim( bao4) < - c( nloop, 3 ,5)
dim( bao5) < - c( nloop, 3 ,5)
dim( bao6) < - c( nloop, 3 ,5)
find8 = find7 = find9 = rep(8 ,nloop * 3 * 5)
dim( find8) < - c( nloop,3 ,5)
dim( find7) < - c( nloop,3 ,5)
dim( find9) < - c( nloop,3 ,5)
T = num
sin1 = sin2 = sin3 = cos1 = cos2 = cos3 = rep(0 ,T)
tt = 1 ;T
for    (t in 1 ;T) {
```

$$\sin1[t] = \sin(2 * t * \text{pi}/T)$$

$$\sin2[t] = \sin(4 * t * \text{pi}/T)$$

$$\sin3[t] = \sin(6 * t * \text{pi}/T)$$

$$\cos1[t] = \cos(2 * t * \text{pi}/T)$$

$$\cos2[t] = \cos(4 * t * \text{pi}/T)$$

$$\cos3[t] = \cos(6 * t * \text{pi}/T)\}$$

```
for( l in 1 : lan) {

    for( j in 1 : edn) {

    for( lop in 1 : nloop) {

    test < - y[ lop, l, j, ]

    r1 < - lm(I(test[ -1] - test[ -T]) ~ test[ -T] + tt[ -T] + sin1[ -T] +
cos1[ -T]      )

    r2 < - lm(I(test[ -1] - test[ -T]) ~ test[ -T] + tt[ -T] + sin1[ -T] +
cos1[ -T] + sin2[ -T] + cos2[ -T])

    r3 < - lm(I(test[ -1] - test[ -T]) ~ test[ -T] + tt[ -T] + sin1[ -T] +
cos1[ -T] + sin2[ -T] + cos2[ -T] + sin3[ -T] + cos3[ -T])

    g4 < - lm(I(test[ -1] - test[ -T]) ~ test[ -T] + tt[ -T])

    ttv1 < - coefficients( summary( r1))[ 2,3]

    ttv2 < - coefficients( summary( r2))[ 2,3]

    ttv3 < - coefficients( summary( r3))[ 2,3]

    ttv4 < - coefficients( summary( g4))[ 2,3]##  存取 t 值

    ttv = c( ttv1, ttv2, ttv3, ttv4)

    find7[ lop,l,j] < - which. min( c( AIC( r1), AIC( r2), AIC( r3), AIC
( g4)))

    find8[ lop,l,j] < - which. min( c( BIC( r1), BIC( r2), BIC( r3), BIC
( g4)))

    find9[ lop,l,j] < - which. min( c( BIC( r1), BIC( r2), BIC( r3)))

    bao1[ lop,l,j] < - as. numeric( ttv > vcc)[ which. min( c( AIC( r1), AIC
```

（r2），AIC（r3），AIC（g4）））］   ## 1 表示大于临界值，0 表示小于临界值，下同

bao2［lop,l,j］＜－as. numeric（ttv＞vcc）［which. min（c（AIC（r1），AIC（r2），AIC（r3）））］

bao3［lop,l,j］＜－as. numeric（ttv＞vcc）［which. min（c（BIC（r1），BIC（r2），BIC（r3），BIC（g4）））］

bao4［lop,l,j］＜－as. numeric（ttv＞vcc）［which. min（c（BIC（r1），BIC（r2），BIC（r3）））］

bao5［lop,l,j］＜－as. numeric（ttv＞vcc）［1］

bao6［lop,l,j］＜－as. numeric（ttv＞vcc）［2］   ｝｝｝

ac＝bc＝prb1＝prb2＝prb3＝prb4＝prb5＝prb6＝matrix（0,3,5）

for   （i in 1:3）｛

for   （k in 1:5）｛

fi7＝find7［,i,k］

fi8＝find8［,i,k］

fi9＝find9［,i,k］

ac［i,k］＝sum（as. numeric（fi7＜4））/nloop   ## AIC 准则下选择傅里叶级数拟合的概率

bc［i,k］＝sum（as. numeric（fi8＜4））/nloop   ## BIC 准则下选择傅里叶级数拟合的概率

prb1［i,k］＝1－sum（bao1［,i,k］）/nloop   ## 小于右侧临界值的概率，下同

prb2［i,k］＝1－sum（bao2［,i,k］）/nloop

prb3［i,k］＝1－sum（bao3［,i,k］）/nloop

prb4［i,k］＝1－sum（bao4［,i,k］）/nloop

prb5［i,k］＝1－sum（bao5［,i,k］）/nloop

prb6［i,k］＝1－sum（bao6［,i,k］）/nloop   ｝｝

```
rownames(ac) < - c("location1","location2","location3"  )
colnames(ac) < - c ("aic_mag1","aic_mag2","aic_mag3","aic_
mag4","aic_mag5"  )
rownames(bc) < - c("location1","location2","location3"  )
colnames(bc) < - c ("bic_mag1","bic_mag2","bic_mag3","bic_
mag4","bic_mag5"  )
ab1 < -    data. frame(ac,bc)
rownames(prb1) < - c("location1","location2","location3"  )
colnames(prb1) < - c ("pb1_mag1","pb1_mag2","pb1_mag3","pb1_
mag4","pb1_mag5"  )
colnames(prb2) < - c ("pb2_mag1","pb2_mag2","pb2_mag3","pb2_
mag4","pb2_mag5"  )
colnames(prb3) < - c ("pb3_mag1","pb3_mag2","pb3_mag3","pb3_
mag4","pb3_mag5"  )
colnames(prb4) < - c ("pb4_mag1","pb4_mag2","pb4_mag3","pb4_
mag4","pb4_mag5"  )
colnames(prb5) < - c ("pb5_mag1","pb5_mag2","pb5_mag3","pb5_
mag4","pb5_mag5"  )
colnames(prb6) < - c ("pb6_mag1","pb6_mag2","pb6_mag3","pb6_
mag4","pb6_mag5"  )
pb < -data. frame(prb1,prb2, prb3, prb4, prb5, prb6  )


##模拟2,傅里叶级数思路对爆炸过程的模拟分析(样本300)
num = 300
nloop = 2000
rho = c(1.03,1.06,1.1)
ybu = rep(0,num * 3 * nloop)
dim(ybu) < - c(nloop,3,num)
```

```
set. seed(123)
for  (lp in  1:nloop) {
   for   (j in  1:3) {
   ye = u = rnorm(num)
   for(t in 2:num) {
   u[t] = rho[j] * u[t-1] + rnorm(1) }
   ye = 0.5 + u
ybu[lp,j,] < - ye   } }
bao3 = bao4 = bao5 = bao6 = rep(8, nloop * 3)
dim(bao3) < - c(nloop, 3)
dim(bao4) < - c(nloop, 3)
dim(bao5) < - c(nloop, 3)
dim(bao6) < - c(nloop, 3)
find9 = find10 = rep(8, nloop * 3)
dim(find9) = dim(find10) = c(nloop, 3)
T = num
sin1 = sin2 = sin3 = cos1 = cos2 = cos3 = rep(0, T)
tt = 1:T
for   (t in 1:T) {
sin1[t] = sin(2 * t * pi/T)
sin2[t] = sin(4 * t * pi/T)
sin3[t] = sin(6 * t * pi/T)
cos1[t] = cos(2 * t * pi/T)
cos2[t] = cos(4 * t * pi/T)
cos3[t] = cos(6 * t * pi/T) }
for   (j in 1:3) {
    for(lop in 1:nloop) {
    testj < - ybu[lop,j,]
```

```
r1 < - lm( I( testj[ - 1 ] - testj[ - T ] ) ~ testj[ - T ] + tt[ - T ] + sin1[ -
T ] + cos1[ - T ]    )

r2 < - lm( I( testj[ - 1 ] - testj[ - T ] ) ~ testj[ - T ] + tt[ - T ] + sin1[ -
T ] + cos1[ - T ] + sin2[ - T ] + cos2[ - T ] )

r3 < - lm( I( testj[ - 1 ] - testj[ - T ] ) ~ testj[ - T ] + tt[ - T ] + sin1[ -
T ] + cos1[ - T ] + sin2[ - T ] + cos2[ - T ]    + sin3[ - T ] + cos3[ - T ] )

g4 < - lm( I( testj[ - 1 ] - testj[ - T ] ) ~    testj[ - T ] + tt[ - T ] )

ttv1 < - coefficients( summary( r1 ) )[ 2 ,3 ]

ttv2 < - coefficients( summary( r2 ) )[ 2 ,3 ]

ttv3 < - coefficients( summary( r3 ) )[ 2 ,3 ]

ttv4 < - coefficients( summary( g4 ) )[ 2 ,3 ]    ##t 值存起来

ttv = c( ttv1 ,ttv2 ,ttv3 ,ttv4 )

find9[ lop ,j ] < - which. min ( c ( AIC ( r1 ) ,  AIC ( r2 ) ,  AIC ( r3 ) , AIC
( g4 ) ) )

find10[ lop ,j ] < - which. min ( c ( BIC ( r1 ) ,  BIC ( r2 ) ,  BIC ( r3 ) , BIC
( g4 ) ) )

bao3[ lop ,j ] < - as. numeric ( ttv > vcc ) [ which. min ( c ( AIC ( r1 ) ,  AIC
( r2 ) ,  AIC ( r3 ) ,  AIC ( g4 ) ) ) ]    ## 1 表示大于临界值,0 表示小于临界值,
下同

bao4[ lop ,j ] < - as. numeric ( ttv > vcc ) [ which. min ( c ( AIC ( r1 ) ,  AIC
( r2 ) ,  AIC ( r3 ) ) ) ]

bao5[ lop ,j ] < - as. numeric ( ttv > vcc ) [ which. min ( c ( BIC ( r1 ) ,  BIC
( r2 ) ,  BIC ( r3 ) ,  BIC ( g4 ) ) ) ]

bao6[ lop ,j ] < - as. numeric ( ttv > vcc ) [ which. min ( c ( BIC ( r1 ) ,  BIC
( r2 ) ,  BIC ( r3 ) ) ) ]    } }

ac3 = bc3 = prb3 = prb4 = prb5 = prb6 = rep( 0 ,3 )

for    ( j in 1 ;3 ) {

fi9 = find9[ ,j ]
```

```
fi10 = find10[,j]
ac3[j] = sum(as.numeric(fi9 = = 4))/nloop     ## aic 准则选择直接线性
建模的概率
bc3[j] = sum(as.numeric(fi10 = = 4))/nloop    ## bic 准则选择直接线性
建模的概率
prb3[j] = sum(bao3[,j])/nloop      ## 大于右侧临界值的概率   AIC 方法 1
prb4[j] = sum(bao4[,j])/nloop      ## 大于右侧临界值的概率   AIC 方法 2
prb5[j] = sum(bao5[,j])/nloop      ## 大于右侧临界值的概率   BIC 方法 1
prb6[j] = sum(bao6[,j])/nloop      ## 大于右侧临界值的概率   BIC 方法 2
}
rd3_300 < - data.frame(ac3, bc3, prb3, prb4, prb5, prb6)    ##判别结果
##5. 傅里叶退势检验的右侧临界值
lpp = 10000 # 10000 次模拟
reslt1 = reslt2 = reslt3 = reslt4 = rep(0,lpp)
TT = 300 ##以此作为渐进临界值    TT = 100
set.seed(76)
sin1 = sin2 = sin3 = cos1 = cos2 = cos3 = rep(0,TT)
tt = 1:TT
for(t in 1:TT){
sin1[t] = sin(2 * t * pi/TT)
sin2[t] = sin(4 * t * pi/TT)
sin3[t] = sin(6 * t * pi/TT)
cos1[t] = cos(2 * t * pi/TT)
cos2[t] = cos(4 * t * pi/TT)
cos3[t] = cos(6 * t * pi/TT)}
for(j in 1:lpp){
wz < - cumsum(rnorm(TT))
pp = wz + 0.01 * (1:TT)
```

tt = 1 : TT

rgg1 < － lm(I(pp[－1]－pp[－TT])～pp[－TT]+tt[－TT]+sin1[－TT]+cos1[－TT]　)

r1 < － residuals(rgg1)

rgg2 < － lm(I(pp[－1]－pp[－TT])～pp[－TT]+tt[－TT]+sin1[－TT]+cos1[－TT]+sin2[－TT]+cos2[－TT])

r2 < － residuals(rgg2)

rgg3 < － lm(I(pp[－1]－pp[－TT])～pp[－TT]+tt[－TT]+sin1[－TT]+cos1[－TT]+sin2[－TT]+cos2[－TT]+sin3[－TT]+cos3[－TT])

r3 < － residuals(rgg3)

reslt1[j] = coefficients(summary(rgg1))[2,3]#t 值存起来

reslt2[j] = coefficients(summary(rgg2))[2,3]

reslt3[j] = coefficients(summary(rgg3))[2,3]

reg4 < － lm(I(pp[－1]－pp[－TT])～pp[－TT]+tt[－TT]　)

reslt4[j] = coefficients(summary(reg4))[2,3]　　　｝

##概率密度线

plot(density(reslt1),col=1,pch=1,type="b",cex=0.6)

lines(density(reslt2),col=2,pch=2,type="b",cex=0.6)

lines(density(reslt3),col=3,pch=3,type="b",cex=0.6)

legend("topleft", legend=c("一次频率","二次频率","三次频率"),col=c(1,2,3),pch=c(1,2,3),bty="n")

jss4 < － rbind(

quantile(reslt1, probs=c(0.5,1,5,90,95,99)/100),

quantile(reslt2, probs=c(0.5,1,5,90,95,99)/100),

quantile(reslt3, probs=c(0.5,1,5,90,95,99)/100),

quantile(reslt4, probs=c(0.5,1,5,90,95,99)/100))

rownames(jss4) < － c("单频率","双频率","三频率","直接时间退势后处理")

四、第 5 章股市泡沫实证分析的相关程序代码

##1. 基于第三章程序进行泡沫区段检验和识别

```
inp < - read. delim("clipboard")#   导入数据沪深 300 指数
    tix = inp[,2]
    ti2 = as. Date(tix)       ## 时间
    input_lg = inp[,4]     ## 对数化股指
    plot(input_lg, cex = 0. 4)
    p = 0
    lg = 0
    cv = 0. 52
    v < - dim(inp)[1]
    b5 < - rep( - 10, v)
    inn = 150    ## 初始检测长度
    c5 = rep( - 10, v)
    flg5 = rep(0, v)
    for(j in  (inn:v)){
    yj = input_lg[max((j - 599), 1):j]       ## 固定长度 600 滚定性回
归研究
    c5[j] < -   bsup_2j(yj, p, lg)          ## 原始 BSADF 泡沫检验
    flg5[j] = ifelse(c5[j] > cv, 1, 0)}
    plot(ti2, c5, cex = 0. 65, main = "BSADF 检验结果")
    abline(h = cv, lty = 2, col = "red")# 渐进临界值
    View(data. frame(ti2, c5))
    lengg = 9 ##泡沫长度大于等于 9
    idx = which(flg5 = = 1)
    jy0 = trim9_strong(idx, lengg)
```

##越过临界值的部分区段过于靠拢,需合并处理,对 trim9_strong 函数下

的划分区段 jy0 做微调,形成 jy。后续基于数据对象 jy 进行 BSADF 泡沫区段分析

```
ff = ff4 = NULL
for( i in 1:length( jy) ) {
bubb = as. character( c( ti2[ jy[[ i]]][ 1]],    ti2[ jy[[ i]]][ length( jy
[[ i]])]]))
ff = rbind( ff, bubb)
jj =   ( c( jy[[ i]][ 1], jy[[ i]][ length( jy[[ i]])]))
ff4 = rbind( ff4, jj) }
bv6 = data. frame( ti2, inp[ ,c( 2:4)], c5, cv)    ##后续分析基于这个数据
```

框进行考察和研究

##2. 进一步考察:BSADF"泡沫"区段前后股指趋势特征变动情况分析

```
mm = dim( ff)[ 1]
cc = cc_before = cc_after = list( NULL)
length( cc) < - mm
length( cc_before) < - mm
length( cc_after) < - mm
for( k in 1:mm) {
cc[[ k]] < -    input_lg[ ff4[ k,1]:ff4[ k,2]]
cc_before[[ k]] < - input_lg[ max( 1,( ff4[ k,1] - 30)):( ff4[ k,1] - 1)]
cc_after[[ k]] < - input_lg[ ( ff4[ k,2] + 1):min( ( ff4[ k,2] + 30),length
( input_lg))] }
```

BSADF 泡沫区段上的分析↓

```
ti = fr = ed = sp = sp_detrend = sdlp = mp_v = volitity = rep( 0,mm)
 for( k in 1:mm) {
cn = cc [[ k]]
    yield = cn[ - 1] - cn[ - length( cn)]    ##日收益率序列( 对数化)
  ti[ k] = length( cn)
```

```
        fr[k] = cn[1]
        ed[k] = cn[length(cn)]
        sp[k] = sd(cn)
            regg < - lm(cn ~ c(1:length(cn)))
        sp_detrend[k] = sd(residuals(regg))/as. numeric(coefficients
((regg)))[1]
        sdlp[k] = sd(cn)/mean(cn)
        mp_v[k] = mean(yield)
    volitity[k] = sd(yield)                    }
    sts91 = rbind(ti, fr,ed, sp, sp_detrend,sdlp, mp_v,volitity)
    rownames(sts91) < - c("长度","起始点","结束点","股指波动值",
"股指退趋势波动值","股指变异系数","日均收益率","波动率")
    colnames(sts91) < - c("1","2","3","4","5","6","7","8","9",
"10","11","12")
    ##BSADF 区段前的分析 ↓
    ti = fr = ed    = sp = sp_detrend = sdlp =    mp_v = volitity = rep(0,mm)
    for    (k in 1:mm){
    cn = cc_before[[k]]
    yield = cn[-1] - cn[-length(cn)]              #对数收益率序列
    ti[k] = length(cn)
    fr[k] = cn[1]
    ed[k] = cn[length(cn)]
    sp[k] = sd(cn)
    regg < - lm(cn ~ c(1:length(cn)))
    sp_detrend[k] = sd(residuals(regg))/as. numeric(coefficients((regg)))[1]
    sdlp[k] = sd(cn)/mean(cn)
      mp_v[k] = mean(yield)
      volitity[k] = sd(yield)}
```

```
sts91_before = rbind(ti, fr,ed, sp, sp_detrend,sdlp, mp_v,volitity)
rownames(sts91_before) < - c("长度","起始点","结束点","股指波动
值","股指退趋势波动值","股指变异系数","日均收益率","波动率")
colnames(sts91_before) < - c("1 前","2 前","3 前", "4 前","5
前","6 前","7 前","8 前","9 前","10 前","11 前","12 前")
##BSADF 区段后的分析↓
ti = fr = ed = sp = sp_detrend = sdlp = mp_v = volitity = rep(0,mm)
for(k in 1:mm){
cn = cc_after[[k]]
  yield = cn[ -1] - cn[ -length(cn)]              #对数收益率序列
  ti[k] = length(cn)
  fr[k] = cn[1]
  ed[k] = cn[length(cn)]
  sp[k] = sd(cn)
  regg < - lm(cn ~ c(1:length(cn)))
  sp _ detrend [k] = sd (residuals (regg))/as. numeric (coefficients
((regg)))[1]
  sdlp[k] = sd(cn)/mean(cn)
mp_v[k] = mean(yield)
  volitity[k] = sd(yield)                              }
sts91_after = rbind(ti, fr,ed, sp, sp_detrend,sdlp, mp_v,volitity)
rownames(sts91_after) < - c("长度","起始点","结束点","股指波动
值","股指退趋势波动值","股指变异系数","日均收益率","波动率")
colnames(sts91_after) < - c("1 后","2 后","3 后","4 后","5 后","6
后","7 后","8 后","9 后","10 后","11 后","12 后")
all3 = matrix(0,dim(sts91)[1],mm * 3)
for(k in 0:(mm - 1)){
all3[,(3 * k +1)] = sts91_before[,(k +1)]
```

all3[,(3 * k + 2)] = sts91[,(k + 1)]

all3[,(3 * k + 3)] = sts91_after[,(k + 1)]}

rownames(all3) < - c("长度","起始点","结束点","股指波动值","股指退趋势波动值","股指变异系数","日均收益率","波动率")

colnames(all3) < - c("区段 1 前","区段 1","区段 1 后","区段 2 前","区段 2","区段 2 后","区段 3 前","区段 3","区段 3 后","区段 4 前","区段 4","区段 4 后","区段 5 前","区段 5","区段 5 后","区段 6 前","区段 6","区段 6 后","区段 7 前","区段 7","区段 7 后","区段 8 前","区段 8","区段 8 后","区段 9 前","区段 9","区段 9 后","区段 10 前","区段 10","区段 10 后","区段 11 前","区段 11","区段 11 后","区段 12 前","区段 12","区段 12 后"   )

3. BSADF 区段爆炸特征的进一步检验(结合第 4 章结构退趋势 t 检验进行建模,略)

4. 结合 GARCH 模型分析近期市场走势风险

GARCH 建模

library(rugarch)   ##R 中需要先安装 rugarch 程序包

head(bv6)

begi = which(as. character(bv6$data) = = "2020/7/10")

data9 < - bv6[c(begi:length(bv6$lnp)) ,]

xx = data9$lnp

library(zoo)

  library(FinTS)

  red < - residuals(xx[- 1] ~ xx[- length(xx)])

    ArchTest(xx , lag = 5)

spec < - ugarchspec(mean. model = list(armaOrder = c(1, 0), include. mean = TRUE))

```
fit3 < - ugarchfit( spec, data = xx )
#Garch 拟合与预测,固定窗宽下的滚动分析 ↓
begi2 = begi + 100    ##窗宽 100,从 begi2 开始
bv6[ begi2, ]          ##确定时间点
v3 = bv6[ - c( 1 : ( begi - 1 ) ), ]
v4 = bv6[ - c( 1 : ( begi - 1 ) ), ]$lnp    ##2020 年 7 月 10 开始滚动分析
library( rugarch )
#garch 拟合与预测
prectime = 101
spec < - ugarchspec ( mean. model = list ( armaOrder = c ( 1 , 0 ) , include.
mean = TRUE ) )
ro9 = ugarchroll ( spec , v4 , n. ahead = 1 , n. start = prectime , refit. every = 1 ,
refit. window = " moving " , window. size = 100 , solver = " hybrid " , calculate. VaR =
TRUE , VaR. alpha = c ( 0. 05 , 0. 1 , 0. 2 ) , keep. coef = TRUE )
cc = attributes( ro9 )$model$coef[ [ 1 ] ]$coef[ , 1 ]
rp = attributes( ro9 )$model$coef[ [ 1 ] ]$coef[ 2 ]
plot( ro9 , which = 4 , VaR. alpha = 0. 1 )
tim9 = as. Date( v3 $data[ - ( 1 : prectime ) ] )
par( mfrow = c( 1 , 1 ) )
ppo = attributes( ro9 )$forecast$VaR
idd = ifelse( ppo[ , 4 ] < ppo[ , 2 ] , 19 , 4 )
icc = ifelse( ppo[ , 4 ] < ppo[ , 2 ] , 6 , 1 )    ##下侧 20% 分位点 用不同颜色
标记
ce = ifelse( ppo[ , 4 ] < ppo[ , 2 ] , 1. 5 , 1. 1 )
jf = cbind( ppo , idd )
plot( tim9 , ppo[ , 4 ] , pch = idd , type = " p " , col = icc , cex = ce , xaxt = " n " ,
bty = " l " , xlab = " " , ylim = c( 3. 685 , 3. 76 ) , ylab = " " )    ##真实取值
par( new = TRUE )
```

```
lines( tim9, ppo[ , 2 ], type = " l", xaxt = " n", xlab = " time", ylim =
c( 3. 685 ,3. 76) ,bty = "l", ylab = "lnp( t) " )
##10% VaR 曲线
axis. Date( 1 ,at = tim9 ,format = " % Y - % m - % d" )
legend( " topleft" ,legend = c( " 实际对数化股指( VaR 曲线以上) " ," 实际
对数化股指( VaR 曲线以下) " ," 向前一步信息下的 VaR 曲线" ) ,cex = 1
col = c( 1 ,6 ,1 ) ,pch = c( 4 ,19 ,NA ) ,lty = c( NA ,NA ,1 ) ,bty = " n" ,y. in-
tersp = 1. 3 ,x. intersp = - 0. 4 )
##近期市场考察区间的平均跳动点位和对数化收益率 ↓
ttj = length( tim9 )
rjsy = c( 0 ,diff( v3 $p ) ) /v3 $p
ptab = NULL
tad = psy = rsy = rep( 88 ,ttj )
kk = 100 #    区段长度
for    ( j in 1 :ttj ) {
lin = attributes( ro9 )$model $coef[ [ j ] ]$coef[ ,1 ]
ptab = rbind( ptab ,lin )
bb = prectime + j - 1
aa = bb - kk
fr = as. numeric( v3 $p[ aa ] )
ed = as. numeric( v3 $p[ bb ] )
tad[ j ] = ( ed - fr) /( kk + 1 )
psy[ j ] = mean( rjsy[ aa :bb ] ) }
xyz = ptab
ccj = ptab[ ,1 ] * ( 1 - ptab[ ,2 ] )
plot( ccj ,type = " b" )
plot( ptab[ ,2 ] ,type = " b" )
xyz[ ,1 ] = ccj
```

```
plot( xyz[ ,2 ] ,ylab = "ar( rho)" ,xlab = "time")

plot( xyz[ ,1 ] ,ylab = expression ( " C 截距项" [ "0" ]^"666") ,xlab =
"time" ,main = "截距项" ,type = "l")

###garch 模型下截距项 c 的滚动估计(反映时间趋势成分)

par( mfrow = c( 1 ,2 ) )

plot( tim9 ,tad ,ylab = "滚动区间下日均跳动点位" ,main = "" ,xaxt = "n",
xlab = "" ,type = "l" ,cex. lab = 0. 9)

axis. Date( 1 ,at = tim9 ,format = "% Y - % m - % d")

plot( tim9 ,psy ,ylab = "滚动区间下日收益率" ,main = "" ,xaxt = "n",
xlab = "" ,type = "l" ,cex. lab = 0. 9)

axis. Date( 1 ,at = tim9 ,format = "% Y - % m - % d")

plot( tim9 ,xyz[ ,2 ] ,ylab = " AR 回归系数走向" ,main = "" ,xaxt = "n",
xlab = "time" ,type = "l" ,cex. lab = 0. 9)

axis. Date( 1 ,at = tim9 ,format = "% Y - % m - % d")

plot( tim9 ,xyz[ ,1 ] ,ylab = "截距项 c 走向" ,xlab = "time" ,main = "",
xaxt = "n" ,type = "l" ,cex. lab = 0. 9)

axis. Date( 1 ,at = tim9 ,format = "% Y - % m - % d")
```

五、第 6 章二维属性下房产泡沫实证探讨的相关程序代码

###基于贴现法去计算居住属性和投资属性对应的理论价值,并由此进行
不同属性下的泡沫成分和市场热度的探讨。

```
dd1 < - read. delim( "clipboard")    ##读取各线城市房价信息

s0 < - read. delim( "clipboard")     ##读取银行贷款利息

o < - order( dd1[ ,"year" ] ,dd1[ ,"month" ] ,dd1[ ,"level" ] )

dd2 < - dd1[ o, ]

k < - order( s0[ ,"year" ] ,s0[ ,"month" ] )

s2 < - s0[ k, ]

ss2 < - merge( dd2, s2, by = c( "year" ,"month" ) )
```

```
o9 < - order(ss2[ ,"year"] ,ss2[ ,"month"])

ss3 < - ss2[o9, ]

attach(ss3)

ss3 $pp3 < - re_price * 12/(loanrate/100)    ###  房屋租金对应的居住效
```
用下的理论价值
```
ss3 $gap < - (price - ss3 $pp3)                    ###  非自住效用下的房屋理
```
论价值
```
ss3 $gap3 < - (price - ss3 $pp3)/ss3 $pp3

attach(ss3)

yy = pp3

zz = gap
```
#调用不同级别城市下的数据信息
```
yp1 = yy[which(level = = 1)]

zp1 = zz[which(level = = 1)]

y1 = year[which(level = = 1)]

m1 = month[which(level = = 1)]

yp2 = yy[which(level = = 2)]

zp2 = zz[which(level = = 2)]

y2 = year[which(level = = 2)]

m2 = month[which(level = = 2)]

yp3 = yy[which(level = = 3)]

zp3 = zz[which(level = = 3)]

y3 = year[which(level = = 3)]

m3 = month[which(level = = 3)]

v < - length(yp1)

wb1 = nb1 = rep( - 10, v)
```
##如下以一线城市为例,探讨考虑不同房产属性下的泡沫特征和需求热
度走势

```
inn = 8   #初始学习样本 8
  for(j in  (inn:v)){
  yj = log(yp1)[1:j]
  zj = log(zp1)[1:j]
    if(j < = 20){
  wb1[j] < - bsup_0point1(yj,1,0,0.6)
  nb1[j] < - bsup_0point1(zj,1,0,0.6)}
    if(j > 20){
  wb1[j] < - bsup_0point1(yj,1,0,0.3)
  nb1[j] < - bsup_0point1(zj,1,0,0.3)}  }
```

#注:bsup_0point1 函数与前述 bsup_2j 函数的区别在于,前者将窗口设定作为参数放入 BSADF 检验中以便于灵活建模,如上分析中的窗口为 0.6 或 0.3。除此以外,bsup_0point1 函数的编程代码同 bsup_2j 函数一致,这里不再重复展示

```
  data. frame(y1,m1,wb1,nb1)
  plot(wb1,type = "b",col = 4)   ##自住属性下的泡沫检验量(市场热度)
走势
  lines(nb1)                     ##非自住属性下的泡沫检验量(市场热
度)走势
  abline(h = - 0.15)
```

参 考 文 献

［1］艾伦·布林德．当音乐停止之后：金融危机、应对策略与未来世界［M］．巴曙松，徐小乐，译．北京：中国人民大学出版社，2014．

［2］陈国进，颜诚．中国股市泡沫的三区制特征识别［J］．系统工程理论与实践，2013，33（1）：25－33．

［3］崔畅，刘金全．我国股市投机泡沫分析——基于非线性协调整关系的实证检验［J］．财经科学，2006，11（7）：24－30．

［4］戴金平，黎艳．货币会消亡吗？——兼论数字货币的未来［J］．南开学报（哲学社会科学版），2016（4）：141－149．

［5］戴晓凤，杨军，张清海．中国股票市场的弱式有效检验：基于单位根方法［J］．系统工程，2005，23（11）：23－28．

［6］邓伟．资产价格泡沫检验与我国货币政策调整［D］．华中科技大学，2013．

［7］邓伟，唐齐鸣．基于指数平滑转移模型的价格泡沫检验方法［J］．数量经济技术经济研究，2013（4）：124－137．

［8］董美玲．我国黄金市场价格泡沫与风险研究［D］．西南财经大学，2014．

［9］封思贤，丁佳．数字加密货币交易活动中的洗钱风险：来源，证据与启示，国际金融研究，2019（7）：25－35．

［10］高培勇．拉动经济与防控风险［J］．中国高校社会科学，2015（3）：137－138．

［11］高祥宝，蔡晓婧．本币升值背景下股市泡沫的测量［J］．统计与

决策，2009（13）：118－120.

［12］宫汝凯．财政不平衡和房价上涨：中国的证据［J］．金融研究，2015，37（4）：66－81.

［13］葛新权．泡沫经济计量模型研究与应用［J］．数量经济技术经济研究，2005（5）：67－78.

［14］郭文伟．中国多层次房价泡沫测度及其驱动因素研究——兼论我国房地产调控政策的实施效果［J］．经济学家，2016（10）：30－37.

［15］郭文伟．中国股市泡沫与债市泡沫之间的时频联动性研究［J］．系统工程，2017，35（8）：39－49.

［16］郭文伟，王礼昱．资产价格泡沫对消费的影响：抑制还是促进？［J］．统计与信息论坛，2017，32（11）：59－68.

［17］韩青．中国宏观经济时序的平稳性再考察——内生突变与平滑转换［J］．经济学（季刊），2015（2）：801－826.

［18］洪永淼，陈灯塔．中国股市是弱式有效的吗？［J］．经济学季刊，2003，3（1）：97－124.

［19］贾丽平．比特币的理论，实践与影响［J］．国际金融研究，2013（12）：14－25.

［20］贾生华，李航．我国房地产泡沫究竟有多大？——基于北京市商品房市场的泡沫检测研究［J］．价格理论与实践，2013（11）：18－20.

［21］姜春海．中国房地产市场投机泡沫实证分析［J］．管理世界，2005（12）：71－84.

［22］简志宏，向修海．修正的倒向上确界ADF泡沫检验方法——来自上证综指的证据［J］．数量经济技术经济研究，2012，29（4）：110－122.

［23］廖璨．我国艺术品市场泡沫问题研究［D］．湖南大学，2014.

［24］廖承红．内在投资价值理论在中国股市的有效性检验［J］．财经理论与实践，2012，33（2）：38－42.

［25］李翀．比特币会成为货币吗？［J］．当代经济研究，2015（4）：60－65.

［26］李腊生，陈志芳，魏杏梅．结构性资产泡沫的统计监测与预警［J］．统计研究，2017，34（10）：42－53．

［27］刘飞．"脱实向虚"风险防范与抑制资产泡沫［J］．改革，2017（10）：42－44．

［28］刘金全，崔畅．中国沪深股市收益率和波动性的实证分析［J］．经济学（季刊），2002，1（4）：885－898．

［29］刘兰芬，韩立岩．量化宽松货币政策对新兴市场的溢出效应分析——基于中国和巴西的经验研究［J］．管理评论，2014（6）：13－22．

［30］刘洋．我国黄金市场价格泡沫研究［D］．中国海洋大学，2016．

［31］李姚矿，夏琼，刘华茂．F－O 模型在科技型中小企业投资价值评估中的运用［J］．合肥工业大学学报（自然科学版），2006（11）：1413－1416．

［32］刘治松．我国房地产泡沫及泡沫测度的几个理论问题［J］．经济纵横，2003（10）：28－31．

［33］卢有杰．再谈对住房分配货币化的认识［J］．中国房地产，2000（4）：27－29．

［34］吕江林．我国城市住房市场泡沫水平的度量［J］．经济研究，2010（6）：28－41．

［35］祁明，肖林．虚拟货币：运行机制、交易体系与治理策略［J］．中国工业经济，2014（4）：110－122．

［36］马晓刚，李欣．猪肉价格存在泡沫吗？——基于递归的 SADF 检验和 GSADF 检验［J］．金融发展研究，2017（2）：21－26．

［37］毛有碧，周军．股市泡沫测量及性质区分［J］．金融研究，2007（12）：186－197．

［38］马永健．中国实体经济宏观杠杆率收敛性的国际比较与泡沫检验研究［J］．国际金融研究，2020（5）：14－23．

［39］孟庆斌，荣晨．中国房地产价格泡沫研究——基于马氏域变模型的实证分析［J］．金融研究，2017，440（2）：101－116．

［40］闵敏，柳永明. 互联网货币的价值来源与货币职能——以比特币为例［J］. 学术月刊，2014，46（12）：97 – 108.

［41］皮舜，武康平. 房地产市场发展和经济增长间的因果关系——对我国的实证分析［J］. 管理评论，2004，16（3）：8 – 12.

［42］盛松成，刘斌. 经济发展对房价长期走势的决定作用——基于中国及国际的比较分析［J］. 财贸经济，2007（8）：109 – 114.

［43］宋琳. 新旧动能转换进程中金融风险防范研究［J］. 山东社会科学，2020，295（3）：137 – 143.

［44］孙波，罗志坤. 基于组合赋权的十城市房地产泡沫估算［J］. 商业研究，2017（5）：42 – 48.

［45］孙国峰，陈实. 论 ICO 的证券属性与法律规制［J］. 管理世界，2019，35（12）：45 – 52.

［46］孙焱林，张攀红，王中林. 房地产泡沫的测度方法及实证比较［J］. 统计与决策，2015（24）：79 – 82.

［47］汪卢俊. 基于 LSTAR 模型的中国股市泡沫风险识别［J］. 统计研究，2018，35（12）：102 – 112.

［48］王少平，赵钊. 中国资本市场的突出风险点与监管的反事实仿真［J］. 中国社会科学，2019（11）：44 – 63.

［49］王雯，张亦春. 中国股票市场价格对内在投资价值的偏离测度——基于 F – O 模型的实证检验［J］. 山东社会科学，2009（1）：85 – 89.

［50］王燕青，王晓蜀，武拉平. 我国农产品期货市场的价格泡沫检验：以鸡蛋期货为例［J］. 农业技术经济，2015（12）：78 – 88.

［51］吴世农，许年行，蔡海洪，陈卫刚. 股市泡沫的生成机理和度量［J］. 财经科学，2002（4）：6 – 11.

［52］许春青，田益祥. 基于均衡分析的我国房地产泡沫度分析［J］. 财经理论与实践，2014，35（1）：113 – 119.

［53］徐忠，邹传伟. 区块链能做什么、不能做什么？［J］. 金融研究，2018（11）：1 – 16.

［54］袁磊，耿新. 私人数字货币与资本流出——以比特币为例的研究
［J］. 国际金融研究，2020（6）：14 – 24.

［55］袁志刚，樊潇彦. 房地产市场理性泡沫分析［J］. 经济研究，
2003（3）：34 – 43.

［56］曾五一，李想. 中国房地产市场价格泡沫的检验与成因机理研究
［J］. 数量经济技术经济研究，2011（1）：140 – 151.

［57］张凤兵，乔翠霞，张会芳. "结束"还是"延续"：中国房地产
市场泡沫测度——基于递归 SADF 与 GSADF 检验［J］. 统计与信息论坛，
2018，33（7）：85 – 92.

［58］张攀红. 武汉市房地产泡沫测度与成因机理分析［J］. 武汉金融，
2016（10）：43 – 46.

［59］周炎，王如丰，魏熙晔，黄晶. 金融稳定、资产泡沫与宏观政
策——第三届中国金融经济周期论坛综述［J］. 经济研究，2017，52（12）：
199 – 202.

［60］朱吉. 中国城市房地产泡沫的时空特征分析［J］. 商业经济研究，
2017（2）：186 – 188.

［61］Ahmed E. , Rosser Jr J. B. , Uppal J. Y. Evidence of nonlinear specu-
lative bubbles in Pacific – Rim stock markets［J］. *The Quarterly Review of Eco-
nomics and Finance*，1999，39（1）：21 – 36.

［62］Al – Anaswah N. , Wilfling B. Identification of speculative bubbles u-
sing state-space models with Markov-switching［J］. *Journal of Banking & Fi-
nance*，2011，35：1073 – 1086.

［63］Andrews D. W. K. Tests for parameter instability and structural change
with unknown changepoint［J］. *Econometrica*，1993，61：821 – 856.

［64］Andrews D. W. K, Ploberger W. Optimal tests when a nuisance param-
eter is present only under the alternative［J］. *Econometrica*，1994，62：1383 –
1414.

［65］Baur D. G. , Dimpfl T. , K. Kuck. Bitcoin, gold and the Us dollar: A replication and extension [J]. *Finance Research Letters*, 2018, 25: 103 – 110.

[66] Black F. , Scholes M. The pricing of options and corporate liabilities [J]. *Journal of Political Economy*, 1973, 81: 637 – 654.

[67] Bohl M. T. , Siklos P. L. The present value model of US stock prices redux: A new testing strategy and some evidence [J]. *The Quarterly Review of Economics and Finance*, 2004, 44 (2): 208 – 223.

[68] Bouri E. , P. Molnar, Azzi G. , et al. On the hedge and safe haven properties of Bitcoin: Is it really more than a diversifier? [J]. *Finance Research Letters*, 2017, 20: 192 – 198.

[69] E. Bouri, R. Gupta, A K Tiwari, D Roubaud. Does Bitcoin hedge global uncertainty? Evidence from wavelet-based quantile-in-quantile regressions [J]. *Finance Research Letters*, 2017, 23: 87 – 95.

[70] Campbell J. Y. , Shiller R. J. Cointegration and tests of present value models [J]. *Journal of Political Economy*, 1987, 95 (5): 1062 – 1088.

[71] Caspi I. , Katzke N. , Gupta R. Date stamping historical periods of oil price explosivity: 1876 – 2014 [J]. *Energy Economics*, 2018, 70 (FEB.): 582 – 587.

[72] Chan K. , McQueen G. , Thorley S. Are there rational speculative bubbles in Asian stock markets? [J]. *Pacific – Basin Finance Journal*, 1998, 6 (1 – 2): 125 – 151.

[73] Cheah E. T. , T. Mishra, M. Parhi, Z. Zhang. Long memory interde-pendency and inefficiency in Bitcoin markets [J]. *Economics Letters*, 2018, 167: 18 – 25.

[74] Cheah E. T. , J. Fry. Speculative bubbles in Bitcoin markets? An em-pirical investigation into the fundamental value of Bitcoin [J]. *Economics Letters*, 2015, 30: 32 – 36.

[75] Check A. A new test for asset bubbles [R]. Working Paper, 2014.

[76] Cheung W. K. , E. Roca, J. J. Su. Crypto-currency bubbles: An ap-

plication of the Phillips – Shi – Yu（2013）methodology on Mt. Gox bitcoin prices
[J]. *Applied Economics*, 2015, 47（23）: 2348 – 2358.

［77］Corbet S. , B Lucey, L Yarovya. Datestamping the Bitcoin and ethere-um bubbles [J]. *Finance Research Letters*, 2018, 26: 81 – 88.

［78］Craven B. D. , Islam S M N. Stock price modeling: Separation of trend and fluctuations, and implications [J]. *Review of Pacific Basin Financial Markets and Policies*, 2015, 18（4）: 1550027. 1 – 1550027. 12.

［79］Diba B. T. , Grossman H. I. Explosive rational bubbles in stock prices? [J]. *American Economic Review*, 1988, 78（3）: 520 – 530.

［80］Diba B. T. , Grossman H. I. The Theory of Rational Bubbles in Stock Prices [J]. *Economic Journal*, 1988, 98（392）: 746 – 754.

［81］Driffill J. , Sola M. Intrinsic bubbles and regime-switching [J]. *Journal of Monetary Economics*, 1998, 42（2）: 357 – 373.

［82］Dyhrberg A. H. Bitcoin, gold and the dollar-a GARCH volatility analy-sis [J]. *Finance Research Letters*, 2016, 16: 85 – 92.

［83］Dyhrberg A. H. Hedging Capabilities of Bitcoin. Is it the virtual gold? [J]. *Finance Research Letters*, 2016, 16: 139 – 144.

［84］Enders W. , Granger C. W. J. Unit-root tests and asymmetric adjust-ment with an example using the term structure of interest rates [J]. *Journal of Business & Economic Statistics*, 1998, 16（3）: 304 – 311.

［85］Enders W. , Siklos P. L. Cointegration and threshold adjustment [J]. *Journal of Business & Economic Statistics*, 2001, 19（2）: 166 – 176.

［86］Evans G. W. Pitfalls in testing for explosive bubbles in asset prices [J]. *The American Economic Review*, 1991, 81（4）: 922 – 930.

［87］Fama E. F. Efficient capital markets: A review of theory and empirical work [J]. *Journal of Finance*, 1970, 25（2）: 383 – 417.

［88］Feng Q. , Wu G. L. Bubble or riddle? An asset-pricing approach evalua-tion on China's housing market [J]. *Economic Modelling*, 2015, 46: 376 – 383.

［89］ Fernández – Villaverde J, Sanches D R. Can Currency Competition Work? ［J］. *Journal of Monetary Economics*, 2019, 106: 1 – 15.

［90］ Flood R. P. , Hodrick R. J. Asset Price Volatility, Bubbles, and Process Switching ［J］. *The Journal of Finance*, 1986, 41 (4): 831 – 842.

［91］ Fulop A. , Yu J. Bayesian analysis of bubbles in asset prices ［R］. Working Paper, 2014.

［92］ Gandal N. , Hamrick J. T, Moore T. , Oberman T. Price manipulation in the Bitcoin ecosystem ［J］. *Journal of Monetary Economics*, 2018, 95: 86 – 96.

［93］ Garber P. M. Famous First Bubbles: The Fundamentals of Early Manias ［J］. *Mit Press Books*, 2001, 1 (4): 35 – 54.

［94］ Gregory A. W. , Hansen B. E. Tests for Cointegration in Models with Regime and Trend Shifts ［J］. *Oxford Bulletin of Economics & Statistics*, 1996, 58 (3): 555 – 560.

［95］ Guesmi K. , S. Saadi, I. Abid, Z. Ftiti. Portfolio diversification with virtual currency: Evidence from Bitcoin ［J］. *International Review of Financial Analysis*, 2019, 63: 431 – 437.

［96］ Gutierrez L. Bootstrapping asset price bubbles ［J］. *Economic Modelling*, 2011, 28 (6): 2488 – 2493.

［97］ Hall S. G. , Psaradakis Z. , Sola M. Detecting periodically collapsing bubbles: A Markov-switching unit root test ［J］. *Journal of Applied Econometrics*, 1999, 14 (2), 143 – 154.

［98］ Hall S. , Sola M. Testing for collapsing bubbles: An endogenous switching ADF test ［J］. *London Business School Discussion Paper*, 1993.

［99］ Hamilton J. D. , Whiteman C. H. The observable implications of self-fulfilling expectations ［J］. *Journal of Monetary Economics*, 1985, 16 (3): 353 – 373.

［100］ Harris D. , Harvey D. , Leybourne S. J. , Taylor A. M. R. Testing for a unit root in the presence of a possible break in trend ［J］. *Econometric Theory*,

2009, 25 (6): 1545 – 1588.

[101] Harvey D. I. , Leybourne S. J. , Sollis R. Recursive right-tailed unit root tests for an explosive asset price bubble [J]. *Journal of Financial Econometrics*, 2015, 13 (1): 166 – 187.

[102] Harvey D. I. , Leybourne S. J. , Sollis R. , et al. Tests for explosive financial bubbles in the presence of non-stationary volatility [J]. *Journal of Empirical Finance*, 2016, 38 (2): 548 – 574.

[103] Homm U. , Breitung J. Testing for speculative bubbles in stock markets: A comparison of alternative methods [J]. *Journal of Financial Econometrics*, 2012, 10 (1): 198 – 231.

[104] Hu Y. , Oxley L. Are there bubbles in exchange rates? some new evidence from g10 and emerging markets countries [J]. *Economic Modelling*, 2017, 64 (8): 419 – 442.

[105] Ikeda S. , Shibata A. Fundamentals-dependent bubbles in stock prices [J]. *Journal of Monetary Economics*, 1992, 30 (1): 143 – 168.

[106] Khuntia S. , J. K. Pattanayak. Adaptive market hypothesis and evolving predictability of bitcoin [J]. *Economics Letters*, 2018, 167: 26 – 28.

[107] Kim D. , Perron P. Unit root tests allowing for a break in the trend function at an unknown time under both the null and alternative hypotheses [J]. *Journal of Econometrics*, 2009, 148 (1): 1 – 13.

[108] Knight J. , Satchell S. , Srivastava N. Steady state distributions for models of locally explosive regimes: Existence and econometric implications [J]. *Economic Modelling*, 2014, 41: 281 – 288.

[109] Li Y. , Liu X. , Yu J. Bayesian chi-square test for hypothesis testing [J]. *Journal of Econometrics*, 2015, 189 (1): 54 – 69.

[110] Li W. , Xue H. A Bayesian's bubble [J]. *Journal of Finance*, 2009, 64 (6): 2665 – 2701.

[111] Li Y. , Yu J. Bayesian hypothesis testing in latent variable models

［J］. *Journal of Econometrics*, 2012, 166（2）: 237 − 246.

［112］Li Y. , Zeng T. , Yu J. A new approach to Bayesian hypothesis testing ［J］. *Journal of Econometrics*, 2014, 178（3）: 602 − 612.

［113］Lovell M. C. A Simple Proof of the FWL Theorem ［J］. *Journal of Economic Education*, 2008, 39（1）: 88 − 91.

［114］Lovell M. C. Seasonal Adjustment of Economic Time Series and Multiple Regression ［J］. *Journal of the American Statistical Association*, 1963, 58 （304）: 993 − 1010.

［115］Miao J. , Wang P. , Xu Z. A Bayesian DSGE model of stock market bubbles and business cycles ［R］. Working Papers, 2014

［116］Nadarajah S. , J. Chu. On the inefficiency of Bitcoin ［J］. *Economics Letters*, 2017（1）, 150: 6 − 9.

［117］Norden S. V. , Schaller H. The predictability of stock market regime: Evidence from the Toronto stock exchange ［J］. *The Review of Economics and Statistics*, 1993（3）, 75: 505 − 510.

［118］Obstfeld F. M. Intrinsic bubbles: The case of stock prices ［J］. *American Economic Review*, 1991, 81（5）: 1189 − 1214.

［119］Pagan A. The econometrics of financial markets ［J］. *Journal of Empirical Finance*, 1996, 3（1）: 15 − 102.

［120］Perron P. , Zhu X. Structural breaks with deterministic and stochastic trends ［J］. *Journal of Econometrics*, 2005, 129（1 − 2）: 65 − 119.

［121］Perron P. The great crash, the oil price shock, and the unit root hypothesis ［J］. *Econometrica*, 1988, 57（6）: 1361 − 1401.

［122］Phillips P. C. B. , Shi S. , Yu J. Testing for Multiple Bubbles ［R］. Working Papers, Singapore Management University, School of Economics, 2011.

［123］Phillips P. C. B. , Wu Y. , Yu J. Explosive behavior in the 1990s nasdaq: When did exuberance escalate asset values? ［J］. *International Economic Review*, 2011, 52（1）: 201 − 226.

［124］Phillips P. C. B. , Shi S. , Yu J. Testing for multiple bubbles: Historical episodes of exuberance and collapse in the S&P 500 ［J］. *International Economic Review*, 2015, 56 (4): 1043 – 1077.

［125］Scacciavillani F. Long memory processes and chronic inflation: Detecting homogeneous components in a linear rational expectation model ［J］. *IMF Working Papers*, 1994, 41, 488 – 501.

［126］Schilling L. , Uhlig H. Some simple bitcoin economics ［J］. *Journal of Monetary Economics*, 2019, 106: 16 – 26.

［127］Selgin G. Synthetic commodity money ［J］. *Journal of Financial Stability*, 2015, 17: 92 – 99.

［128］Shahzad S. J. H. , E Bouri, D Roubaud, L Kristoufek, B Lucey. Is Bitcoin a better safe-haven investment than gold and commodities? ［J］ *International Review of Financial Analysis*, 2019, 63: 322 – 330.

［129］Shiller R. J. Do stock prices move too much to be justified by subsequent changes in dividends? ［J］. *American Economic Review*, 1980, 71 (3): 421 – 435.

［130］Shi S. , Song Y. Identifying speculative bubbles using an infinite hidden Markov model ［J］. *Journal of Financial Econometrics*, 2015, 14 (1): 159 – 184.

［131］Stiglitz J. E. Symposium on Bubbles ［J］. *Journal of Economic Perspectives*, 1990, 4 (2): 13 – 18.

［132］Taylor M. P. , Peel D. A. Periodically collapsing stock price bubbles: A robust test. ［J］. *Economics Letters*, 1998, 61: 221 – 228.

［133］Taylor S. J. *Modeling Financial Time Series* ［M］. Singapore: World Scientific, 2008.

［134］Urquhart A. The inefficiency of Bitcoin ［J］. *Economics Letters*, 2016, 148: 80 – 82.

［135］Van Norden S. Regime switching as a test for exchange rate bubbles

[J]. *Journal of Applied Econometrics*, 1996, 11 (3): 219 – 251.

[136] Vigfusson R. , Norden S. V. Avoiding the Pitfalls: Can Regime – Switching Tests Detect Bubbles? [J]. *Studies in Nonlinear Dynamics & Econometrics*, 1998, 3 (1): 1 – 24.

[137] West K. D. A Specification Test for Speculative Bubbles [J]. *The Quarterly Journal of Economics*, 1987, 102 (3): 553 – 580.

[138] Yu J. Y. , Ma Z. Expanded BSADF test in the presence of breaks in time trend-a further analysis on the recent bubble phenomenon in China's stock market [J]. *Applied Econometric Letters*, 2019, 26 (1): 64 – 68.